中国政法大学社会学院十周年院庆丛书

北京市教育矫治局与中国政法大学合作项目

毒品成瘾与心理康复

杨波 戴建海 张卓 赵辉 著

中国政法大学出版社

2015·北京

"首都强制隔离戒毒模式研究"
项目组成员

组　长　戴建海

副组长　杨　波

成　员　罗贵伶　张志东　唐从荣　兰小青
　　　　　张　卓　杨渝川　杨苏勇　安莎莎
　　　　　冷　琴　赵　辉　肖玉琴　郭　笑

作者简介

　　杨　波　男，心理学博士，中国政法大学社会学院心理系教授、刑法学犯罪心理学方向博士生导师、心理学实验室主任，2011～2012年美国国立卫生研究院心理健康研究所（NIMH）访问教授。兼任司法部"循证矫正的理论与实践"领导小组成员及核心专家，中国药物滥用防治协会药物滥用与犯罪心理学分会理事长，中国心理学会社区心理学专业委员会（筹）副主任委员，中国社会心理学会理事，中国心理学会法制心理学分会和人格心理学分会常务理事，中国心理学会心理教学工作委员会及心理危机干预委员会委员等。主要研究领域为犯罪行为的神经心理机制、成瘾行为、循证矫正、神经法学等。近期主持的科研项目有：国家自然科学基金项目"青少年暴力犯罪分类矫治的神经心理证据"，与司法部合作的横向课题"暴力犯循证矫正的理论与实践"等。近年来的主要学术活动有：2008年、2013年受邀在台湾师范大学、玄奘大学等高校主持的"暴力与毒品犯罪心理矫治国际学术研讨会"上做大会报告，在美国国立卫生研究院精神卫生研究所（NIMH）为心理学博士生讲学，在中央电视台法制频道做专家点评，并在国家图书馆做公益讲座等。主要成果有：专著《中国人的人格结构》、《人格与成瘾》，主编《人格心理学》、《犯罪心理学》等，译著《罪犯心理咨询》、《犯罪心理学》等，在《中国科学》、《心理科学》等学术期刊上发表论文六十余篇。

戴建海 男，北京市教育矫治局局长，北京市教育矫治学会会长。

张 卓 女，神经科学博士，中国政法大学社会学院副教授、硕士生导师、心理学系副主任，兼任中国药物滥用防治协会药物滥用与犯罪心理学分会副会长。研究方向为神经心理学、犯罪心理学。主要成果有专著《攻击与暴力犯罪的神经心理学研究》，在国内外期刊发表论文二十余篇。

赵 辉 女，中国政法大学刑法学专业犯罪心理学方向博士研究生，中国药物滥用防治协会药物滥用与犯罪心理学分会秘书长。

状态，用积极的战胜消极的，用健康的取代颓废的，用正直的驱除邪恶的。

休谟的故事对本书的构思很有启示，其理念非常契合作者的戒毒策略，即：要彻底根除吸毒者大脑中的毒草，不是用锄头也不是用火烧，而是在其严重受损的大脑里种上优良的精神"种子"，重构其丰厚的精神家园。

我们知道，吸毒是一个严重危害人类身心健康的普遍问题，而成功戒毒又是一个很难企及的目标。针对这一世界性难题，各国政府、各种戒毒机构花费了大量的人力、物力、财力来禁毒与戒毒，但按照经济学的原理，大量的投入和微薄的产出却很不成比例。一个残酷而不争的事实是，吸毒问题日趋严峻，戒毒工作似乎也到了穷途末路。戒毒人员回归社会以后，复吸率高达90%以上，这使得多年戒治的努力和心血付之东流，也让戒毒专家，尤其是投身一线的戒毒工作者倍感挫败。直面这样一种令人沮丧的禁毒与戒毒的现实困境，戒毒的专家们和实践工作者都应该作深入的理性分析和现实考量，多想想为什么，再看看怎么办。

关于吸毒与戒毒，学术界和戒治机构主要有三种取向：第一种是把吸毒看成一种罪恶。在这样的文化语境下，吸毒是一个令人诟病、望而生畏的社会问题，"吸毒者"这一说辞带有负面的标签效应，在普通百姓的心目中，只要吸毒成瘾，注定走上"前有断路，后有追兵"的亡命生涯。吸毒者害人害己，人们避之不及，因此，对他们的惩罚和戒治就是把他们关进戒毒机构，首先使其在生理上脱离毒品，然后再在其"杂草丛生"的大脑里撒上石灰，试图抵御毒品的再次侵袭。这样的做法对于减少吸毒行为对社会的危害行之有效，但其最大的弊端在于吸毒者背负的罪恶感有可能把他们推向万劫不复的痛苦深渊，他们深感弱势和自卑，无助又无望。第二种取向是把吸毒看成一种大脑的疾病，要想戒除心魔，就要用一把锄头把大脑中的毒瘤挖掉，开颅戒毒就是这种取向的最好例证。这种方法看似短平快且稳准狠，似乎能彻底地根除毒瘾，但事实证明，手术给患者带来的生理紊乱和心理伤害都很大，而且更令人失望的

前言

　　曾读过这样一个故事：哲学家休谟晚年时，有些放心不下自己的学生，就把他们召集起来上最后一课。休谟问："现在我们坐在什么地方？""坐在旷野里。"学生们回答。休谟又问："旷野里长着什么？"学生们说："杂草。""告诉我，你们怎样才能除掉这些杂草？"众弟子不禁有些愕然，他们没想到一直在探讨人生和世界奥妙的哲学家，在最后一课上问的竟是如此简单的问题。于是，大弟子首先开口说"只要给我一把锄头就够了"，二弟子马上说"还不如火烧来得快"，三弟子反驳说"要想斩草除根，只有深挖才行"，四弟子则说"应该在杂草中撒上石灰"。等学生们七嘴八舌讲完后，哲学家站了起来，微笑着说："课就上到这里了，你们回去后，按照各自的方法除一片杂草，一年后，再来相聚。"一年后，弟子们再次相聚，他们都很苦恼，因为无论他们采取什么方法都不能清除杂草。不过，当他们来到去年上课的地方时，那里已不再杂草丛生，而是成了一片庄稼地，而哲学家已经去世了。休谟在给弟子们留下的一本书中写道："要想除掉旷野里的杂草，方法只有一种，那就是在上面种上庄稼。同样，要想让灵魂无纷扰，唯一的方法就是用美德去占据它。"在这里，休谟想告诉弟子的是：尽管用其他方法也能够除掉杂草，但都不可能是长久和有效的，在荒地里种上庄稼，才能让杂草无生存之地，达到永久除草的目的；同样，要使自己有所作为，就要培养正直果敢、健康向上的精神是，按神经科学家韩济生院士的说法，其被摧毁的成瘾中枢经一定时间后又会恢复成原来的形态，也就是说斩草并未除根。第三种取向是把吸毒看成一种适应不良的行为，这种观点是行为科学家和心理学家所倡导的，也是本书所采信的理论取向。我们的基本观点和做法是：不对吸毒做"对"与"错"的价值评判，而是非常重视心理康复在戒毒过程中的重要作用，通过叙事疗法、内观疗法、认知行为疗法以及眼动脱敏再加工等心理治疗技术，对戒毒人员开展整体性和个别化相结合的心理辅导和行为塑造，把他们消极的情绪和成瘾的记忆从大脑中剔除出去，把积极向上的价值观和理性的认知植入其大脑。正如休谟的故事带来的启示，只有在毒品成瘾者的大脑里重新种上庄稼，顽固的毒草才无生存之地；只有锄掉其心灵的魔鬼，戒毒者的生命才会结出丰硕的果实。

近年来，由于社会急速变迁、人际疏离、家庭解组等多方面的原因，致使毒品成瘾者人数众多，新型毒品的使用更是呈逐年上升趋势，吸毒问题已引起了各国政府的高度关注。吸毒成瘾不仅是中国的问题，也是世界各国不容忽视的问题，现已发展成为影响人类身心健康的全球性灾难。不过，对毒品成瘾的理解角度很多，观点也不少，研究的难度也很大。迄今为止，关于成瘾行为及其戒治的研究，生物医学取向的研究和医学方面的治疗已取得了丰硕的成果，但毒品成瘾的心理特征和戒毒心理康复方面的研究成果却相对较少。

本书将主要遵循成瘾是一种适应不良的行为的观点，运用心理学的基本理论和方法，并综合生物医学、社会学及其他学科的研究成果，对毒品成瘾的基本概念、理论问题、其生理心理的发生机制以及有效而可行的心理戒治方法等问题作系统而深入的探讨。

全书分三个部分：第一部分是对毒品成瘾的相关问题作全面的解读；第二部分是对毒品成瘾者的生理、心理特征作分析与调查研究；第三部分是在基线调查的基础上构建整体性与个别化相结合的心理康复方案，并开展心理咨询与治疗。这样的探讨不仅可以丰富和发展毒品成瘾戒治的有关理论，全面而深入地理解毒品成瘾行为，在实践中也可以为毒品成瘾的预防和戒治提供依据和指导。

杨　波
2015 年 3 月

目录

第一章

毒品成瘾的解读

本章是全书的绪论部分，主要内容是介绍有关毒品成瘾的基本现状和危害、基本概念和分类以及诊断标准，这些内容的介绍有助于我们理解毒品成瘾，为本书后续的研讨奠定基础。

第一节　毒品成瘾的现状与危害

一、毒品成瘾的现状

据联合国毒品与犯罪办公室（The United Nations Office on Drugs and Crimes，UNODC）2014 年度报告，2012 年全球毒品相关死亡人数估计超过 18 万。全球吸毒者总人数与世界人口增长并驾齐驱，吸毒人群相对稳定，其中常规吸毒者和吸毒致病、致瘾者的人数介于1600 万 ~3900 万人之间，但偶尔使用毒品和问题药物的人数很多。15 ~64 岁的世界人口中有 3.5% ~7.0%，即 1.62 亿 ~3.24 亿人在上一年至少使用过非法毒品一次，主要使用大麻、阿片类、可卡因或苯丙胺类兴奋剂的物质。除上述种类外，新精神活性物质呈现出泛滥的趋势，逐渐占据毒品市场。新精神活性物质是一种模仿传统毒品的合成化学物质，如甲氧麻黄酮（俗称喵喵），已知的数量从2012 年的 251 种增长到 2013 年的 348 种，明显超过了受国际管制的精神活性物质的种类数量。[1]

在我国，根据《2014年中国禁毒报告》，截至2013年底，全国累计登记吸毒人员247.5万名，其中滥用阿片类毒品人员135.8万名、滥用合成毒品人员108.4万名，分别占54.9%和43.8%；2013年全国新发现登记吸毒人员36.5万余名，依法查获有吸毒行为人员68.2万人次，依法处置强制隔离戒毒24.2万余名，依法责令接受社区戒毒、社区康复18.4万余名，3年未发现复吸人员88.9万名。针对滥用合成毒品问题日趋严重的现状，我国部署全国公安机关开展了滥用合成毒品人员查处管控专项行动。行动期间，全国共查获滥用合成毒品人员18.3万余人，新发现合成毒品滥用人员12.4万余人，同比分别增长51.2%和47.7%。[2]

不过，如果采用一些国家统计吸毒人员的流行病学调查方法，即以1个显性吸毒者周围有4～5个隐性吸毒者的国际通行比例估测整体吸毒人群数量，我国各类吸毒人员可能高达千万人以上。

二、毒品成瘾的危害

总结起来，吸毒的危害主要表现为以下几个方面：

（一）吸毒对社会财富和国民素质的危害

1. 吸毒造成社会财富的巨大损失和浪费。据联合国麻醉品管制局公布的《2013年年度报告》，全世界每年报告六个问题药物使用者中只有一人接受所需要的治疗，共约450万人，全球范围内每年费用大约350亿美元。区域之间差异很大。例如，非洲每18个问题药物使用者中只有一人接受治疗，在拉丁美洲、加勒比及东欧和东南欧，大约每11个问题药物使用者中有一人接受治疗，而在北美，估计每三个问题药物使用者中有一人接受治疗干预。如果2010年所有依赖性吸毒者都接受治疗，这种治疗成本估计在2000亿～2500

---

〔1〕 联合国毒品和犯罪问题办公室（UNODC）："2014年世界毒品报告"，载 http：//www. unodc. org/documents/wdr2014/V1403599_ chinese. pdf.

〔2〕 http：//jdw. jingning. gov. cn/art/2014/9/15/art_ 1050_ 171621. html.

亿美元之间，占全球国内生产总值的 0.3% ~ 0.4%。[1]在我国，年消耗毒资高达 2000 亿人民币，在很大程度上冲击了国家财政，破坏了生产力和劳动力。我国在挽救、治疗吸毒者，开展禁毒教育和科研，加大缉毒力度等方面也都投入了大量的人力、物力和财力。近年来我国各地先后开设了 600 多个戒毒所，并在全国试点建设戒毒康复中心，年戒毒人数已达 10 万多人次。这些工作虽取得了一定成效，但吸毒问题依然严峻，而这些投入在一定程度上削弱了国家财政。

2. 吸毒对国民素质的危害。人是最重要的生产力，而吸毒者多数是青壮年，正是为社会做贡献的时期，然而他们却整日沉沦于吸毒、犯瘾、弄钱、找毒、再吸毒的恶性循环之中，完全失去了创造财富的能力。吸毒者的平均寿命较一般人群短10 ~ 15 年。导致吸毒者死亡的原因主要有三种：①吸毒过量致死。吸毒过量可引起呼吸抑制死亡，时间较短者在注射毒品后数分钟内即可致命。吸毒过量致死者占吸毒死亡人数的 50% 以上。②吸毒可引起多种并发症而致死。③自杀身亡。有些吸毒者，因吸毒造成倾家荡产、妻离子散，最后选择自杀以求得彻底解脱。[2]毒品损害人体健康，危害人体重要的组织器官，干扰并破坏人体正常的新陈代谢，导致体力、智力明显下降、免疫力降低、精神颓废，而且会因吸毒感染肝炎、艾滋病、性病等严重传染性疾病。因此，从长远来看，吸毒会影响到整个民族素质，直接威胁人类的生存和发展。[3]

（二）毒品对国家安全和社会治安的危害

联合国毒品和犯罪办公室在 2009 年 G8 会议上的发言中指出，20 年来，有组织犯罪的全球交易额已发展到足以和宏观经济体抗衡，仅仅毒品市场的交易额每年就有 3000 多亿美元，相当于瑞典的

[1] http://www.guandang.net/pdf/4405698.html.
[2] 师建国主编：《成瘾：21 世纪的流行病》，科学出版社 2004 年版，第 5 ~ 6 页。
[3] 徐波等："我国毒品滥用的现状、危害与防控对策"，载《江苏预防医学》2009 年第 2 期，第 83 ~ 85 页。

国民生产总值。近年来，毒品交易还向洗钱、身份盗窃、网络犯罪、人体偷运以侵占自然资源等多种经营转向，这使得毒品犯罪有害于国家安全并侵入到社会的各个方面。

1. 毒品犯罪与黑社会、恐怖组织有着密切联系，他们相互勾结，从事绑架、暗杀、爆炸等暴力恐怖活动，甚至建立武装力量与国家分庭抗礼，严重危害国家安全和社会稳定，成为国际社会高度关注的热点问题。毒品犯罪是许多民族分裂组织、恐怖组织筹措资金的主要途径，毒品贸易成为极端宗教主义、分离主义、恐怖活动分子的"钱袋子"。哥伦比亚麦德林贩毒集团就曾是世界上最大的恐怖活动贩毒组织。据美国联邦调查局公布，麦德林集团在垮台前的 10 年中绑架暗杀的各国高级政府官员、法官、警察、记者达4000 多人。[1]

联合国毒品和犯罪办公室指出，2007 年，阿富汗毒品贸易总额达到其 GDP 总额的一半。而早在"9·11"事件之前，塔利班政权和"基地"组织就已通过控制阿富汗毒品贸易从中攫取暴利，并为"乌兹别克伊斯兰运动"和"东突"等活跃在中亚和我国西北地区的恐怖组织提供庇护和巨额资金支持。目前，在阿富汗和中亚地区，完整的毒品犯罪与恐怖活动的连续体已经形成。而我国与中亚的哈、吉、塔三国有着 3300 多公里长的共同边界，还有人口众多、语言相通、宗教信仰相同的跨国民族，自古以来互相通婚，关系密切，毒品犯罪的严重后果将大大威胁我国边境的安全和发展。[2]

2. 吸毒诱发犯罪，严重危害社会治安。吸毒与犯罪是一对孪生兄弟，违法犯罪者在吸毒人群中占很大比例。在美国联邦及各州的监狱里，有 1/3 的犯人是因吸毒走向犯罪而沦为阶下囚的；在旧金山发生的抢劫案中，有 70% 与贩毒、吸毒有关；在纽约市发生的谋

---

〔1〕　杨斌："浅析当前毒品犯罪与恐怖活动结合的趋势及应对措施"，载《云南警官学院学报》2009 年第 2 期，第 71 页。

〔2〕　傅菊辉、刘安平："中亚毒品贸易及其对我国的影响"，载《贵州师范大学学报（社会科学版）》2006 年第 6 期，第 60 页。周自龙："中南亚毒品走私对我国西部边疆安全的影响"，载《管理观察》2009 年第 14 期，第 42～43 页。

杀案中，有 25% 与吸毒有关；在我国云南某地区破获的刑事案件中，90% 以上是吸毒者作案，治安案件中 50% 以上是吸毒者所为；我国台湾地区在押犯人中，有近 58% 与毒品有关；我国香港地区海洛因滥用者中 80% 有犯罪记录。毒品诱发犯罪成为我国社会治安的一大隐患。具体来说表现在以下几个方面：①诱发财产型犯罪。吸毒者常和财产型犯罪联系在一起，其主要原因是为了支付昂贵的毒品费用。②引诱、教唆、欺骗他人吸毒。所有的吸毒者都希望发展新的吸毒者并高价卖给他们毒品，从而"以贩养吸"。③"以淫养吸"，道德沦丧。主要是女性吸毒者，在丧失劳动能力又没有经济支持的时候，在强烈的毒品渴求驱动下，她们就可能出卖肉体来赚取毒资。

3. 吸毒对社会文化产生负面影响。近年来，在我国吸食使用新型毒品的人数呈逐年上升趋势，吸毒贩毒也日趋低龄化，青少年吸毒问题严峻。这在很大程度上说明，在娱乐场所"溜冰"（即使用冰毒）、K 粉、使用摇头丸等已形成一种有害但极富诱惑的毒品亚文化，甚至成为一种所谓的时尚。尤其当演艺界人士、名人吸毒的事件被媒体曝光后，更会给整个社会文化带来广泛的负面影响。

4. 吸毒促使性病流行。毒品摧残人的身心健康，是艾滋病、性病传播的温床。截至 2014 年 8 月，全国报告现存活艾滋病病毒（Human Immunodeficiency Virus，HIV）感染者/艾滋病（Acquired Immune Deficiency Syndrome，AIDS）病人 490 521 例，死亡 149 347 例。现存活 HIV 感染者 297 355 例，AIDS 病人 193 166 例。[1]部分地区注射吸毒人群的 HIV 感染率超过 50%，因此，我国如何有效地控制艾滋病经吸毒传播的问题已迫在眉睫。吸毒者易染艾滋病，这与艾滋病的传播途径有关。通过静脉注射毒品，是艾滋病传播的一个重要途径。通过性行为传播则是另一个重要的途径，HIV 存在于 HIV 感染者和艾滋病病人的前列腺液、精液、子宫颈和阴道分泌物以及创口渗出液中，因此，不论是同性还是异性之间的性接触都是

---

〔1〕 中国疾病预防控制中心性病艾滋病预防控制中心性病控制中心："2014 年 8 月全国艾滋病性病疫情及主要防治工作进展"，载《中国艾滋病性病》2014 年第 10 期。

HIV 传播的途径。目前，全世界的 HIV 感染者中有 75% ~ 85% 是通过性传播的。吸毒者中卖淫、嫖娼等行为严重，又增加了 HIV 的感染和传播。特别是吸毒妇女，更是传播和感染 HIV 的高危人群。

（三）吸毒对家庭的危害

1. 吸毒导致债台高筑、倾家荡产。一旦家庭成员中出现吸毒者，贫困和犯罪就会伴随而来。毒品价格昂贵，吸毒者即使有万贯家产，也会伴随着毒品的烟雾灰飞烟灭。为了寻求毒资以支撑吸毒，男性可能会偷盗、抢劫；女性则可能通过卖淫来赚钱。

2. 吸毒导致社会支持系统崩塌，甚至妻离子散、家破人亡。吸毒成瘾之后，生活中所追求的唯一目标就是想方设法搞到毒品，长期吸毒的成瘾者会发展到对其他所有的事情都漠不关心，甚至六亲不认。吸毒常导致夫妻感情破裂而离婚，子女因此会失去家庭温暖，甚至遭受虐待，过早流入社会，误入歧途。

3. 长期吸毒者会有一种畸形的心理，就是把身边的人也拉下水，让父母或妻室儿女也跟着自己吸毒，这一方面可以消解自己在家庭中的自卑感；另一方面也可能是因为把亲人拉下水后就没人整天监督管束他。这样的恶果是，一人吸毒，全家遭殃。

（四）吸毒对个人的危害

吸毒严重危害个人的身体健康，对机体各系统都有广泛的影响，对器官、组织、细胞、亚细胞结构均有极大的损害，可致多种疾病并引起一系列的并发症。毒品滥用产生的危害可分为生理与心理两个方面。

1. 毒品对生理的影响主要有以下几个方面：

（1）对神经系统的损害：毒品对中枢神经系统和周围神经系统可产生抑制或兴奋等作用，使吸毒者出现如烦躁、失眠、惊厥、震颤麻痹、记忆力下降、创造性和主动性降低、性格孤僻、意志消沉、周围神经炎等症状，有的人会因吸食过量导致呼吸中枢麻痹而死亡。[1]

---

〔1〕 丁福红："毒品的危害"，载《生活与健康》2001 年第 6 期，第 7 页。

（2）对心血管系统的损害：吸毒特别是静脉注射，毒品中的杂质及不洁注射器，常引起心血管疾病，如感染性心内膜炎、血栓性静脉炎、血管栓塞、坏死性脉管炎等。海洛因成瘾者常有心动过缓、心律不齐等症状，严重者可能会心跳停止；可卡因引起心律失常更为常见，注射可卡因短期内可出现心动过速，有些可卡因中毒病人会发生猝死和脑血管意外。[1]

（3）对呼吸系统的损害：吸毒特别是烫吸和静脉注射，极易发生呼吸系统疾病，如支气管炎、咽炎、鼻中隔穿孔、肺感染、栓塞、肺水肿等。慢性吸食可引起肺结构损伤，肺活量和肺功能降低。长期大量使用大麻可能导致支气管炎、支气管哮喘、肺气肿甚至肺癌；吸入海洛因可引起肺滑石样病变，甚至引起急性哮喘而死亡。[2]

（4）对免疫系统的危害：许多研究证明药物滥用可引起免疫功能下降，容易感染病毒性肝炎，这对艾滋病的患者来说更是雪上加霜。[3]

（5）对消化系统的损害：由于吸入的毒品绝大部分在肝脏内分解，造成对肝脏的损伤。在吸毒者中，肝功能受损者占 19% 以上。[4]

（6）对生殖系统的损害：长期使用毒品，可造成性功能减退，甚至完全丧失性功能。研究证明，海洛因使性欲抑制达 100%，女性会出现月经失调、闭经等。孕妇吸毒会出现早产、流产、胎儿畸形、死胎以及胎儿海洛因依赖。[5]

───────────────

〔1〕　杨子："毒品危害"，载《观察与思考》2006 年第 12 期，第 18～21 页。

〔2〕　朱京虎："滥用毒品对机体的危害"，载《中国药事》2000 年第 5 期，第 337～338 页。

〔3〕　朱京虎："滥用毒品对机体的危害"，载《中国药事》2000 年第 5 期，第 337～338 页。

〔4〕　塞冬："远离毒品　避免危害"，载《家庭医学》2006 年第 4 期，第 37 页。

〔5〕　徐波等："我国毒品滥用的现状、危害与防控对策"，载《江苏预防医学》2009 年第 2 期，第 83～84 页。

2. 毒品对个人心理健康的影响也很大。长期吸毒，吸毒者的思维、行为和情绪都会受到严重的影响，其意志力、注意力、记忆力、耐受力、持久力均受到明显的破坏，毒品使吸毒者丧失行为效率、兴趣以及责任感和羞耻感，甚至出现思维混乱、道德沦丧、精神颓废、意志扭曲、自我感消失和环境失真、幻觉、惊恐、认知障碍和自杀倾向等异常心理特征。[1]

除了毒品导致个人危害的一些共有特征外，不同类型毒品的危害又有所不同，尤其是目前流行的许多新型毒品，其危害还没有被吸食者高度认识和重视。近年来，我国苯丙胺类毒品的使用人数就逐年上升，这对个人和社会的危害也非常严重。

苯丙胺类毒品（如冰毒、摇头丸等）可以直接损伤大脑细胞，导致神经细胞变性坏死和异常膜性结构改变，容易引起急性和慢性的精神障碍，这些障碍以分裂样精神病和躁狂—忧郁类为主。在有记载的病例中，仅二次世界大战后日本出现的第一次甲基苯丙胺滥用期，就大约有20万使用者出现了精神异常症状。短期使用苯丙胺类产生的精神障碍主要表现为焦虑过敏、多语不安、思维活跃但难以深入思考，其中最典型的症状为长时间重复毫无意义的相同动作，常被称为"常同行为"，例如，一直不停地挖耳屎、化妆等，有时持续十几个小时。

K粉（氯胺酮），一般人只要足量接触两三次即可上瘾，具有很强的依赖性，服用后会产生意识与感觉的分离状态，导致神经中毒反应、幻觉和精神分裂症状，表现为头昏、精神错乱、过度兴奋、幻觉、幻视、幻听、运动功能障碍、抑郁以及出现怪异和危险行为。同时，它对记忆和思维能力都会造成严重损害。[2]K粉由于具有麻醉效果，常被犯罪分子用于实施强奸，因此，也被称为强奸

〔1〕 徐波等："我国毒品滥用的现状、危害与防控对策"，载《江苏预防医学》2009年第2期，第83~84页。

〔2〕 张月琴："微波辅助萃取—色谱法检测生物检材中氯胺酮及苯丙胺类毒品的含量"，首都师范大学2009年硕士学位论文。

药水。

摇头丸常在娱乐场所或在人群中使用，使用者密集以及大量的运动，极易导致高热、脱水，甚至可能导致急性循环衰竭而死亡。摇头丸具有兴奋和致幻双重作用，在药物的作用下，用药者的时间概念和认知出现混乱，表现出超乎寻常的活跃，整夜狂舞，不知疲劳。同时在幻觉作用下使用者行为失控，并可诱发精神分裂症及急性心脑疾病。[1]

由于新型毒品的生理效果不同，它对社会的危害也与传统型毒品有不一样的特征。传统毒品服用后有镇静效果，主要表现在服用前为寻求毒品而犯罪。而服用新型毒品后，人体处于极度兴奋、纵欲和放松的状态，自我约束力下降，有暴力倾向，容易出现自残、暴力攻击或其他违法犯罪行为。[2]

第二节 相关概念辨析

一、毒品

（一）毒品的界定和分类

《中华人民共和国刑法》第 357 条规定："本法所称的毒品，是指阿片、海洛因、甲基苯丙胺（冰毒）、吗啡、大麻、可卡因以及国家规定管制的其他能够使人形成瘾癖的麻醉药品和精神药品。"根据 1996 年国家卫生部公布的《品种目录》，上述两类管制药品包括阿片等共 237 种。我国目前生产的有其中的 42 种（麻醉药品有 15 种，精神药品有 27 种），供医疗控制使用，兴奋剂没有包括在内。某些能够直接致人死亡的剧毒品，如砒霜、磷化钾、氢化物等不属于以上所列的毒品范畴。

---

〔1〕 张月琴："微波辅助萃取—色谱法检测生物检材中氯胺酮及苯丙胺类毒品的含量"，首都师范大学 2009 年硕士学位论文。
〔2〕 何颂跃：《大脑的白色杀手》，科学出版社 2003 年版，第 187～188、239～242 页。公安部："警惕苯丙胺类毒品的新危害"，载 http://www.mps.gov.cn/n16/n80209/n80376/742818.html，2008 年 4 月 3 日。

毒品的分类比较复杂，很难达成共识，它常常随着各国对毒品的定义不同及各种非法毒品的兴起，而有不同的分类。

世界卫生组织（World Health Organization，WHO）将毒品分为四类：

（1）麻醉剂（narcotics），如：阿片、吗啡、海洛因等。

（2）镇静剂类，如红中等巴比妥剂。

（3）迷幻剂类，如大麻、Lysergids（LSD）等。

（4）兴奋剂类，如安非他命、可卡因等。

美国司法部将列入管制的精神活性药物区分为五大类：

（1）麻醉剂，又称阿片类止痛剂，可细分为：天然成品，如阿片、可待因、蒂巴因、吗啡等；半合成品，如海洛因等；合成品，如美沙酮等。

（2）中枢神经抑制剂（central nervous system depressants），如三路乙二醇、巴比妥酸盐、精神安定剂等。

（3）中枢神经兴奋剂，如可卡因、安非他命、其他强心剂的衍生物及甲基的衍生物等。

（4）幻觉诱发剂也称精神兴奋剂，如LSD、梅斯卡林、phencyclidine（PCP）等。

（5）大麻类，如大麻烟、大麻脂及大麻油等。

国际上通用分类法是将毒品分成：①受到管制的麻醉药品：阿片类（海洛因、吗啡）、大麻类（北美大麻、印度大麻）、可卡因类（可卡因、古柯叶）；②精神药品：镇静催眠类（巴比妥类、甲硅酮）、中枢兴奋剂（苯丙胺去麻黄素）、致幻剂（LSD、色胺类）；③其他：烟、酒、吸入剂（挥发性溶剂、汽油、香蕉水）。

依据毒品的来源可分为天然毒品（如阿片、吗啡、海洛因、可卡因、大麻、古柯叶、仙人球、毒箭等）与合成毒品（如苯丙胺、哌甲酯、美沙酮、哌替啶、苯巴比妥、地西泮、盐酸二氢埃托啡片等）。

根据毒品对中枢神经系统的作用效应，可分为镇静类毒品（如阿片、吗啡、海洛因、美沙酮、苯巴比妥、地西泮等）、兴奋类毒品（如可卡因、古柯叶、苯丙胺、哌甲酯等）和致幻类毒品（如仙人球毒碱、二甲色胺等）。

根据毒品的性质可分为硬性毒品（如海洛因、吗啡、阿片、可卡因等）和软性毒品（如大麻、地西泮、甲丙氨脂等）。也有人把阿片、海洛因、大麻、可卡因等列为非法毒品，而把烟、酒、安定类药物等称为合法毒品。本章所说的毒品即指非法毒品。

根据依赖药物的精神依赖、躯体性依赖和耐药性可把依赖药物分成下列类型，见表 1－1。

表 1－1　依赖药物的类型[1]

依赖类型	精神性依赖	躯体性依赖	耐药性	种类
吗啡型	强	强	强	海洛因、阿片、吗啡、哌替啶、可待因、美沙酮、喷他佐辛
酒和巴比妥类等型	较强	强	较强	各种酒类、巴比妥及其他安眠药、甲丙氨酯、地西泮
可卡因型	较强	不明显	不明显	北美大麻、印度大麻、四氢大麻酚
苯丙胺型	强	次强	较强	苯丙胺、右旋苯异丙胺、盐酸脱氧麻黄素等
khat型	有	不明显	不明显	卡塔叶及其制剂
致幻剂型	有	不明显	较强	LSD－25及其制剂、南美仙人掌毒碱、色胺类等

（二）常见的毒品

1. 阿片类。阿片类包括海洛因、吗啡、阿片、哌替啶、可待因、美沙酮、盐酸二氢埃托菲等。

（1）海洛因。海洛因（heroin）是从吗啡经乙本醛化作用后，

[1] 张培琰、吉中孚编著：《精神病诊断治疗学》，中国医药科技出版社1998年版，第425~426页。

改变吗啡的化学结构式提炼而成，呈结晶状或结晶性粉末。海洛因所造成的中毒症状与吗啡大致相同，但其毒性约为吗啡的 6 倍，其发生的反应更快、更强，反复使用时也比吗啡更容易形成成瘾性。

（2）吗啡。吗啡（morphine）是由阿片提炼而成，它对大脑皮质的知觉中枢及随意运动中枢具有麻痹作用，会使脊髓的反射作用及副交感神经呈兴奋状态。另外，吗啡对脑也产生影响，使用少量时呈现麻痹、镇痛、催眠作用，可暂时排除精神和生理上的痛苦与不安，继而造成某种程度的陶醉、茫然安乐感。

2. 大麻。大麻（marijuana）是印度大麻类的植物，其抽出物和衍生物统称为大麻，吸食者通常将其叶、花或其他部分切碎，制成烟卷，故称大麻。其症状特征为：陶醉感、飘飘欲仙的意识状态、无方向感、对时间事物皆置身事外，产生所谓的动机缺乏症、妄想及疑心，因而导致行为障碍。对身体生理的影响有心跳加快、发汗、双目结膜红肿、步行不稳、眼球振荡等。如长期使用，肺功能也会受到伤害，而精神分裂症患者吸食大麻，则会使精神病症状加重。

3. 苯丙胺类兴奋剂。苯丙胺类兴奋剂（amphetamine-type stimulants，ATS）是苯丙胺及其衍生物的统称，包括苯丙胺（安非他命）、甲基苯丙胺（俗称冰毒）、亚甲二氧基甲基苯丙胺（MDMA，俗称摇头丸）等中枢神经系统兴奋剂。ATS 具有药物依赖性（主要是精神依赖性）、中枢神经兴奋、致幻、食欲抑制和拟交感效应等药理、毒理学特性，是联合国精神药品公约管制的精神活性物质。

4. 可卡因类。可卡因（cocaine）是由古柯叶提炼而成，有可卡因、颗粒状可卡因两种。可卡因是一种白色结晶性粉末，吸食或静脉注射后，对中枢神经有兴奋刺激作用，会产生强烈的兴奋和幸福感，成瘾快、毒性猛，大量摄取会因痉挛、呼吸困难而致死。颗粒性可卡因俗称快克（crack），滥用的反应与可卡因基本相同，但其毒性和成瘾性更为严重。

二、毒品成瘾

(一) 成瘾的界定和理解

"成瘾"这一术语被广泛使用，但迄今没有一个统一的定义。从古代到 19 世纪，成瘾这一术语是指对一种坏习惯的沉迷，以至于成瘾者完全忽视了生活的其他方面。它并不是专门指对麻醉毒品或其他药物的依赖。到了 20 世纪，医学专家开始用成瘾这一术语来特指滥用麻醉毒品的一种特性。成瘾的行为和心理特征是病理性的戒断反应和渴求，以及强迫性的觅药行为中的失控感。[1]

20 世纪后期，成瘾这一术语的范围扩大为包含具有欲求性质，强迫和重复的特性，并且是自我破坏的难以改变和停止的任何物质使用和强化行为（reinforcing behavior）。[2]《美国遗传医学词典》（The American Heritage Medical Dictionary）将成瘾定义为对一种物质或行为的不由自主的习惯化的心理或生理依赖。

DiClemente 将成瘾定义为一种习得行为，而且这种行为一旦建立，个人即使面对非常严重的后果也难以消除。他认为成瘾主要有三个维度：①以愉悦和强化为特征的逐步建立的问题行为模式的发展；②产生依赖的行为模式包含生理的和心理的因素；③这些因素相互作用使行为难以改变。[3]

与成瘾相关最明显的习惯包括烟草依赖、酒精滥用和依赖、物质滥用、一系列饮食失调（包括肥胖症和暴食症），以及强迫性赌博。这些行为的相似之处，即被认为是成瘾的原因包括一些因素：①它们代表有意识的习惯模式，欲求行为；②它们变得过度并产生严重后果；③这些有问题的行为模式有长时间的稳定性；④这些行为有相关的生理和心理因素；⑤有成瘾行为的个体难以停止或改变

〔1〕　Peele T. , "Degrandpre R. J. Cocaine and the concept of addiction: Environmental factors in drug compulsions", *Addiction Research & Theory*, 1998, 6 (3), pp. 235~263.

〔2〕　Orford J. , *Excessive Appetites: A Psychological View of Addictions*, Wiley: New York, 1985.

〔3〕　Diclemente C. C. , *Addiction and Change: How Addictions Develop and Addicted People Recover*, Am Psychiatric Assoc, 2003, p. 4.

这些行为。这些代表了用于诊断成瘾的主要标准。[1]

在本书中，成瘾（addiction）是指强迫性地寻求药物和使用药物的行为，尤其是在面对明显的危害结果时，成瘾者试图多次努力地去改变，但这些行为依然继续，这个术语现在延伸到强迫性的暴饮暴食和强迫性的赌博，强迫性的性行为以及其他的强迫性行为。[2]这一界定是一个广义的成瘾概念，包括物质成瘾和过程成瘾，前者指个体成瘾于毒品、酒精、烟草等成瘾物质；后者是指个体对一些行为的强迫性依赖，如赌博、性及网络成瘾等。[3]

关于成瘾有三种不同的观点，D. L. Thombs 对这些观点进行了总结。[4]

1. 成瘾是一种罪行（addiction as sin）。此种观点认为成瘾是对某种伦理或道德规范的拒弃，成瘾者害人害己，难以原谅。此种观点也假设成瘾行为完全出于个人的自主选择。因此，不能用"失去控制"来解释成瘾行为，应当认为他们是自愿选择"药物滥用"这种折磨人的成瘾方式，而这也是成瘾患者常常遭到谴责的理由。由于成瘾行为是因为行动方向上的自由选择与道德错误所导致的，所以惩罚成瘾患者便成为解决这个问题的合理方式，而监禁、罚款及其他的惩处等法律制裁也顺理成章地被当作是最适宜的行动。

支持"成瘾是一种罪行"的假设有不少好处，因为这个假设非常直接清楚，以此观点看来，成瘾只是单纯的行为不检，通过惩罚就可以矫正这种恶习。拥护这种观点的人认为，当今社会之所以无法有效遏止成瘾患者的问题应归咎于道德的全面沦丧，因此，回归家庭或弘扬传统的价值观，就常常被当成解决成瘾问题的最佳良方。

不过，历史的经验告诉人们，对普遍存在于人群当中的成瘾问题，使用惩罚的手段并不能产生完全阻遏的效果，这也是人们在鼓

---

〔1〕 Diclemente C. C. , *Addiction and Change*: *How Addictions Develop and Addicted People Recover*, Am Psychiatric Assoc, 2003, p. 4.

〔2〕 Wise R. Definitions and terms. Stevens' Handbook of Experimental Psychology, 2003.

〔3〕 杨波:《人格与成瘾》，新华出版社 2005 年版，第 9 页。

〔4〕 Thombs D. , *Introduction to Addictive Disorders*, New York: Guilford Press, 1994.

吹"成瘾是一种罪行"的看法时，可能会面临的质疑。从历史的先例就可发现，只凭政府的权威就想根除患者成瘾行为的做法通常是难以持续的。而且，法律的制裁措施常常会衍生出一些不为人所乐见的后果，例如，促使犯罪网络的组织更为强化、形成地下市场的猖獗、助长对法规法令的漠视、减缓法庭的文件处理以及造成强制戒治机构人满为患等。

2. 成瘾是一种疾病（addiction as a disease）。赞同这种观点的人认为毒品成瘾起始于根本的疾病过程。目前，神经科学的迅猛发展有助于推动成瘾疾病模式的科学研究，许多研究成果为这一观点提供了充分的证据。

拥护"成瘾是一种疾病"观点的人普遍相信成瘾患者是疾病的受害者，而"对物质使用丧失控制力"的说辞，一直是疾病模型用来解释成瘾行为的主要特征。这一模式假设：由于不明原因的体质特征，使得成瘾患者一旦服用少量的药物，就会引发患者更强烈的服用药物的渴求（craving），最后导致了强迫性的过度使用，而个人并无法控制这种促成成瘾行为产生的机制。

由于成瘾患者被当成是深受病痛折磨的人，因此，他们有充分的理由获得照顾、关怀与治疗。而既然成瘾是疾病的一种，对患者施行药物的治疗也是应该的，但适当的治疗，尤其是以住院病人为主的治疗，必须有医师的监督才能确保治疗效果。

支持疾病模式观点的大众至少包括三个团体：第一个团体是属于从事医学的专业人员。他们利用专业的优势来说服大众相信"成瘾是一种疾病"，需要住院治疗，进而坐收财富。第二个团体是制造成瘾物品的相关从业者，他们也是疾病模型的既得利益者，比如说，酒精从业者要人们相信成瘾的问题是出在嗜酒者身上，与酒精本身无关。第三个赞同的团体则是"康复运动"（recovery move-ment）的成员，这个组织主要是由那些从药物依赖中康复过来的个人及家属所构成。他们也能从认同疾病模式的理念上获得利益，原因之一是当大众以病人的角度看待成瘾患者时，患者会觉得这样比承受道德批判或心理异常的眼光来的有尊严。同时，认为自己是病人的想法，无形当中也减轻了患者对过去错误行为的罪恶感和羞愧感，能使他们专注于无药瘾生活的建立，并获得身心的康复。

3. 成瘾是一种适应不良的行为（addiction as maladaptive behavior）。支持第三种看法的人认为成瘾是一种行为异常，成瘾和所有的人类行为一样，均是由相同的法则加以塑造的。所以，成瘾行为基本上是学习而来的。它既不是罪行，也不是因为丧失控制。反之，他被当成是明显受制于环境、家庭、社会以及认知等关联条件，从而导致的问题行为。如同疾病模式一样，成瘾患者也被视为受害者，但并非一种疾病的受害者，而是破坏性的学习环境的受害者。

当成瘾被描述成是一种"适应不良的行为"时，它和"错误行为"（misbehavior）（一种道德的观点）的描述便有极大的差异。行为学家尽量避免为成瘾行为的"对"与"错"下判断。行为科学家使用"适应不良"一词即意味着，对成瘾患者及他们的家人而言，这种行为形态会产生破坏性的后果，但它并不暗示成瘾患者是坏蛋或不负责任。

就行为科学的观点而言，最佳的治疗方式是以学习法则为基础的。更具体地说，成瘾患者需被传授技巧以避免复发。此外，当需要的时候，治疗的医学取向也要加以考虑，但他们通常不会受到重视。成瘾者的训练及其程序上的实验才是治疗者所关注的焦点，是行为学家主要采用的治疗取向。

目前，在此领域工作的专家与开业医生是拥护这一观点的主要人员。例如，美国的成瘾行为心理学家学会（Society of Psychologists in Addictive Behavior）就是倡导这一观点的一个团体。但这个团体的人数不多，又没有太多政治势力的介入，并且缺乏公众的认同和赏识，治疗方法本身又十分耗费心力，因此，行为科学的方法目前还处于弱势地位。

总结以上三种观点可以发现，每种观点都有自己的特点和优劣之处。而在目前，有些人则坚持认为成瘾行为的形成是基于上述三种因素的连锁演变，即它是一种因人们学习到以不道德方式行动所导致的疾病。不过，这样的整合往往模糊了三种观点的基本差异，因为在每种观点背后，其实都存在着不同的成瘾行为的戒治方法。

（二）与毒品成瘾相关的概念

就毒品成瘾而言，与其相关的概念主要有：

1. 依赖。依赖（dependence）是一组认知、行为和生理症候群，使用者尽管明白使用成瘾物质会带来问题，但还在继续使用。自我用药导致了耐受性增加、戒断症状和强制性觅药行为（compulsive drug seeking behavior）。所谓强制性觅药行为是指使用者冲动性地使用药物，不顾一切后果，是自我失去控制的表现，不一定是人们常常理解的意志薄弱、道德败坏的问题。[1]

传统上将依赖分为躯体依赖（physical dependence）和心理依赖（psychological dependence）。躯体依赖也称生理依赖，它是由于反复用药所造成的一种病理性使用状态，主要表现为耐受性增加和戒断症状。心理依赖也称精神依赖，它使吸食者产生愉快满足或欣快的感觉，驱使使用者为寻求这种感觉而反复使用药物，表现出所谓的渴求状态。[2]

在20世纪，成瘾被解释为药物不再起效果时个体的反应。反应越严重，成瘾越严重。海洛因就能导致个体身体的很大变化，包括痛觉的丧失、肌肉的放松、低的体温及便秘等。而当撤药后，成瘾者则会体验到完全相反的感觉，如痛苦、紧张、恶心、发热和腹泻。撤药症状可持续几天到数周，这要看成瘾者用药的多少和用药的时间，也即身体依赖的程度。没有依赖药品，成瘾者的身体就会变得很虚弱。为了避免这种状况，成瘾者就要获取更多的药物，从而永久成瘾。

躯体依赖也可用来解释酒精和尼古丁成瘾，因为这些药物撤药

---

[1] 史书："强制隔离戒毒所戒毒人员个别心理治疗研究"，湘潭大学2009年硕士学位论文。

[2] 史书："强制隔离戒毒所戒毒人员个别心理治疗研究"，湘潭大学2009年硕士学位论文。

后也会导致不愉快的身体反应。但身体成瘾的这一模型不能解释一些成瘾药物，包括像可卡因和安非他命这样的刺激物。这些药物撤药后，除了导致疲劳和抑郁的感觉外，没有其他的撤药症状，但成瘾者还是继续成瘾。为解决这一问题，一些学者提出了心理依赖这一概念，指药物撤出后仅导致一些心理状况的变化，但却引发了成瘾行为。这种观点很难被接受，因为心理成瘾的概念很难被科学地界定，也难以对其进行实证研究。[1]

不过，心理依赖模型有助于我们用"奖赏"或"积极强化"的术语来解释成瘾习惯，特别是当强迫性的使用药物不能用生理依赖来解释时。事实上，生理依赖模型不能解释在撤药综合病症已消除数月或数年后，海洛因成瘾者仍会复吸，这在动物实验上也得到了证实。因此，尽管生理依赖是解释为什么成瘾者维持成瘾习惯的一个合理模型，但这种解释是有限的。正如脑研究所揭示的，药物渴求很可能涉及主控动机行为的神经回路出现长期的功能紊乱的过程。[2]

2. 滥用。滥用（abuse）是一种适应不良的方式，由于反复使用药物导致明显的不良后果，如不能完成工作、学业，损害了躯体、心理健康，导致法律上的问题等。滥用强调的是不良后果，滥用者没有明显的耐受性增加或戒断症状，反之就是依赖状态。

3. 渴求。渴求（craving）是指一种内在的对致瘾源的强烈欲求，需要更多的致瘾源才可以满足。渴求具有本能的驱动力，对过去的致瘾源所引起的欣快感存有记忆。按照神经生理学的分析，渴求被认为是致瘾源使突触前神经细胞的多巴胺释放增加，而使突触后神经细胞的兴奋性提高。[3]

4. 精神活性物质。精神活性物质（pyschoactive substances）又称物质或成瘾物质（substances）、药物（drug）。毒品的社会学概

〔1〕 Wise R. Definitions and terms. Stevens' Handbook of Experimental Psychology, 2003.

〔2〕 Wise R. Definitions and terms. Stevens' Handbook of Experimental Psychology, 2003.

〔3〕 师建国主编：《成瘾：21世纪的流行病》，科学出版社2004年版，第3页。

念，指能够影响人类情绪、行为、改变意识状态，并有导致依赖作用的一类化学物质，人们使用这些物质的目的在于取得或保持某些特殊心理、生理状态。在我国主要指阿片类、可卡因、大麻、兴奋剂等药物。

第三节 毒品成瘾的诊断与评估

要对毒品成瘾进行有效的治疗，全面的评估和诊断是非常重要的第一步。目前对毒品成瘾最常用的诊断工具是美国精神病学会（American Psychiatric Association）出版的《精神障碍诊断与统计手册》（The Diagnostic and Statistical Manual of Mental Disorders，DSM）和世界卫生组织（World Health Organization，WHO）出版的《疾病和有关健康问题的国际统计分类（第10版）》（International Statistical Classification of Diseases and Related Health Problems，ICD - 10）。

DSM - I 给成瘾的官方界定是针对狭义的成瘾，即"药物成瘾"，后又改称为"药物依赖"（drug dependence）（DSM - II），迄至1980年，又修正为"物质使用障碍"（substance use disorder）（DSM - III）。依照 DSM - IV 的分类，物质使用障碍可以区分为物质依赖（substance dependence）与物质滥用（substance abuse）两大类，两者合称为物质使用障碍。在2013年5月出版的 DSM - V 中，又将两种子类型合二为一，物质使用障碍的基本特征是个体表现出一组认知、行为和生理上的症状，这些症状表明尽管个体出现了严重的物质相关问题，但仍然持续使用物质。特定物质引发的障碍都可以被描述为相应的物质使用障碍，如酒精使用障碍、兴奋剂使用障碍。

ICD - 10 在"使用精神活性物质所致的精神和行为障碍"中对各类物质所导致的心理和行为问题进行了描述。有些概念的变化是由理论上、法律上甚至政策方针等因素的影响所导致的，主要的问题是正常的习惯和成瘾的习惯之间的区别是主观的，量化指标也没有基本的法则依据。在20世纪70年代，引起广泛争论的事情是关于可卡因和尼古丁是否成瘾药物；到了 20 世纪 90 年代，它们已被广泛接受为成瘾药物。在 20 世纪 50~60 年代之间，生理依赖被看成是成瘾的一个本质特性。然而尽管可卡因和尼古丁缺乏典型的依赖性综合病态症状，但它们也能像海洛因和酒精一样建立强迫性和危害性的成瘾习惯。因此，随着依赖理论的衰落，成瘾就不仅仅是被生理指标所界定，还需要更多的主观指标来加以诊断。

有学者认为，毒品成瘾主要依据自报、举报、临床诊断、体液测试、随访调查和观察等方法予以确诊。[1] 或根据可靠的病史、临床症状与体征、尿液毒品分析和催瘾实验，ICD–10 或 DSM–V 的诊断标准，并参考药物依赖评定量表得分情况来进行综合判断。[2] 由于本章所说的毒品，是指能导致滥用和依赖作用的一类化学药物，所以在这里就分别介绍药物滥用和药物依赖的诊断，以及药物戒断的标准、几种重要药物的诊断和复吸的确认。需要注意的是，DSM–V 将药物依赖和药物滥用合并为物质使用障碍，所以会单独介绍 DSM–V 中物质使用障碍的诊断。

一、药物滥用的诊断

（一）药物滥用行为报告的量化指标

6 个月期间，有 1~3 周时间，每周吸食 1~2 次毒品，确认为药物滥用。吸食阿片类物质的时间为 1~3 天，就可视为吸毒。

（二）药物滥用的临床诊断标准

ICD–10 中有关药物滥用的诊断标准：

1. 有明确的证据表明，一种或多种物质是使用者心理或躯体损害的原因或主要因素。包括判断力受损或功能失调行为，并可能导致残疾或在人际关系上造成不良后果。

2. 损害的性质是可以清楚辨认的（和标明的）。

3. 物质使用方式至少持续 1 个月或在过去的 12 个月中反复

〔1〕 吕宪祥等："数据库管理在药物滥用监测中的应用"，载《中国药物依赖性杂志》1998 年第 2 期，第 115~116 页。
〔2〕 师建国主编：《成瘾：21 世纪的流行病》，科学出版社 2004 年版，第 48 页。

出现。

4. 该障碍不符合在同一时间段内由同一种药物所引起的任何其他精神或行为障碍的标准。

（三）体格检查

体格检查时可发现针尖样瞳孔；沿静脉走向可有皮肤色素沉着；静脉注毒者可见陈旧的注射疤痕。

（四）实验室检查

实验室检查主要有：

1. 体液检测。实验室检查主要是体液毒品分析检测，绝大多数毒品均经肾脏由尿液排泄，对药物依赖的体液分析检测主要用药物依赖者的尿液进行。体液检测可作为药物滥用取证的技术辅助手段。体液检查需注意以下几点：

（1）取样时间与操作办法（有无规律、知晓范围和取样地点）；

（2）采用的试剂盒、试纸的检测指标（假阴性和假阳性）；

（3）药物滥用者的配合程度（回避或提供假样）；

（4）二次认定程序（仅根据一次检测结果尚无法作出是否滥用药物的判断）。

2. 血清学检查。海洛因成瘾者，可出现淋巴细胞和多形核白细胞增多的症状，血红蛋白增加，尿素氮增加；肝功能检查可有蛋白增加，其中球蛋白增加更多，转氨酶、胆红素、碱磷性酸酶也有增加。

3. 纳洛酮诱发试验。在怀疑是阿片类毒品依赖时，可用纳洛酮诱发试验协助诊断。纳洛酮是吗啡的拮抗剂，可诱发阿片类依赖者的戒断症状。一般肌注纳洛酮 0.16 毫克，15 分钟左右可见瞳孔散大，全身出汗，体毛竖直，如 20～30 分钟仍无反应，再加 0.24 毫克肌注，如仍无反应，可认为无躯体依赖。

4. 色谱法的应用。其中以薄层色谱法、高效液相色谱法、气相色谱法较为多用，若不知道成瘾者所吸何种毒品，可用色谱法进行结构分析，了解毒品的种类。例如，海洛因一般在12～24 小时内可用薄层色谱法测出。为提高灵敏度和准确性，可再用气相色谱法、血细胞凝集抑制法、酶标免疫测定法、放射免疫测定法复查。这些方法再加上药物诱法试验，其准确性更高。[1]

（五）随访及问卷调查

随访调查可以是与成瘾者的面对面的访谈，也可以是与家人、亲属的调查访谈，国外还包括与成瘾者的经纪人、法人的访谈。调查可以通过结构化或半结构化会谈的方式，从不同的角度了解病人的吸毒史及与吸毒有关的问题，这些问题包括吸毒史、吸毒的动机、吸毒的方式、戒毒的次数及场所、戒毒的方法、戒毒的效果、复吸原因、戒断症状、过去史、个人史、家族史等。随访调查应事先准备好调查问卷，访谈问题要紧紧围绕调查题目。调查问卷包括成瘾严重指数（the Addiction Severity Index，ASI）、贝克抑郁量表（the Beck Depression Inventory，BDI）、心理健康症状自评量表（the Symptom Checklist－90，SCL－90）修订版等以及自编问卷。

二、药物依赖的诊断

药物依赖者的确认主要依赖临床诊断，辅以体液检测和问卷调查。

ICD－10有关药物依赖的诊断标准如下：具有下列表现的3项或3项以上，至少出现1个月以上，或如果持续不足1个月，应在既往12个月中反复出现。

1. 对使用该物质有强烈的欲望或冲动感；

2. 对物质使用行为的控制能力受损，涉及开始使用、终止使用的量，证据为：常常比原来的打算使用更大的量或更长的时间，总是打算或者徒劳地试图减少或控制物质使用；

3. 当物质使用减量或终止时出现生理的戒断状态，其证据为该物质特有的戒断综合征，或使用同一物质（或相近者）可以减轻或避免戒断症状；

4. 存在对物质效应耐受的证据，例如，需要使用更高剂量的物质才能出现中毒或所期望的效应，或持续使用相同量的某物质后，

---

〔1〕 广东禁毒网，http：//www. gdjd. gov. cn/newsdetail. asp？id＝475.

效应显著降低；

5. 沉溺于物质使用，表现为因物质使用放弃了或冷淡了其他的娱乐或兴趣；或在获取、使用该物质或从其作用中恢复过来，需要花费大量的时间；

6. 尽管已出现了肯定的危害性后果，仍持续使用该物质，证据为：病人确实知道或有理由推断病人知道危害的性质和程度时，仍在继续使用。

三、物质使用障碍的诊断

DSM－Ⅴ有关物质使用障碍的诊断标准包括控制功能受损、社交功能障碍、冒险用药以及药理机制的标准。

控制功能受损标准（标准 1～4）：

1. 个体会比原本打算的使用更多的物质或者使用更长的时间。

2. 个体会表现出持续的愿望想要结束或者调整物质使用，并报告有多次尝试减少或停止用药都宣告失败。

3. 个体需要花费大量的时间来获得物质、使用物质或者从用药后的效果中恢复过来。在一些较为严重的物质使用者身上，几乎他们所有的日常生活都围绕着物质。

4. 渴求。渴求是通过对药物的强烈渴望或迫切需要来体现的，可能发生在任何时候，但最有可能发生在个体处于之前获得或使用药物的环境中时。

社交功能障碍标准（标准 5～7）：

5. 反复的物质使用会导致个体不能履行其在工作、学习或家庭中所扮演的角色的职责。

6. 即使会出现由于物质引起的或者物质使其更加恶化的持久、反复的社交或人际问题，个体还是会继续使用物质。

7. 由于物质使用会放弃或者减少重要的社交、职业或者娱乐活动。

冒险用药标准（标准 8～9）：

8. 在那些对身体有害的情况下也会反复使用物质。

9. 即使已经意识到自己有一些物质引起的或物质使其更加恶化

的持久、反复的生理或心理问题，个体仍然继续使用物质。

药理机制标准（标准 10～11）：

10. 耐药性。表现为要达到预期的效果需要明显增多剂量，或者当仅使用通常的剂量时会产生明显减弱的效果。

11. 戒断。它是指当持续大量使用物质的个体，其血液或组织中的物质浓度降低时所产生的综合症状。出现戒断症状后，个体需要用药来缓解。

对物质使用障碍的诊断是对其严重程度的诊断，根据个体所达到的上述诊断标准的个数来进行评估，从轻微到严重。达到上述2～3个标准被认为是轻微的物质使用障碍，达到上述4～5个标准被认为是中度的物质使用障碍，达到 6 个以上的标准被认为是严重的物质使用障碍。临床医生在做诊断时应注明是哪种物质使用障碍及其严重程度。

四、毒品的戒断诊断标准

（一）DSM－Ⅴ关于药物的戒断诊断标准

1. 由于停用（或减量）某种曾长期大量使用的物质而产生的某种物质特定的问题行为改变，以及伴随产生的生理和认知改变。

2. 此物质特殊性症状群导致明显的痛苦烦恼或社交、职业或其他重要领域功能的明显损伤。

3. 此症状并非一般躯体情况所致，也不可能归于其他精神障碍。

（二）1CD－10 有关药物戒断的诊断标准

1. 必须存在反复地、往往长时间和（或）高剂量地使用某种物质，或有近期停用或减量使用该物质的明确证据。

2. 症状和体征与特定物质的戒断状态的已知特征相吻合。

3. 症状和体征不能用与物质使用无关的内科障碍来解释，而且也不能被另一种精神或行为障碍更好地解释。

五、几种成瘾物质的诊断标准

（一）阿片类物质成瘾的诊断

DSM－Ⅴ中与阿片类物质成瘾有关的诊断标准。

1. 阿片类药物使用障碍的诊断标准。有问题的阿片类物质的使用模式导致了明显的损伤或者痛苦，其表现至少有以下两条，并且发生在 12 个月之内。

（1）经常会比原本打算的使用更多的阿片类物质或者使用更长的时间。

（2）有持久地想要减量或者控制阿片类物质使用的愿望或者有多次减量或者控制阿片类物质使用的失败尝试。

（3）大量的时间都花在获得、使用阿片类物质的活动中或者从药效中恢复过来。

（4）渴求或者具有强烈的使用阿片类物质的渴望或迫切需要。

（5）反复的阿片类物质使用导致个体不能履行其在工作、学校或家庭中的角色职责。

（6）即使存在由阿片类物质导致甚至使其更加恶化的持久、反复的社交或人际问题，个体仍然继续使用阿片类物质。

（7）由于使用阿片类物质，个体会放弃或者减少重要的社交、职业或者娱乐活动。

（8）在那些对身体有害的情况下也会反复使用阿片类物质。

（9）即使已经意识到自己有一些物质引起的或物质使其更加恶化的持久、反复的生理或心理问题，个体仍然继续使用阿片类物质。

（10）耐药性，由下列任意一条来定义：①要达到中毒或者预期的效果需要明显增多的剂量；②继续使用与之前同等剂量的阿片类物质会产生明显减弱的效果。（注：这一标准不适用于那些仅在合理的医嘱下使用阿片类物质的个体。）

（11）戒断，表现为下列任意一条：①典型的阿片类物质戒断症状［参考阿片类物质戒断的标准（1）和标准（2）］；②使用阿片类物质（或非常相关的物质）来缓解或避免戒断症状。（注：这一标准不适用于那些仅在合理的医嘱下使用阿片类物质的个体。）

2. 阿片类物质中毒的诊断标准。

（1）近期使用阿片类物质。

（2）在阿片类物质使用期间或者使用后不久出现的临床上明显

的问题行为改变或心理改变（如最初的欣快感之后出现情感冷漠、烦躁不安、躁动或精神迟滞、判断功能受损）。

（3）瞳孔收缩（或由于过度用药缺氧导致的瞳孔散大），并且在阿片类物质使用期间或者使用后不久出现下列症状一个以上：①困倦或昏迷；②说话含糊不清；③注意或记忆功能受损。

（4）以上症状不是由于其他躯体疾病或精神疾病引起的，也不是其他物质中毒引起的。

3. 阿片类物质戒断的诊断标准。

（1）出现下列任意一条症状：①停止（或减量）过去一直大量的、长期的（如数周或更长）阿片类物质使用；②在使用阿片类物质一段时间后服用阿片类拮抗剂。

（2）在达到标准（1）几分钟至几天后出现三个以上的下列症状：①情绪烦躁不安；②恶心或呕吐；③肌肉疼痛；④流泪或流鼻涕；⑤瞳孔散大、体毛竖直、出汗；⑥腹泻；⑦打呵欠；⑧发烧；⑨失眠。

（3）标准（2）中的症状表现引起了明显的痛苦或社交、职业或其他重要领域的功能损伤。

（4）以上症状不是由于其他躯体疾病或精神疾病引起的，也不是其他物质中毒或戒断引起的。

（二）兴奋剂成瘾的诊断

DSM－V中与兴奋剂成瘾有关的诊断标准。

1. 兴奋剂使用障碍的诊断标准。苯丙胺类物质、可卡因或其他兴奋剂的使用模式导致了明显的损伤或者痛苦，其表现至少有以下两条，并且发生在12个月之内。

（1）经常会比原本打算的使用更多的兴奋剂或者使用更长的时间。

（2）有持久地想要减量或者控制兴奋剂使用的愿望或者有多次减量或者控制兴奋剂使用的失败尝试。

（3）大量的时间都花在获得、使用兴奋剂的活动上或者从药效中恢复过来。

（4）渴求或者具有强烈的使用兴奋剂的渴望或迫切需要。

（5）反复使用兴奋剂导致个体不能履行其在工作、学校或家庭中的角色职责。

（6）即使存在由兴奋剂导致甚至使其更加恶化的持久、反复的社交或人际问题，个体仍然继续使用兴奋剂。

（7）由于兴奋剂的使用，个体会放弃或者减少重要的社交、职业或者娱乐活动。

（8）在那些对身体有害的情况下也会反复使用兴奋剂。

（9）即使已经意识到自己有一些物质引起的或物质使其更加恶化的持久、反复的生理或心理问题，个体仍然继续使用兴奋剂。

（10）耐药性，由下列任意一条来定义：①要达到中毒或者预期的效果需要明显增多的剂量；②继续使用与之前同等剂量的兴奋剂会产生明显减弱的效果。注：这一标准不适用于那些仅在合理的医嘱下使用兴奋剂的个体，如对多动症或者嗜睡症患者的药物治疗。

（11）戒断，表现为下列任意一条：①典型的兴奋剂戒断症状［参考兴奋剂戒断的标准（1）和标准（2）］；②使用兴奋剂（或非常相关的物质）来缓解或避免戒断症状。（注：这一标准不适用于那些仅在合理的医嘱下使用兴奋剂的个体，如对多动症或者嗜睡症患者的药物治疗。）

2. 兴奋剂中毒的诊断标准。

（1）近期使用苯丙胺类物质、可卡因或其他兴奋剂。

（2）在兴奋剂使用期间或者使用不久后出现的临床上明显的问题行为改变或心理改变（如欣快感或情感迟钝、社交性改变、过度警觉、人际交往敏感、焦虑、紧张或愤怒、刻板行为、判断功能受损）。

（3）在兴奋剂使用期间或者使用后不久出现下列症状两个以上：①心跳过快或心跳过缓；②瞳孔散大；③血压升高或降低；④流汗或感到寒冷；⑤恶心或呕吐；⑥体重下降；⑦躁动或精神迟滞；⑧肌肉无力、呼吸抑制、胸痛、心律不齐；⑨意识朦胧、突然发作、动作障碍、肌张力障碍或者昏迷。

（4）以上症状不是由于其他躯体疾病或精神疾病引起的，也不是其他物质中毒引起的。

3. 兴奋剂戒断的诊断标准。

（1）停止（或减量）长期的苯丙胺类物质、可卡因或其他兴奋剂使用；

（2）情绪烦躁不安，并且在达到标准（1）几小时至几天后出现两个以上的下列生理症状：①疲劳；②生动的、不愉快的梦；③失眠或睡眠过度；④食欲增加；⑤精神迟滞或激动。

（3）标准（2）中的症状表现引起了明显的痛苦或社交、职业或其他重要领域的功能损伤。

（4）以上症状不是由于其他躯体疾病或精神疾病引起的，也不是其他物质中毒或戒断引起的。

六、复吸者的确认

复吸者的确认可以通过自报、举报、临床诊断、体液检测和随访调查等途径实现。

（一）复吸报告的量化指标

复吸是指药物依赖者在经过脱毒治疗期，机体已基本摆脱了身体依赖状态和毒品后又重新滥用以前的毒品，并形成新的药物依赖状态。在这里，重新滥用的过程或偶尔的重新滥用行为不应视为复吸。[1]

有专家认为，接受过治疗的吸毒者，在随后跟踪的 6 个月里，如果使用了阿片、可卡因、酒等成瘾物质，即使是一次或几次，都被认为有复吸倾向，需要进行治疗处理。

Gregory 等人（2001）对偷吸、复吸及复吸程度有如下定量指标：随访调查的时间间隔为 6 个月、12 个月和 18 个月。偷吸（lapse）是指此前的 6 个月中，在 1～3 周的时间里，每周滥用1～2次药物。复吸（relapse）是指此前的 6 个月，在超过 4 周的时间里，

---

〔1〕　刘志民："药物滥用流行病学定量研究和定性研究"，载《中国药物依赖性杂志》2000 年第 4 期，第 252～255 页。

每周滥用药物 3 次以上。复吸程度有两种指标：①每周滥用药物 2~3次，属轻度复吸；②4 次以上，属重度复吸。

（二）复吸的临床诊断

复吸的客观标准应当是再次产生药物依赖性，即对药物的依赖性重新恢复到原有的水平或加重。复吸的诊断标准仍要参照 ICD - 10 和 DSM - V 有关药物依赖的诊断标准。

第二章

成瘾的理论模型

有关成瘾的理论模型很多，主要从两个方面来综述：第一个方面是探讨成瘾的神经生理机制，第二个方面是从社会心理的角度来探讨成瘾的易感因素和维持因素。

第一节　成瘾的神经生理机制的理论模型

一、强化理论与中脑边缘多巴胺系统

大脑内具有引导行为指向那些与生存息息相关的刺激的系统。比如，与水、食物、配偶等有关的刺激都会激活特定的神经通路，强化那些可以达到有关目标的行为。这些神经通路成为中脑边缘多巴胺通路或奖赏中枢。精神活性物质人为地强烈地激活了该通路，大大增强了继续这些行为的动机。根据这种理论，成瘾是药物对有关动机和情绪的大脑各区域产生的生理效应之间相互作用的结果。

尽管每一类精神活性物质都有其独特的主要药理作用机制，但是大多都激活中脑边缘多巴胺通路（见图 2 - 1）。中脑边缘多巴胺通路位于中脑，是精神活性物质产生潜在依赖性的主要中枢神经系统。其中有两个最重要的脑区是腹侧被盖区（ventral tegmental area，VTA）和与之相连的伏隔核（nucleus accumbens，NAcc）。VTA 中的神经元富含神经递质多巴胺，其神经元投射到情绪、思维、记忆、计划和执行等众多脑区。NAcc 是一个与动机、学习和标记刺激的动机价值有

关的重要区域。[1]精神活性物质可以提高 NAcc 的多巴胺释放，这是强化作用产生的关键。

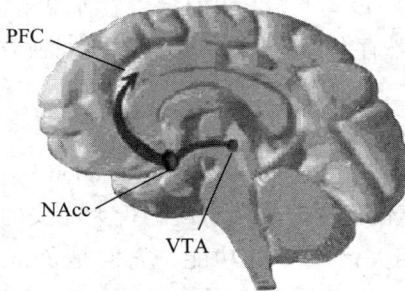

图 2 - 1　中脑边缘多巴胺通路[2]

　　药物与相关环境的相互作用导致了行为的持续改变，从这一角度上看，成瘾的发展可以被看作是学习过程的一部分。一个人使用药物并体验到精神活性效应，这是高度的奖赏或强化，激活大脑内部的环路使得这种行为很可能被再次重复。这就是传统的强化成瘾理论。但药物的奖赏效应并不能解释为什么药物能够产生与成瘾相关的所有行为。与此相似，戒断药物时表现出的生理依赖可以解释药物的使用和依赖，但是不能解释药物成瘾的发展和维持，特别是在长期戒断药物之后复吸。

　　Baker 等人基于认知与情绪领域的新近理论和研究，提出了药物成瘾的负强化情绪加工模型（an affective processing model of negative reinforcement）。他们认为，所有成瘾性药物的戒除症状均包含着负性情绪（如焦虑、易怒或悲伤等）这一核心特性。依赖者之所以维持用药，主要是为了逃避伴随戒除症状产生的负性情绪。在药物使用的早期，戒除症状便会出现，当成瘾者觉察到体内药物水平降低时，该内感受线索（interoceptive cues）便会导致戒除症状出现，同时伴随着负

　　[1]　Robbins T. W., Everitt B. J., "Neurobehavioural mechanisms of reward and motivation", *Current Opinion in Neurobiology*, 1996, 6（2）, pp. 228~236.

　　[2]　http://www. drugabuse. gov/pubs/teaching/largegifs/slide - 9. gif.

性情绪的产生（见图 2 - 4B）。[1] 负强化情绪加工模型重新强调了成瘾性药物依赖者维持其药物使用在很大程度上是为解决其痛苦的情绪体验的观点。然而，该模型始终没有提供生理脱瘾后的戒除者在消除戒除症状后是否仍然存在着基于内感受线索的负性情绪及其对药物复吸行为的诱发作用的直接证据。[2]

二、诱因易感化理论

诱因易感化模型（the incentive-sensitization model）的核心观点是，长期吸食成瘾性药物会改变与成瘾行为相关的脑系统（边缘中脑多巴胺系统及相关区域）的功能，它们是负责调节诱因性动机（incentive motivation）和诱因突现性（incentive salience）功能的组织。[3] 因此，成瘾性药物长期刺激这些神经回路会使其逐渐对药物的作用及药物相关的中性刺激变得非常敏感，即神经易感化（neural sensitization）。神经易感化导致成瘾者在心理上内隐性地通过诱因突现来表征药物与药物相关线索的特性，并引起对药物病理性的"欲望"，从而导致强迫性的药物寻求、药物摄入和复吸行为。该理论认为，诱因易感化是成瘾过程和复吸行为的关键所在。这一模型整合了成瘾过程中的情绪、动机、诱因、学习等多种范畴的近期研究成果，并有丰富的神经心理学和神经药理学方面的研究作为依据，反映了成瘾行为研究中的最新进展。[4] 简言之，该理论假定逐渐增加的药物感受性将使得与药物相关的诱因对成瘾行为更具控制性，正是这种对药物的敏感性促使了个体觅药的强迫性。

动机（motivation）和诱因（incentive）是成瘾研究中的两个重要概

---

〔1〕 朱海燕："海洛因戒除者的认知与情绪加工特性及其脑机制"，浙江大学 2005 年博士学位论文。

〔2〕 沈模卫等："海洛因戒除者对相关线索和负性生理线索的注意偏向"，载《心理科学》. 2006 年第 6 期，第 1287 ~ 1290 页。

〔3〕 Robinson T. E. , Berridge K. C. , "The neural basis of drug craving: An incentive-sensitization theory of addiction", *Brain Research Reviews*, 1993, 18（3）, pp. 247 ~ 291.

〔4〕 殷素梅："不同康复时相内海洛因戒除者注意偏差的动态研究"，云南师范大学 2004 年硕士学位论文。

念。中脑边缘多巴胺与动机过程紧密相连：那些被认为与生存密切相关的刺激被大脑赋予了特别的重要性。动机就是将注意和行为资源分配到那些预期结果与此相关的刺激上。诱因就是可以诱发预期反应结果的刺激。如果一个人不渴，那么与水有关的刺激就不会引起他/她太多的注意，也不大会影响其行为。但是，如果一个人非常口渴，那么水的声音、形象就会引起其注意，进而采取行动获得水。这就是诱因—动机反应，或者基于刺激的诱因价值和获取刺激动机这两者的反应。

在物质成瘾中，药物反复激活大脑中通常与食物、危险、求偶等重要刺激有关的动机系统。大脑就"误以为"这些药物和相关刺激是一种生物需求。经过反复的药物暴露，这种联结变得越来越牢固，唤起了大量的行为和神经反应。这一过程称为诱因敏感化（incentive sensitization），由此精神活性物质和有关使用药物的刺激所具有的动机和行为重要性不断增大。[1]通过关联学习过程，与用药有关的刺激（如环境、人、物品）能强烈地激活使用药物的动机，导致成瘾者无法抗拒药物渴求和复吸，即使长期戒断之后亦是如此。这有利于我们理解戒断反应消除之后，成瘾者为什么仍然会复吸。

该理论的一个突出问题是，药物的强化作用（用药后药物所产生的作用）与诱因动机（如用药的历史及相关的环境）两者之间的区别如何？"诱因动机"与"强化"，如同"想"和"喜欢"，其含义不一样。一个人对药物的"想"是在他拥有药物之前，这是与诱因动机相关的认知因素，是由在药物出现之前的与药物相关的刺激所引起。而一个人"喜欢"药物是在他获得药物以后产生的，是与强化相关的认知因素。

三、精神运动刺激理论

成瘾的精神运动刺激理论（the psychomotor stimulant theory of addiction）是由 Wise 和 Bozarth 提出的。他们把大脑犒赏中枢及多巴胺释放的研究证据整合起来推测所有的成瘾物质均有精神激动剂的作用，能激活一种共同的奖赏机制，这种内部的奖赏机制比任何环境刺激更有力地

---

〔1〕 Robinson T. E., Berridge K. C., "The psychology and neurobiology of addiction: An incentive-sensitization view", *Addiction*, 2000, 95 (8s2), pp. 91~117.

影响和控制着成瘾。[1]他们认为是这种神经生理学而非戒断反应的痛苦或心理社会冲突构成了依赖与渴求的生理学及心理学基础。该理论认为大脑犒赏中枢的机制可以解释为什么成瘾的治疗如此困难。

该理论还引入了"诱因动机"这一学习理论中的概念，此概念用来解释强化的环路结构。强化物是客观物体或事件，可增加行为重复的可能性。该理论指出先于行为出现的诱因的作用，即由于它过去与药物的联系，而导向和引发了成瘾行为。

该理论认为强化物不仅能增加成瘾行为重复的可能性，强化物以及相关的环境刺激还能对反应习惯有"预先"的准备和启动，激活成瘾者把注意集中在已建立的习惯上。强化物的这一前摄特征是成瘾者重复成瘾行为的基础。

四、认知控制障碍理论

近年来，研究者开始从成瘾性药物导致认知神经功能损害的角度，考察成瘾的易感、发生、持续以及复吸等成瘾机制。不仅仅是"渴求"，成瘾的另一个特征"冲动性用药/觅药行为"也成为这一类成瘾理论的研究焦点。这一类理论主要有两大模型：一个是由 Jentsch 和 Taylor 提出的"前额纹状体障碍冲动理论"；[2]一个是由 Goldstein 和 Volkow 提出的"反应抑制障碍和突出性归因"（impaired response inhibition and salience attribution，I - RISA）综合征。[3]

Jentsch 和 Taylor 提出的"前额纹状体障碍冲动理论"认为，物质依赖和滥用可以被定义为一种以药物寻求和使用为中心而牺牲其他更多的适当行为的状态。如此，成瘾可以被视为一种由渴求的药

　　〔1〕　Wise R. A., Bozarth M. A., "A psychomotor stimulant theory of addiction", *Psychological Review*, 1987, 94（4），p. 469. 杨波、秦启文："成瘾的生物心理社会模型"，载《心理科学》2005 年第 1 期，第 32~35 页。

　　〔2〕　Jentsch J. D., Taylor J. R., "Impulsivity resulting from frontostriatal dysfunction in drug a-buse: Implications for the control of behavior by reward-related stimuli", *Psychopharmacology*, 1999, 146（4），pp. 373~390.

　　〔3〕　Goldstein R. Z., Volkow N. D., "Drug addiction and its underlying neurobiological basis: Neuroimaging evidence for the involvement of the frontal cortex", *American Journal of Psychiatry*, 2002, 159（10），pp. 1642~1652.

物（经由其非条件化的、奖赏特性）增强的行为控制。很明显，药物相关（条件化）刺激获得了更高的行为控制力。这在动机和诱因的学习过程中已经描述过，与腹侧纹状体（ventral striatum）和杏仁核（amygdala）的多巴胺功能有关。目前已经清楚了解到，皮层和边缘系统（PFC、Acc、海马、杏仁核）输入到腹侧纹状体调节 NAc 功能，其结果输入到运动控制回路（苍白体—丘脑皮层回路），见图 2－2。成瘾性物质在皮层的药理效应可能从属于那些与药物长期使用有关的学习、记忆、注意和认知的改变。Jentsch 等假设，慢性药物使用的结果是额叶皮层认知功能障碍，其后果是不能抑制那些由精神活性物质、相关刺激或内在驱力状态诱发的不恰当非条件化反应或条件化反应。因此，药物寻求行为可能是由两个方面所致：一方面是由于药物及其相关刺激的诱因动机增强（源于边缘系统/杏仁核机能障碍），另一方面是抑制控制障碍（源于前额皮层机能障碍）。

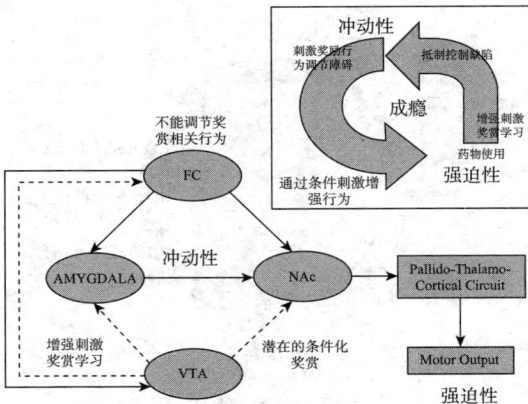

图 2－2　前额纹状体障碍冲动理论[1]

行为、认知和情绪过程是成瘾的核心。Goldstein 和 Volkow

〔1〕　Jentsch J. D., Taylor J. R., "Impulsivity resulting from frontostriatal dysfunction in drug abuse: Implications for the control of behavior by reward-related stimuli", *Psychopharmacology*, 1999, 146 (4), pp. 373~390.

（2002）整合这些过程中的脑成像研究成果，提出了一个整合的药物成瘾模型，即 I - RISA 模型（见图 2 - 3）。该模型假设，反应抑制障碍是成瘾者复吸和病理性享乐的基础，由于突出性归因障碍导致反应—强化调控能力降低，成瘾者出现反应去抑制或对即时的突出性刺激做出冲动反应，以期待药物相关的奖赏效应。该模型提出了沉醉（intoxification）、暴吸（bingeing）、戒断（withdraw）和渴求（craving）等阶段的神经解剖学基础。其中，眶额叶（orbitofrontal cortex，OFC）和前扣带回（anterior cingulated gyrus，Acc）不仅在局部解剖上与边缘系统相连，而且在分析那些含有情绪、价值、长期生存相关的信息时具有重要的整合作用，是与成瘾关系最为密切的 PFC 区域。而情绪、价值、长期生存相关的信息等所具有的特征就是突出性。成瘾者对具有突出性属性的刺激更加敏感，所激发的反应也比非成瘾者更加强烈。[1]

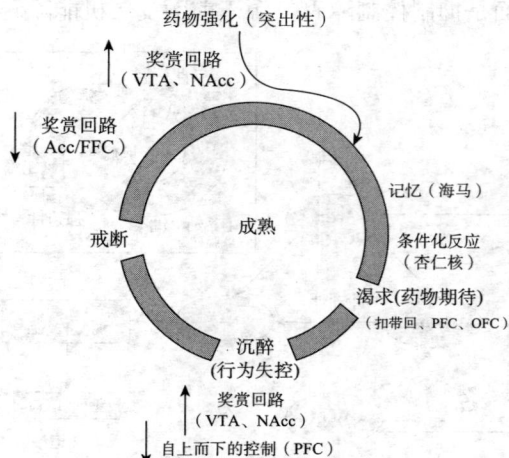

图 2 - 3　I - RISA 模型 [2]

〔1〕 杨苏勇：“海洛因成瘾者的抑制控制障碍：来自 ERP 的证据”，中国政法大学 2008 年硕士学位论文。

〔2〕 Goldstein R. Z. , Volkow N. D. , "Drug addiction and its underlying neurobiological basis: Neuroimaging evidence for the involvement of the frontal cortex", *American Journal of Psychiatry*, 2002, 159（10）, pp. 1642～1652.

　　上述理论假设的共同核心是药物及相关线索的突出性和抑制控制障碍，强调了前额皮层对中脑边缘多巴胺系统的调节作用。[1] Jentsch 等（1999）及 Goldstein 等（2002）关于前额皮层在成瘾形成中的重要作用的理论，将早期"中脑多巴胺假设"对成瘾机制的认识扩展到前额的高级认知神经功能，反映了目前对成瘾神经机制的普遍共识。尽管如此，这些理论都缺乏认知神经功能障碍导致成瘾的直接证据。同时，由于整体上阿片类成瘾研究相对较少，这些理论和假设都缺乏阿片类药物成瘾研究的证据支持。

　　从以上成瘾理论来看，可以这样描述认知神经功能和成瘾的关系：认知神经功能受到成瘾性药物以及长期成瘾行为的影响而受到损害，因此，可以说它是成瘾物质的受害者；受损害的认知神经功能反过来又会加重成瘾，而且很可能是成瘾产生的重要基础，因此，它又是成瘾性物质的帮凶。当然，成瘾者先有的（pre-existing）异常认知神经功能是成瘾的易感因素。因此，认知神经功能在成瘾这个环的首尾两端都具有重要作用（参见图 2 - 2）。需要强调的是成瘾是心理因素、神经生物因素和社会因素相互作用的结果。[2]

第二节　成瘾的社会心理方面的理论模型

　　有关成瘾的社会心理方面的理论模型主要有以下几种：社会/环境模型、人格/内在心理（intrapsychic）模型、应对/社会学习模型、条件/强化行为模型、强迫/过度行为模型、综合生物心理社会学模型。

一、社会/环境模型

　　该模型关注社会影响、同辈压力、社会政策、可获得性和家庭

---

〔1〕杨苏勇："海洛因成瘾者的抑制控制障碍：来自 ERP 的证据"，中国政法大学 2008 年硕士学位论文。

〔2〕杨苏勇："海洛因成瘾者的抑制控制障碍：来自 ERP 的证据"，中国政法大学 2008 年硕士学位论文。

因素在成瘾行为形成和持续过程中所起的作用。某些类型的毒品使用和成瘾行为在某些亚群体中发生的频率更高。这使研究者开始关注与毒品使用的亚文化和环境影响的重要性。[1]

已有广泛的报告表明，在越战中有不少美军使用和滥用药物，但对回国退伍军人的研究却得到不同的结果。在一项研究中，把越战退伍军人中的吸毒者与未参加越战的吸毒者配对后在肯塔基州和得克萨斯州的两个戒治机构中进行治疗。对那些在越战中成瘾的军人来说，这当然是回到了一个完全不同的国内环境，而那些在国内的成瘾者则可以经常回到他曾经上瘾的环境。治疗的结果令人吃惊，只有7%的退伍军人在回来后重新上瘾，而国内成瘾者的复吸率却明显高于这一比例（Rice，1998）。这一结果也表明成瘾者确实具有环境特异性。

美国种族偏见和贫困使药物依赖得以逐渐形成。这两个因素一起创造了一个滋生非法药物的场所——贫民区。自20世纪70年代以来，非法药物的使用整体上已经下降，即使所有种族和阶层的人都使用药物，但非裔美国人和拉丁美洲人社区的药物滥用现象出奇的多，而药物滥用也相应地破坏了那些地区。[2]

当我们开始研究不同文化的行为时，应该重新考虑什么被认为是不正常的。每种文化都有自己偏好的精神药物以及禁止的药物。需要注意的是，文化的因素不仅决定是否可以接受，还可以对物质滥用和依赖的患病率起到重要的影响作用。例如，在有些文化里，包括韩国，认为在某些社交场合男人应该喝很多酒。我们已经看到，暴露于这些物质和这样的社会压力下，他们容易酗酒，而且可以解释这个国家的酒精滥用率为什么会这么高。而一些国家经济情况的窘迫限制了这些药物的可获得性，像墨西哥和巴西，这也是这些国家滥用率相对

---

〔1〕 Diclemente C. C., *Addiction and Change: How Addictions Develop and Addicted People Recover*, Am Psychiatric Assoc, 2003, p. 6.

〔2〕 ［美］劳伦·B. 阿洛伊、约翰·H. 雷斯金德、玛格丽特·J. 马诺斯著，汤震宇、邱鹤飞、杨茜译：《变态心理学》，上海社会科学院出版社2005年版，第520页。

较低的重要原因之一。[1]

可获得性和社会政策也是社会/环境模型所强调的。有数据表明，限制使用和税收政策会影响某些物质的使用和滥用。禁止吸烟和香烟广告的政策对美国香烟消费的下降产生了重要影响；[2]改变酒精饮料消费的法定年龄影响了酒精的使用和滥用。[3]

家庭因素也是社会/环境模型所关注的一个方面。有问题的父母教养模式包括：不良的亲子关系，父母的婚姻关系破裂，父母过度使用酒精或药物等。这些都会对儿童形成和持续成瘾行为产生重要影响。[4]研究表明，药物成瘾的父母花在教育孩子上的时间要少于那些没有这些问题的父母，[5]这是青少年滥用物质的一个重要原因。如果父母没有进行适当的监督，他们的孩子就会和支持药物使用的伙伴进行交往。

二、人格/内在心理模型

该模型的支持者认为，药物滥用和反社会人格障碍及其前身——青少年犯罪的频繁共存可以证明药物滥用是更大的心理问题的一个症状。[6]有研究表明，一些酒瘾前期人格（prealcoholic personality），如冲动、不遵从传统、反社会行为、独立和多动，似乎与后来的酒精依

---

〔1〕 ［美］David H. Barlow、V. Mark Durand 著，杨霞等译：《异常心理学》，中国轻工业出版社 2006 年版，第 455 页。

〔2〕 Biener L., Aseltine Jr R. H., Cohen B., et al., "Reactions of adult and teenaged smokers to the massachusetts tobacco tax", *American Journal of Public Health*, 1998, 88 (9), pp. 1389 ~ 1391.

〔3〕 Connors G. J., Tarbox A. R., "Macroenvironmental factors as determinants of substance use and abuse, Determinants of Substance Abuse", Springer, 1985, pp. 283 ~ 314.

〔4〕 Diclemente C. C., *Addiction and Change: How Addictions Develop and Addicted People Recover*, Am Psychiatric Assoc, 2003.

〔5〕 Dishion T. J., Patterson G. R., Reid J. R., "Parent and peer factors associated with drug sampling in early adolescence: Implications for treatment", NIDA Res Monogr, 1988, 77, pp. 69 ~ 93.

〔6〕 Robins L. N., "The natural history of drug abuse", *Acta Psychiatrica Scandinavica*, 1980, 62 (s284), pp. 7 ~ 20.

赖相关。[1]饮食障碍的相关研究表明，患有神经性厌食症的青春期女性通常都有严重的自制和自尊问题。[2]精神分析的理论认为，酗酒者和饮食障碍者在人格发展的口唇期遇到挫折，产生固着现象。[3]目前，反社会人格特质、低自尊、孤僻（alienation）、狂信（religiosity）、高感觉寻求、高活动水平和情绪性被认为是后来成瘾的先兆或预测性特质。[4]

然而，至今还没有证据表明有一种成瘾人格的存在会必然地导致成瘾行为，有些具有上面所提到的人格特质的个体没有出现成瘾行为。正如前面提到的社会和遗传因素一样，人格因素可能有助于成瘾行为的形成或发展。然而，人格因素所起的只是一种可能的重要作用，并且只能解释一小部分成瘾行为。

三、应对/社会学习模型

成瘾经常被认为是不良的或不足的应对机制的结果。不能应对生活中的压力，成瘾者通过成瘾行为来逃脱现实压力以寻求慰藉。根据这个观点，个体将使用物质作为替代的应对机制，并依靠成瘾来改变其情境，尤其是那些引起沮丧、愤怒、焦虑或压抑感的情境。[5]例如，酒精成瘾是因为其有缓解紧张的作用或对压力反应的

〔1〕　Hesselbrock M. N., Hesselbrock V. M., Epstein E. E., "Theories of etiology of alcohol and other drug use disorders", *Addictions: A Comprehensive Guidebook*, 1999, pp. 50~72.

〔2〕　Wonderlich S. A., "Personality and eating disorders", *Eating Disorders and Obesity: A Comprehensive Handbook*, 1995, pp. 171~176.

〔3〕　Khantzian E. J., "An ego/self theory of substance dependence: A contemporary psychoanalytic perspective", *NIDA Kes Monogr*, 1980, 30, pp. 29~33.

〔4〕　Jessor R., Jessor S., "A social-psychological framework for studying drug use", *NIDA Kes Monogr*, 1980, 30, p. 102. Kaplan H. B., Johnson R. J., *Relationships between circumstances surrounding initial illicit drug use and escalation of drug use: Moderating effects of gender and early adolescent experiences*, 1992. Pandina R. J., Johnson V., Labouvie E. W., *Affectivity: A central mechanism in the development of drug dependence*, 1992. Steffenhagen R., "Self-esteem theory of drug abuse", *NIDA Res Monogr*, 1980, 30, pp. 157~163. Wills T. A., Mcnamara G., Vaccaro D., et al., "Escalated substance use: A longitudinal grouping analysis from early to middle adolescence", *Journal of Abnormal Psychology*, 1996, 105 (2), p. 166.

〔5〕　Wills T. A., Shiffman S., *Coping and Substance Use*, Academic Press, 1985.

缓冲效果。[1]然而，许多有良好应对能力的成功的商人和运动员仍然会有种种成瘾行为。一般的不良应对方式不是个体成瘾的唯一原因，但成瘾的一个主要后果是成瘾者应对技能的受损。因此，应对反应更应该作为一种重新调节成瘾后果的方式而不是成瘾行为的原因。

社会学习的观点强调社会认知而不仅仅是应对。班杜拉的社会认知理论在解释成瘾的机制时更多关注认知期待、替代学习和自我调节。[2]社会学习的观点还重视同辈的影响以及作为榜样的重要人物的影响。[3]

近年来，在学习理论中，有专家提出了成瘾行为的异常学习模型（the aberrant learning model）。研究者假定，成瘾是药物滥用导致异常学习能力提高的结果。[4]这些异常学习几乎涵盖了所有的学习类型，主要分为外显学习（陈述性或有意识的学习）和内隐学习（程序性或无意识的学习）两类。变态性外显学习对成瘾过程具有促进作用，成瘾者在意识水平上可以清楚地陈述用药行为与后果的因果关系，而成瘾的实质在于成瘾者在认知上夸大和曲解了对药物快感的记忆。内隐学习是把成瘾的本质视为内隐的刺激—反应型学习，是外显学习向内隐学习的过渡，是逐渐自动化的过程。[5]

〔1〕 Cappell H., Greeley J., *Psychological Theories of Drinking and Alcoholism*, New York: Guilford Press, 1987. Sher K. J., *Stress Response Dampening: Psychological Theories of Drinking and Alcoholism*, 1987, pp. 227~271.

〔2〕 Bandura A., *Social Foundations of Thought and Action*, Englewood Cliffs, NJ Prentice Hall., 1986.

〔3〕 Diclemente C. C., *Addiction and Change: How Addictions Develop and Addicted People Recover*, Am Psychiatric Assoc, 2003, pp. 13~14.

〔4〕 Wagner F. A., Anthony J. C., "Into the world of illegal drug use: Exposure opportunity and other mechanisms linking the use of alcohol, tobacco, marijuana and cocaine", *American Journal of Epidemiology*, 2002, 155 (10), pp. 918~925.

〔5〕 朱海燕等："药物成瘾过程的心理—神经理论模型"，载《心理科学》2004年第3期，第549~554页。

四、条件/强化行为模型

很多学者用巴甫洛夫的条件反射理论来理解成瘾，巴甫洛夫发现，他的一条狗经常由同一个实验员反复给它注射吗啡，后来，当这只狗看到这个实验员拿着注射器（一种条件刺激）时，这只狗就表现出好像已被注射了吗啡，开始出现流涎、呕吐等生理反应，但事实上并没有给它注射吗啡。巴甫洛夫认为药物注射的方式可以被看成经典的条件反射。药物注射的方式是指成瘾者常常有一套仪式化的程序，包括某个地方、某种方法、一套用于注射药物的基本工具等。当这些与注射方式相关的环境刺激与用药后产生的效应多次一起出现并形成暂时神经联系后，环境刺激也会像药物一样引发渴求，从而成为条件刺激的一部分。一些现象支持这一模型，如海洛因成瘾者只需注射生理盐水便可部分获得吸毒的体验；可卡因成瘾者看到白糖或面粉便开始流汗并变得焦虑。

研究发现，低等动物可被训练来强迫性地静脉注射一些成瘾药物，如可卡因、尼古丁、安非他命和海洛因，因此，这些药物被看作强化物，正如食物对饥饿的动物一样，能使它们产生反应性的习惯。尽管低等动物并未受到同伴的影响和贫穷的压力，或社会舆论对成瘾行为的指责，但所有的哺乳动物都能够对像可卡因、海洛因这样的药物产生毒瘾，实验室的猫和猴子可学会静脉注射海洛因而自我给药，它这样做的目的是符合生理依赖的观点，他们学会静脉注射可卡因甚至直到死亡。因此，成瘾药物是一种强化物已成为当代成瘾理论的一个共同观点。药物被看成是强化物，因为它是个体生活的额外"款待"，就像饭后的薄荷糖；或者因为它是一种需要状态的"补偿"，就像阿司匹林能减轻头疼或者肉和土豆能解除饥饿并恢复体力一样。成瘾行为的强化机制包括积极强化（positive reinforcement）和消极强化（negative reinforcement）。

（一）积极强化观

积极强化观是指成瘾物质是一种正性的强化物，它们能给成瘾者奖励并使其产生愉悦的感觉，药物使用的主要动机即是寻求药物所致的欣快感觉，[1]这种强化不是简单的使成瘾者恢复到正常的情绪状态，而是因为药物使用能使其产生高于正常情绪状态的情绪。成瘾药物能产生高度愉悦的观点能解释为什么成瘾药物可在依赖性形成之前就能形成一种习惯，以及为什么在解毒之后还有极大的可能会重复成瘾，而这是依赖理论所不能解释的。静脉自我给药（self-administration）实验证明了成瘾药物的积极强化作用，实验装置是对麻醉状态下的动物进行静脉插管，并与计算机控制的自我给药系统相联系，然后训练动物完成压杆动作，通过计算机控制系统，将药品注入体内，以压杆次数或频率体现动物追求用药的程度。[2]实验证明，实验中的动物（如猫）会主动地重复按压杠杆以获得自身给药，这一重要的证据表明不仅仅是人类才有强迫性的药物滥用。事实上，动物实验证明，作为强化物，成瘾药物与自然界中的其他强化物，如食物、水和性都有着许多相似性，都支配着人类的行为反应。只不过，成瘾药物的强化作用要远胜于其他强化物。[3]

（二）消极强化观

指成瘾物质可减轻或暂时免除个体滥用药物后所带来的个体痛苦，使其产生重复的成瘾行为。消极强化观曾经在解释成瘾行为中占有主导地位。此观点支持当神经和代谢系统已适应药物的继续使用以及药物已成为身体的动态平衡的必需品时，药物滥用就成为一种强迫性行为。这种在撤药的早期阶段所带来的明显的、客观的生理痛苦，即生理依赖的确凿证据，支持了依赖理论的观点。依赖理

---

〔1〕　Mcauliffe W. E., Gordon R. A., "A test of lindesmith's theory of addiction: The frequency of euphoria among long-term addicts", *American Journal of Sociology*, 1974, pp. 795 ~ 840.

〔2〕　隋南、陈晶："药物成瘾行为的脑机制及其研究进展"，载《心理学报》2000年第2期，第235~240页。

〔3〕　Rebec G. V., *Addiction Encyclopedia of Cognitive Science*, Nature Publishing Group, 2003, pp. 32 ~ 38. 杨波、秦启文："成瘾的生物心理社会模型"，载《心理科学》2005年第1期，第32~35页。

论长期引领了成瘾行为的研究直至近年。以此观点，最初的药物使用被归因于同伴压力、感觉寻求，或者是简单的厌倦，但是随后的药物滥用被看成是个体需要去自我医治成瘾后很快形成的撤药综合病态症状。因为依赖性的综合病态症状逐渐强于药物的继续使用，形成明显的耐药性，需要使用大剂量的药品来减轻撤药痛苦。自我医疗的假设推断，一些个体以前存在的压力和焦虑，比如，撤药综合病态症状，将通过使用成瘾药物来医治。但是这个观点现在已经走下坡路了。这是基于这样的事实，即发育健壮的动物，幸福健康的农村青少年，甚至医生都可能染上可卡因和阿片剂，他们并不存在已有的痛苦和焦虑。现在还发现，阿片剂的撤药状态是高度兴奋的，而可卡因或安非他命的撤药状态是低兴奋和抑郁的。[1]

消极和积极强化理论并不是相互排斥的。虽然很多证据可以证明条件和强化对成瘾的作用，但该模型不能解释所有成瘾现象及其变化。例如，一旦上瘾，即使对成瘾者施以严厉的惩罚后果似乎也不能抑制或消除成瘾行为。在长时间戒断之后，在某些条件下会出现复吸。例如，一些女性在怀孕期间戒烟，虽然经过了6~9个月的戒断，但在生完孩子之后便又开始吸烟。

五、强迫/过度行为模型

一些学者将成瘾与仪式性强迫行为（如重复洗手或清洁仪式）联系起来。精神分析的观点将成瘾看作心理内部冲突的反映，生物学的观点认为成瘾是一种通过大脑神经递质表现出来的生物化学的不平衡。

Orford（1985）将成瘾定义为过度的欲求。根据他的观点，行为或活动欲求的性质会产生过度的可能。因此，饮食、性行为、赌博、酗酒和药物使用不仅都会有过度的可能，而且会有相似的导致过度的过程。

然而，强迫模型似乎忽视了不同类型的成瘾行为会有其独特的

〔1〕 Bozarth M. A., Wise R. A., "Anatomically distinct opiate receptor fields mediate reward and physical dependence", *Science*, 1984, 224（4648），pp. 516~517.

原因，而过度模型似乎与社会学习的观点相似。虽然其强调活动欲求的性质，但其并没有明确说明欲求的过程和如何解释所有成瘾行为。[1]

　　大多数传统的成瘾模型所关注的是病因（etiology）和对这些行为的原因的理解，而忽视了如何去改变这些行为。对病因的关注反映了一种信念，即理解成瘾行为，并最终改变成瘾行为的最好方法是理解成瘾行为为什么会发生以及是如何开始的。在大多数疾病模型中，理解病因是非常重要的，因为，病因经常揭示了问题的来源和传染方式。然而，对成瘾的理解，单一的病因学模型是不足以解释成瘾行为的形成和停止的。[2]

六、综合生物心理社会学模型

　　由于上述模型只能部分解释成瘾行为，一些学者将这些理论加以整合来解释成瘾行为。他们结合生物学、心理学和社会学来解释成瘾行为，并将其称为综合生物心理社会学模型。综合生物心理社会学模型认为，成瘾行为的形成、维持和终止是多重因素的结果。Donovan 和 Marlatt 认为，"成瘾是在某一情境下社会学习的结果，而该情境包含个体对生理事件的解释、标记和赋予意义"。[3] 另外，理解成瘾的过程需要对其原因、体系和水平进行多重的分析。

　　虽然与单一因素模型相比，综合模型代表了一种重要的进步。然而，综合生物心理社会学模型的支持者并没有解释生物、心理和社会成分的结合是如何发生的。

　　〔1〕　Diclemente C. C. , *Addiction and Change*: *How Addictions Develop and Addicted People Recover*, Am Psychiatric Assoc, 2003, pp. 16 ~ 17.
　　〔2〕　Donovan D. M. , Marlatt G. , *Assessment of Addictive Behaviors*, Guilford Press, 1988. Glantz M. D. , Pickens R. W. , *Vulnerability to Drug Abuse*, American Psychological Association, 1992.
　　〔3〕　Donovan D. M. , Marlatt G. , *Assessment of Addictive Behaviors*, Guilford Press, 1988. Glantz M. D. , Pickens R. W. , *Vulnerability to Drug Abuse*, American Psychological Association, 1992.

第三节 有关成瘾的其他理论

一、成瘾的遗传学理论

一种生物医学的观点认为成瘾的原因蕴含在遗传密码中。最早也是最广泛用于验证遗传率的方法是行为遗传学的一致性研究。一致性研究在于寻找同卵双生子的某一特质并计算一致率，指同卵双生子具有某种相同特质的相关系数，然后还要计算异卵双生子的一致率。当同卵双生子的一致率高于异卵双生子的一致率时，便可以支持这样的观点，即遗传因素决定了某一特质，因为同卵双生子具有相同的遗传密码。

关于遗传因素对成瘾行为影响的最有说服力的证据来自对酒精滥用和依赖的研究，家庭研究表明酗酒的亲属的数量和家族酗酒问题严重程度的增加都会提高酗酒的风险比率。[1]双生子研究和对酗酒儿童的深入评估似乎支持了将遗传因素作为酗酒的一个重要原因的观点。[2]然而，遗传因素到底起多大的作用仍不清楚。研究者面临的一个问题是其他因素（如家庭、大众传媒等环境因素）是与遗传因素协同作用的。为了控制这些协变量，研究者使用了同卵双生寄养子方法。如果同卵双生子是在不同的家庭和社会环境中被养父母抚养长大，但他们在某种特质上的一致率仍然很高，而他们的养父母并没有这种特质，那么就有很强的证据说明遗传因素在起作用。不过，即使一致率很高而且其他的因素也得到很好的控制，一致性研究还是不能确定到底是哪一条染色体或哪个基因真正控制着成瘾这一过程。

二、注意偏向模型

Franken（2003）提出注意偏向模型，尝试引入成瘾者对药物或

---

〔1〕 Schuckit M. A., Goodwin D. A., Winokur G., "A study of alcoholism in half siblings", *American Journal of Psychiatry*, 1972, 128（9）, pp. 1132 ~ 1136.

〔2〕 Hesselbrock M. N., Hesselbrock V. M., Epstein E. E., "Theories of etiology of alcohol and other drug use disorders", *Addictions: A Comprehensive Guidebook*, 1999, pp. 50 ~ 72.

药物相关线索的优先加工的假设，揭示诱因敏感化模型所谓"病理性欲望"的形成及其作用机制。该模型认为，对药物或药物相关线索的注意偏向是诱发药物渴求感的认知基础，依赖者由于多巴胺释放浓度的提高，对药物或药物相关线索的注意偏向将首先激活药物渴求感；反之药物渴求感的激活进一步增强对药物或药物相关线索的注意偏向。[1]Franken 认为，成瘾的一个最为显著的特征，是药物使用者对药物和药物相关线索的全神贯注的注意，即对这些线索存在显著的注意偏向，是药物相关刺激引发依赖者的渴求感与复吸行为的关键性认知中介。它一方面调节着药物刺激和依赖者对这些刺激的初始反应（渴求感），另一方面调节着依赖者后续的行为反应（如药物寻求和复吸）。[2]

　　朱海燕基于 Franken 的注意偏向模型和 Baker 等人的负强化情绪加工模型的合理观点，对海洛因戒除者的认知和情绪加工特征进行了一系列的研究。她的研究发现，海洛因戒除者对海洛因使用相关线索（正性和负性）存在明显的认知加工偏向及前注意选择特性，相关正性线索和负性生理线索对诱发海洛因戒除者的主观渴求感具有同等效力，且随康复期延长呈下降趋势，而负性社会—心理线索对诱发海洛因戒除者的主观渴求感的效力更大，且不随康复期延长而变化。基于这些结果，朱海燕提出"基于认知和情绪加工的药物成瘾模型"。她认为，导致药物渴求感和复吸行为的基本路径有两条：一是Franken 描述的基于注意偏向机制的复吸路径（见图 2 – 4A）；二是基于 Baker 等人负强化情绪加工模型经扩展和修改的复吸路径（见图

　　〔1〕　Franken I. H. ，"Drug craving and addiction: Integrating psychological and neuropsychopharmacological approaches"，*Progress in Neuro-Psychopharmacology and Biological Psychiatry*，2003，27（4），pp. 563 ~ 579. 朱海燕："海洛因戒除者的认知与情绪加工特性及其脑机制"，浙江大学 2005 年博士学位论文。

　　〔2〕　朱海燕："海洛因戒除者的认知与情绪加工特性及其脑机制"，浙江大学 2005 年博士学位论文。

2 -4B)。[1]

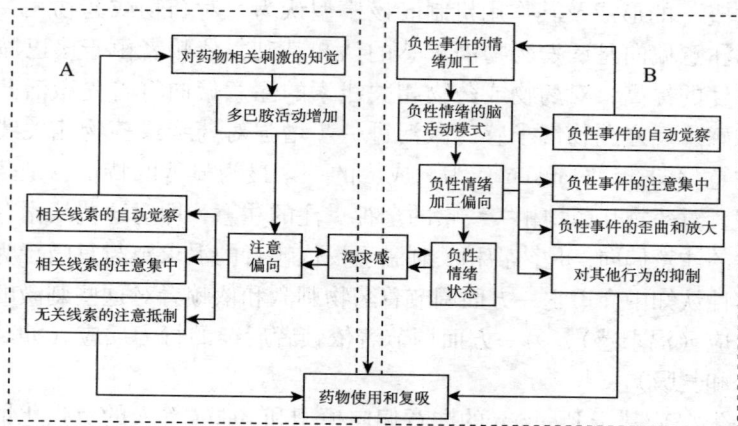

图 2 -4　注意偏向模型（A）和负强化情绪加工模型（B）的整合[2]

　　诱因易感化理论、注意偏向模型及相关模型的研究焦点是成瘾者对精神活性物质的病理性渴求的产生机制，也就是，讨论了前文总结的成瘾的第一个特征"渴求"。尤其是注意偏向模型从注意偏向的角度来解释渴求感的产生和复吸的发生，有助于从认知加工过程的水平理解渴求产生的机制。然而，毒品渴求，尤其是自我报告的药物渴求并不产生复吸。正如图 2 -4 所示，渴求感的产生可能只是启动药物使用和复吸的第一步。成瘾者是否最终使用药物或复吸，还需要其他高级认知加工过程的参与，比如，决策、行为控制等。

三、自动行动图式理论

　　Tiffany 的自动行动图式理论从认知角度对物质依赖者的注意偏

　　[1]　朱海燕："海洛因戒除者的认知与情绪加工特性及其脑机制"，浙江大学 2005 年博士学位论文。

　　[2]　朱海燕："海洛因戒除者的认知与情绪加工特性及其脑机制"，浙江大学 2005 年博士学位论文。

向进行了解释。[1]该理论认为，物质的频繁使用会使个体在大脑内形成一种图式，这种图式与成瘾物质有着密切的关联，并且具有自动化的特点，该自动行动图式（automatic action schema）会使物质依赖者自动地产生对物质相关刺激的加工倾向，在这种自动化的加工倾向的驱使下，个体会无意识地寻求物质，使得个体能够轻易地发现成瘾物质的存在并对相关刺激进行选择性注意。[2]前述自动化的行动图式对物质依赖者对成瘾物质的注意加工过程起到了易化作用，所以该理论认为大多数的成瘾个体对物质相关刺激的注意偏向是处于无意识状态下的。但是需要注意的是，当被剥夺了获取物质的途径后，个体则会在主观渴求的作用下主动即有意识地寻求物质，此时同样可以引发个体对物质相关刺激的注意偏向。该理论强调注意偏向的产生有其认知方面的原因，提出自动行动图式的概念来解释注意偏向，但是对自动行动图式是怎样的图式，其作用机制是怎样的，是否有相关证据证明自动行动图式确实存在等问题，该理论还不能给予完善的解答。

Tiffany（1990）认为药物滥用是由储存于长时记忆中的自动化行为图式所控制。[3]自动化的操作图式有快速、省力、无意识等特征，当环境刺激足够强时，某些行为就会不由自主地发生。觅药和用药行为一旦被多次重复，也就形成了一种自动化的行为图式，使得成瘾行为在快速和不经意间得以完成，并且很难对其加以阻止。

四、对立过程理论

Solomon 和 Corbit 提出了药物成瘾的对立过程理论（opponent process theory），这是一个整体静态运动的模型，其观点是，情绪唤

---

〔1〕 Tiffany S. T., "A cognitive model of drug urges and drug-use behavior: Role of automatic and nonautomatic processes", *Psychological Review*, 1990, 97（2）, p. 147.

〔2〕 王钢、张大均："吸烟者对香烟相关线索注意偏向的研究述评"，载《心理发展与教育》2011 年第 5 期，第 543～552 页。

〔3〕 Tiffany S. T., "A cognitive model of drug urges and drug-use behavior: Role of automatic and nonautomatic processes", *Psychological Review*, 1990, 97（2）, p. 147.

醒刺激伴随着一个标准化的情感动力学模式。[1]该模式既是静态的,也是动态的,静态是因为个体要尽量保持情绪的稳定,动态是因为人们要努力寻求、维持和恢复愉快情感而避免或终止不愉快情感。其理论核心是:原发的高峰情绪是与继发的反应后情绪相对立的过程,也称为 A 过程,该过程达到一个高峰后就会趋于平稳,这是由于它是不断受到缓慢增加的对立过程,也称为 B 过程的影响而导致的。对立的 B 过程试图恢复由强大的原发过程所打破的平衡,但当刺激停止时原发过程停止的也很快,而对立的影响往往会迟缓一步继续起作用。当个体的情绪表现与原发高峰情绪相反时,就会产生一种反跳效应,成瘾者的总体感受就是乐极生悲。这一理论的另一个假设是,当反复暴露于某种刺激时,高峰情绪反而会被习惯化,而对立过程却很快达到高峰并变得持久而强烈。

这一过程是如何与药物成瘾相联系的呢? Solomon 指出使用多数成瘾药物都会首先产生与原发过程相关的强烈的愉悦情绪。[2]对于毒品成瘾者,这种情绪可被描述为极度的欣快并伴有充沛的精力;对于酒精成瘾者,这种情绪可被描述为放松和甜美的感觉。但当药物作用消失后就会产生强烈的后效应,即所谓的戒断反应情绪。对于毒品成瘾者,可能会有轻度的抑郁与疲劳;对于酒精成瘾者则可能产生头痛、恶心、失望或忧郁。

对立过程理论认为药物耐受是对某一过程的习惯化。当反复使用后愉悦的情绪反应就不再那么强烈,因此,要追求和以前一样的欣快感就要增加药物的剂量。同时,长期的药物使用会产生欣快感的降低,因为所使用的剂量要用来恢复原发情绪。这种欣快感的降低即是情绪的耐受,而且戒断反应情绪会持续地加强,使得戒断效应会很强。在这点上,不管有无欣快感的降低,个体常常会感到必

〔1〕 Solomon R. L. , Corbit J. D. , "An opponent-process theory of motivation: Ii. Cigarette addiction", *Journal of Abnormal Psychology*, 1973, 81 (2), p. 158.

〔2〕 Solomon R. , *An Opponent-process Theory of Motivation: Iv. The Affective Dynamics of Drug Addiction*, Psychopathology: Laboratory models, San Francisco: WH Freeman, 1977.

须继续服药以消除极度的情绪低落。按照这样的逻辑，即不管个人开始用药的动机如何，持续用药的动机基本上都是一种回避反应。

该理论还有一个观点是，任何停药的努力都会受挫，因为虽然戒断反应可持续一段较长时间而且会很痛苦，但只要再次用药就会立即消除这种症状。

除了上述理论外，随着生物研究进展和进化论观点的复苏，成瘾的功能和动机有了新的理论。这些理论从生殖竞争的角度来解释成瘾行为。[1] 进化心理学家的一些结论与社会取向相当相似，如Bruce Alexander 的失调理论或 Anthony Giddens 的观点——认为对传统的破坏是当代社会毒品泛滥的主要原因。进化论的理论和社会学的理论将环境的不稳定性和家庭的不可预测性作为这些趋势的一个潜在原因。

---

[1] Newlin D. B., "The self-perceived survival ability and reproductive fitness (spfit) theory of substance use disorders", *Addiction*, 2002, 97 (4), pp. 427～445.

第三章

戒毒的理论和模式

在所有的成瘾行为中，毒瘾问题较之其他形式的成瘾行为更具代表性，所以它较早地得到心理学家或是心理治疗师的关注。现在，对毒品成瘾者的戒治方法多是建立在生物—心理—社会模型的背景下，对成瘾患者进行生理脱瘾、心理脱瘾以及社会适应这三方面的戒治，如生理脱毒方面的美沙酮替代疗法、丁丙诺非替代法、亚冬疗法等；心理康复方面的动机晤谈法、迁移理论、合理情绪疗法、行为矫正、认知—行为疗法等；社会适应方面有家庭治疗、生涯辅导、社会技能培训等。总的来说，在生理脱毒方面，国内外都有许多成熟有效的治疗技术，但在心理康复方面，除了动机晤谈法、认知行为疗法等几个被广泛使用并证明行之有效的方法以外，其余的很多心理治疗理论和技术在戒毒中的应用都还在探索和实践当中。心理治疗用于毒品成瘾的戒治曾被多数人认为是无效的，但是，近二十多年来，多种形式的心理咨询和治疗在帮助成瘾者脱毒、康复及回归社会的过程中所起的作用正在逐步被人们所认识，特别是在成瘾治疗的康复过程中，心理治疗是最为重要的戒治方法。本章在文献探讨的基础上，试图介绍这些与戒毒相关的心理戒治理论，以便在我们的戒毒康复计划中整合这些理论与方法，形成多元化、多系统的戒治方案计划，以期达到最优化的戒治效果。

第一节 戒毒的心理戒治理论

一、动机晤谈法

（一）动机晤谈法的概念与性质

动机晤谈法（motivational interviewing，MI）是一种源自于对酒精成瘾者进行治疗的方法，旨在帮助成瘾者建立改变的动机并使其作出承诺与行动，该方法直接对成瘾行为的动机进行干预，协助成瘾者认识到现有的或是潜在的问题，并着手加以处理。它对不情愿或对改变感到犹豫不决的人最为有用。此法的倡导者是挪威心理学家米勒，二十多年来，该方法已经被众多国外学者运用到各种成瘾行为的戒治中，并且收到了较好的成效。

动机晤谈法具备与其他心理戒治方法不同的特点，它吸收了各门各派之长，并以实用为目的。其理论基础主要来自两方面：其一是矛盾情绪（ambivalence）这一构念，即一种趋避冲突下的情绪体验，这一点与成瘾行为中成瘾者既想纵容又想克制的矛盾心理十分切合；另一理论基础则采自于对自我调节（self-regulation）的研究成果。[1]此外，它还受到诸如动机心理学、认知心理学等理论及人本主义思潮的影响。

动机晤谈法所采用的策略，则来自于不同的理论和模式，如以来访者为中心的辅导理论、认知疗法、系统理论以及社会心理学中的说服技巧。动机晤谈法整合了指导式与非指导式两种咨询取向，既有治疗者的目的引导，也有来访者的主动改变。

（二）动机晤谈法的基本原则

动机晤谈法有五个基本原则：

1. 表达共情。这一原则受到人本主义思潮和来访者中心疗法的

---

〔1〕 Kanfer R.，"Task-specific motivation: An integrative approach to issues of measurement, mechanisms, processes and determinants"，*Journal of Social and Clinical Psychology*，1987，5（2），pp. 237~264.

影响。其背后所蕴含的基本态度即接纳，与罗杰斯所倡导的无条件关怀相关。需要注意的是，在动机晤谈法中，接纳非同意或一味地赞成，治疗师倾听和接纳来访者的观点和情感，但并不是均表赞同。在这一原则的前提下，共情、回应式倾听等技巧被应用其中。

2. 创设不一致。米勒用费斯汀格的认知失调理论来阐明自己的观点，即一个人现在所处情景与他所想要的情景之间的落差。当一个人意识到并体验到这种落差的时候，改变动机由此被激发。所以动机晤谈法要求治疗师创设或是引发这种已有的认知失调，然后帮助来访者建立改变动机。由于成瘾的来访者总是陷入接近—回避的动机冲突中，所以治疗师应着手扩展这种落差，直到它超越了与原来行为的连接为止。

3. 避免发生争辩。从动机晤谈法的目的来看，它具有当面质问的性质：增加对问题的察觉，并针对问题开始设法解决。但是动机晤谈法是一种软性的面质法，它不同于面质—否认的策略，也不会给来访者贴标签，它倡导的是来访者的自主性和自知性。正如在匿名戒酒会（Alcoholics Anonymous，AA）中，动机晤谈的重点是放在酒瘾者自己的承认，而不是强逼他向别人承认。Bill Wilson 写道："我们并不宣称某人为酒瘾者，但是你可以很快地诊断自己。"也就是说，动机晤谈法所做的是帮助来访者对号入座。

4. 与阻抗作缠斗。阻抗或否认是必然的，顺从和承认才是偶然的。与把戒治过程中来访者的阻抗或否认看作一种人格特质相反，动机晤谈法给予了阻抗或否认行为充分合理的地位，并做好了与其作坚持不懈斗争的准备。化助力为动力，承认认知的可变性，重视来访者的力量等都是动机晤谈法与阻抗作战的制胜法宝。

5. 自我效能感的建立。自我效能感是指一个人相信自己的能力，认为自己可以成功地执行某项工作或任务。自我效能感是引发改变动机的关键性成分，也是预测治疗效果的有效指标。治疗师要在坚持和完成前述 4 个原则的同时，激发戒瘾者的内在动力，提升来访者的自我效能感。

（三）改变轮

动机晤谈是一个分阶段的戒治过程，Prochaska 和 Diclemente 提出一个关于动机改变如何发生的模式—改变轮（wheel of change）。[1]如图 3-1 所示。

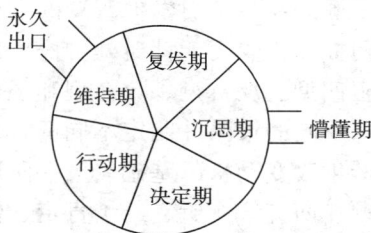

图 3-1 Prochaska 和 Diclemente 的改变轮

所谓改变轮是指改变是动态且按一定方向转动和循环的过程，直到来访者在维持阶段及时冲出永久出口。这个轮子的各个层面是：懵懂期为入口，即改变过程的切入点。处于这一阶段的人意识不到自身的问题所在，所以这一阶段的人很少主动或者愿意来接受治疗；从沉思期开始，来访者才真正进入到改变轮中，其改变动机在一定程度上被启动，处于沉思期的人俨然是一位经济学家，在风险与报酬之间精打细算；决定期是对行动的承诺和决心，这一阶段的来访者会信誓旦旦痛下决心，但对于成瘾患者来说，光说不练的不乏其人；只有到了行动期，改变轮才开始正式转动，处于这阶段的来访者会按照自己在治疗师的帮助下所定的步骤实施改变计划，坚持一定的时间后（一般需要 3~6 个月）形成新的行为模式，而新行为模式是否能长期或永久的固定下来，就得靠来访者和治疗师在维持期的共同努力，并最终到达永久出口而冲出这一轮回。而复发也是整个改变过程的正常表现，如果真的复发了，我们该做的是重新开始。

〔1〕 Prochaska J. O. , Diclemente C. C. , "Transtheoretical therapy: Toward a more integrative model of change", *Psychotherapy: Theory, Research & Practice*, 1982, 19（3）, p. 276.

（四）动机晤谈法的两个阶段

动机晤谈法在具体操作中分两阶段进行：

第一阶段：改变制造动机。这一阶段的来访者主要处于懵懂期和沉思期，所以引导他们发掘出他所处情景和想象中情景间的落差，使他产生认知平衡的需要，引发他改变的动机成了第一阶段的主要目的。狄克礼门提和普罗契卡针对处于懵懂期的成瘾患者提出了四种动机：推三阻四型、反抗型、放弃型和强词夺理型。针对这四种动机类型将采取不同的策略并制定不同的计划，所以了解成瘾患者的初始动机是产生改变动机的基础。第一阶段所采用的五种策略是：开放式的问题、回应式倾听、给予肯定、做摘要和让他自己说出来。其中前四种源于来访者中心疗法，旨在协助来访者探索内心的矛盾并充分表达要做改变的理由，第五种偏重于指导性取向，统领前四种策略。

在动机晤谈法中使用一些针对性的评估量表，并将评估结果作为动机式晤谈法的一部分，有助于激发动机并增强来访者的投入程度。毒品成瘾者治疗前的评估量表主要包括对渴求度、复吸倾向、人格、认知、情绪等方面的测评。

动机晤谈法中最重要的一个问题是避免引起或强化阻抗现象，可以说，对阻抗现象的处理直接影响到了来访者的退出率。[1]按照精神分析法的观点，阻抗是来访者童年期就开始累积起来的潜意识冲突的症状表现，是治疗师走进来访者内心的大门。阻抗说明了治疗师使用的策略不适合于来访者目前所处的改变阶段，治疗师和来访者之间的人际互动产生了障碍。所以，通过改变和善用戒治策略和技巧，阻抗是能被减低或是避免的。采取不同的回应方式（简单地、增强地或是两面地）、重构（reframe）和转移焦点都是常被用到的策略。

直到来访者的阻抗现象减少，对问题本身的疑问减少，憧憬未

〔1〕　P. Chamberlain, G. Patterson, J. Reid, K. Kavanagh, M. Forgatch, "Observation of client resistance", *Behavior Therapy*, 1984, 15, pp. 144~155.

来等征兆出现的时候，这就表明来访者的改变动机已被唤醒，治疗师应该及时意识到这一点，并帮助来访者进入第二阶段——强化对改变的承诺。

第二阶段：强化对改变的承诺。当来访者经过漫长的沉思期后表达出改变的意图并预备作出承诺时，治疗师应采取一系列的策略对其承诺进行强化：重述摘要以达到过渡和评估下一步操作的目的；针对关键问题以解决来访者的主要矛盾，再次启发和强调来访者个人的责任、自主和选择等问题；进行咨询提出建议，帮助来访者增强采取改变动机行为的决心；最后商讨出一个计划，帮助来访者落实其具体行为。值得注意的是，第二阶段并不停止于决定期，因为行为改变是一个复杂的过程，这要求治疗师关注从决定期到维持期的每一阶段，不断强化其改变承诺，直到这种承诺变成一种思维定势，固定为一种新的行为模式。当然，对没能转出改变轮的来访者，治疗师更应特别关注，对进入复发期的来访者他们定有其新的心理冲突，治疗师应帮助他们制订新一轮动机改变的计划。

（五）动机式环境疗法在戒治海洛因成瘾者中的应用

动机式环境疗法是由荷兰和英国的治疗机构所研发出来的动机式治疗方案。在动机式环境疗法方案中，海洛因成瘾者不被视为具有成瘾人格或是患有疾病的个人，相反，成瘾被看作一种习得的行为，而行为是可以改变的，通过行为的改变，成瘾者就能摆脱成瘾的泥潭。基于这一信念，动机式环境疗法试图让每位海洛因成瘾者有机会学习新的生存技巧，过上他们向往的生活方式，并把对自己和他人的伤害降到最小。动机式环境疗法采用的基本原则如下：

1. 无条件地接受来访者，他（她）只需做他（她）自己。

2. 将使用毒品及其所产生相关问题的责任保留给来访者本人。

3. 从成年人、有责任感的人以及有能力为自己作决定的人的角度来看待来访者。

4. 改变的努力要直到来访者对特殊的目标和改变的策略做出他（她）个人的承诺时，才真正开始。

5. 治疗目标与策略都需要和来访者一起商讨。

动机式环境疗法非常重视环境因素，首先，要确保环境的安全性，要求：①禁止携带刀、枪或其他武器进入诊所；②禁止利用本场所从事毒品交易；③禁止使用暴力或以暴力相威胁；④严格遵守时间限制。其次，要确保环境的舒适性。治疗师的主要任务是运用动机晤谈法的技巧来营造一个友善而和谐的氛围，由此来引发来访者改变的动机，并给予正向的注意力——鼓励和强化来访者受期待的行为，通过这些受期待的行为来提升来访者的自尊心和自我效能感。其中，表达正向注意力的方式有：①坐到来访者身边；②积极倾听来访者所说的话；③赞同和表扬来访者；④当来访者表现出受期许行为时，赋予他（她）一些重要任务（如跟护士一起外出购物）。

动机式环境疗法要求每三个月做一次评估，并且把吸毒的责任明白地交给来访者，最后使得海洛因成瘾者从主动使用美沙酮来替代海洛因到最终戒除使用美沙酮。

二、叙事疗法

（一）叙事疗法的概念和特点

叙事疗法（narrative therapy）指咨询者通过倾听他人的故事，运用适当的方法，帮助来访者找出遗漏片段，使问题外化，从而引导来访者重构积极故事，以唤起来访者发生改变的内在力量的过程。[1]这种疗法是澳大利亚心理学家 White 和新西兰心理学家 Epston 在 20 世纪 80 年代末提出来的。

叙事疗法源于后现代主义，是一种反驳本体论的思想领域——认为我们作为实体而接受的事物中存在着一种潜在的真理。[2]吴熙娟 2006 年在北京的叙事疗法培训班中总结了叙事疗法的六条基本假设：①个体从来就不是问题，问题本身才是问题。鼓励个体将困扰

---

〔1〕 方必基、张樱樱、童辉杰：“叙事心理治疗述评”，载《神经疾病与精神卫生》2006 年第 1 期，第 76～78 页。

〔2〕 迈克·安戈尔等：“建构高危青少年的抗逆力叙事”，载《首都师范大学学报（社会科学版）》2006 年第 6 期，第 113～117 页。

他们的问题客观化，将问题变成和人与关系分开的实体，从个体内在较不容易改变的性质，变得比较容易改变。②故事是经验的基本单位。故事会指引个体去思考、感受、行动与了解新的经验，并将个体生活中的讯息组织起来，而个体会用特定的故事去审视他们的经验。③个体是自己生活意义的叙说者。故事是表达经验的最佳方法，个体是主要说故事的人。④自我认同是经由社会建构而形成的。自我认同是我们透过与他人的关系而共同建立起来的，自我认同也会受到历史和文化的影响。⑤咨询师需要了解在来访者的生活中有什么决定、意向和人际关系是重要的，因为过去的重要经验是来访者生命故事的一部分，会影响未来的经验。⑥一个人的生命是由许多看不见的故事组合而成的，叙事治疗是一种寻找看不见的故事线和增强这些故事线的治疗过程，看不见的故事线是由许多经验点所组成的，对塑造一个人的生命具有非常强大的力量。

叙事疗法有如下特点：

1. 对传统问题定位视角的转变。与传统心理治疗模式相比，叙事疗法最根本的变革在于其对心理问题本质的理解。传统心理疗法认为问题是属于来访者的，治疗师的任务是帮助来访者"去掉"问题；但是叙事疗法认为不是个人"拥有"问题，问题不是一个静止的空间存在，而是叙事结构中的一种"时间上的存在"。所谓的问题只是前后联系的生活经验的一种样式，是意识形态、宏大话语或者叙述造成的一种象征，是个人对主流话语的认同、建构的结果。[1]主流话语会控制人们对生活经验的解释，但是人们不能够自觉地意识到这种影响，因此，人是生而被"植入（positioned）"的。认清了主流话语与个人问题的关系，就会认识到所谓的心理问题与其他各种生活样式属于同类别，心理问题不再属于特殊问题，心理问题就是生活本身。

2. 治疗任务的转变。叙事疗法重视来访者生活故事的讲法，帮

---

〔1〕　王春红："叙事伴侣咨询述评"，载《山东教育学院学报》2006 年第 3 期，第 30～33 页。

助他们认清自己的叙事结构，领悟到来访者既是故事的主人公，也是故事的作者；故事可能有多种结局，是可以由自己来控制的，来访者可以更换一种讲法，让故事结局变化，让人生改变方向。[1]

3. 治疗师角色的改变。叙事心理治疗认为传统的治疗模式大都是某种权威理论对个人故事的判断，是对个人精神世界的侵犯和暴虐，这是需要重新评估的。真正的对话必须建立在彼此尊重的基础上，治疗师和来访者必须承认对方话语的真实性和合理性，愿意并且能够互相学习，共同探讨未知的、无限多样的生活可能性。任何人都不能成为生活的权威，治疗师也不例外。治疗师应充当建筑师的角色，鼓励来访者在故事中引入新的意义和理解。[2]

（二）叙事治疗的主要方法

叙事疗法对传统的心理治疗理念有很大的冲击，也有其具体的方法，这些方法主要是：

1. "故事叙说"，利用解构式倾听，发现人生故事中许多可能的意义。语言是我们存在的寓所。在叙事治疗中，咨询师要把来访者的人生故事当作故事来听，了解来访者的故事的意义，配合来访者，从他们的观点、语言来了解他们为什么来寻求帮助。每个人都是自己的问题的专家，每个人要自己评断其生活或问题是好是坏。咨询师要尽力认识每个来访者不同的故事，与他们建立互相尊重和信任的关系。而不能想当然地根据自己的经验将来访者的故事分到某一类，应该站在"不知道"的立场上，发现每个来访者的独特故事，并且从这个独特的故事出发，为来访者发现自己的生活叙事中尚未形成故事的观点寻找可供开启的空间。通过来访者的重写，丰富故事内容，重新编排和诠释故事。在重新叙述自己的故事甚至只是重新叙述一个不是自己的故事中，发现新的角度，产生新的态度，从而产生新的重建力量，改变自己，变得更加积极，这可以用

---

〔1〕 杨广学、李明："叙事心理治疗的生存本体论含义"，载《德州学院学报（哲学社会科学版）》2004 年第 1 期，第 83 ~ 86 页。

〔2〕 许燕：《心理咨询与治疗》，安徽人民出版社 2007 年版，第 361 ~ 363 页。

来改变自己盲目与抑郁的心境。

在发现人生故事许多可能的意义的过程中要注意，咨询师要用诱导来访者主动建构故事的方式进行，使来访者可以从自己所处的现实中，体验选择的历程，使他们知道自己的故事是可以由自己动手塑造的，而不把故事当成某种塑造他们的东西，从而解构来访者叙事中的既成事实，使受到约束钳制的故事得以松动。咨询师要引导来访者发现自己的故事中有许多可能的意义，使他们以新的角度和新的方式检视自己的故事，使他们的世界出现全新的、不同的现实。

2. "问题外化"，问题是问题，人是人，问题永远无法界定整个人的存在。问题本身是有生命的，会冲击或渗透人的生活，使人陷入痛苦，但问题是独立于人的东西，因而人的故事有很多可能。"问题外化"可以打开空间，使人从不同的角度探究故事，让来访者做自己故事的作者。

"问题外化"不是要消灭问题，而是要创造一种语言、关系的情境空间，让原本被问题挤压和控制的个人，能够想象个人如何与问题有不同的关系，从而选择自己较偏好的关系。

咨询中可以运用客观化、命名、拟人化、探索"问题"与人的相对影响等方法来做到"问题外化"。

（1）客观化。将问题和来访者分开，使来访者有一定的空间来审视问题和自己的关系。咨询师可以通过来访者使用的语言，使问题客观化。在对毒品成瘾者做咨询时，可以使用这一方法，例如，可以询问他"这些事情是如何让你感到焦虑?"，"抑郁是怎样让你无法好好生活?"。

（2）命名。在经过谈话以后，咨询师可以请来访者为其描述的困扰或经验取个名字。例如，对成瘾者进行心理咨询时，可以这样问，"我们谈了不少有关你在戒毒所的事情，不晓得如果要为你在戒毒所碰到的讨厌的事取个名字的话，你会叫它什么?"。在咨询的初期，来访者的叙述仍不充分时，命名可能会有困难，此时可暂时以"它"来指称，等信息较多时再请来访者命名。

（3）拟人化。拟人化比较具有戏剧效果，是将问题视为有生命的个体，它是有动机、有想法、有感受的东西，它会侵入来访者的生活领域、人际关系。在对成瘾与物质滥用罪犯进行心理咨询的时候，就可以使用这一方法。例如，可以这样问，"毒品这个家伙经常引诱你去接触它？"，"酒精这个坏东西似乎会溜进你的生活，你知道它有什么企图吗？"。

（4）探索"问题"与人的相对影响。可以询问成瘾者其问题发展时间的长短，如"这个问题跑出来多久了？"；可以询问这个问题影响的广度和深度，如"它影响你的生活的哪些层面？"，"它对你和朋友关系的影响有多深刻？"。询问这一问题如何达成上述影响，如"孤单是如何侵入你的家庭，偷走了你所有的快乐？"。

如果将问题与人看成一体，那么要想改变是相当困难的，但"问题外化"之后，问题和人分开，人的内在本质会被重新发现与认可，从而有力量去解决自己的问题。

3. 由薄到厚，寻找特殊意义事件，发展替代故事。所谓"由薄到厚"中薄的故事是指主流的论述，这是简化了的个人故事，在叙述中充满问题，个人的特殊经验被主流叙述所压抑，人无力采取措施改变，因而助长问题的影响力，主流故事垄断了个人的叙述，掩盖了个人的特殊经历。

厚的故事是个人主体性的论述，说出了在主流故事中所没被说出的支线故事，使人看见故事的意义与其发展的其他可能性，使人较有力量带来改变，即降低了问题的影响力，打破了问题的主控权。

叙事治疗要让人从主流叙述中脱离出来，寻找具有特殊意义的事件，发展替代故事。在这一过程中，咨询师要做的是看到生命故事中的例外与闪亮时刻，通过询问来发现来访者故事中的独特结果，即那些无法由充满问题的主流论述所能预测的情节或经验。通过发问引导来访者寻找过去和现在成功应对问题的例子，以及症状不会出现的情境，以找回这些正向、有能力感的情节，破除旧有故事的强势，为新故事创造空间。

（三）叙事治疗的阶段

1. 开始阶段。来访者内心带着参与治疗的不安、对治疗是否有效的猜疑、对自我暴露的恐惧进入治疗室，治疗师的主要任务是营造和谐的气氛，减少治疗的阻力，说明会谈的目的和达到目的的方式以及将来访者带入故事述说的角色中。

为了与来访者建立良好的关系，治疗师首先应将来访者看成一个独立的个体而非病人，尝试着询问一些跟来访者可能有关的事情，如名片、房间里摆放的鲜花等，寻找来访者感兴趣的话题，咨询师本人尽力减少个人的自我暴露。

在来访者进行自我叙述的时候，咨询师要运用好倾听技巧，避免在开始阶段就提出一连串的问题，给来访者一定的时间适应角色。对沉默的来访者，治疗师应给予适当的鼓励和引导。

2. 中间阶段。在该阶段，治疗师的主要任务是恰当提问，推动治疗的发展。治疗师应根据来访者的实际情况，提出开放性或者封闭性的问题。开放性的问题可以引导来访者就个体做出更为开阔、个人化的陈述，例如，"你的邻居是什么样子的"或"说说你高中时代最值得纪念的事情吧"等。封闭性的问题可以帮助来访者澄清事实，让叙事者体验到他正在建构自己的故事，且是故事的主要贡献者而非局外人，同时治疗师的提问代表一种信号，表明听者已经卷入来访者的故事中，并试图构建故事的前景。

叙说故事是来访者和治疗师创造性交互作用的过程。在来访者叙事的过程中，治疗师可以加入干扰性最小的推动性反馈，这种反馈包括非言语行为，如点头或者微笑等，也可以采用丰富的语言，如"很精彩，你能多说一些吗？"。

3. 结束阶段。在咨询快要结束的时候，治疗师给予来访者巧妙的时间提醒，例如，"我们还剩下10分钟，你能告诉我你最想在你的花园里种什么植物吗？"，从而给来访者提供补充被自己忽视的重要信息的机会。最后，治疗师就整个咨询作出简要总结，结束会谈。

在结束会谈的时候，治疗师应该注意以下几点：

（1）治疗师应根据自己对会谈的感受，对治疗作出简要、积极的总结，例如，"我很感谢你跟我分享生命中这些愉快的经历"。

（2）治疗师可以自然地提及一些具体的故事或者细节，丰富、完满其最后的总结，例如，"你和你的朋友在希腊的经历真是令人兴奋，以后想到希腊，我就会想到你的"。

（3）总结一定要有真情实感，表现出治疗师对来访者的尊重和感激，以及治疗师和来访者之间和谐的关系。

（四）叙事疗法在成瘾治疗中的应用

在对成瘾者的治疗中，叙事疗法强调的是成瘾者新的故事如何产生新的行为。当成瘾者继续构建关于他们的负面故事时，他们就会停滞不前。在叙事疗法中，治疗者鼓励成瘾者从旁观者的角度看待自身的问题。这时，他可以通过自由行动来减少问题对其的影响。他的支持群体也可以帮助其一同克服这些问题，羞愧、内疚和自责就会减轻。

使用叙事疗法对成瘾者的治疗中，治疗师通常会问以下这些问题：[1]

1. 成瘾思维如何使你使用比计划更多的药物？

2. 成瘾的思想如何使你在你不想使用药物的时候使用药物？

3. 成瘾的思想使你对自己变得不诚实了吗？

4. 成瘾的思想使你对你使用的数量说谎了吗？

5. 成瘾的思想是否使你回避那些没有成瘾问题的人？

6. 你是否发现成瘾的思想使你只与那些同样有成瘾问题的人联系？

7. 成瘾的思想是如何改变你对自己的看法的？

8. 你有没有发现成瘾思想影响了你成为理想父母的能力？

香港的社会工作者 Har Man Kwong 使用叙事疗法的技术戒治青

---

〔1〕 Crowe T. , "Some externalising questions in relation to addictive thinking（self）", *Retrieved April*, 2006, p. 30.

少年物质滥用，取得了很好的效果。[1]Gardner 等人在加拿大多伦多对一组老年成瘾患者开展叙事治疗，结果证明叙事疗法是有帮助的，患者在治疗后减少或停止了物质滥用。最重要的是，叙事疗法可能更适合老年人。[2]

三、认知—行为疗法

认知—行为疗法（cognitive-behavioral therapy，CBT）是一种建立在认知和行为理论相结合的基础上的咨询形式。这种形式将成瘾者的行为与其感觉、思想、信念以及大脑中正在进行的合理思维相联系。认知观点不关心大脑的内省或直觉。相反，完全的行为主义者认为，大脑中所发生的事情对个体行为的影响并不重要。

Aaron Beck 被认为是认知疗法的创立者，此疗法是建立在个人有能力去收集、组织、记忆以及使用信息来指导他或她的行为的基础之上。合理情绪咨询主要关注我们的思想是怎样影响我们的情绪，认知—行为方法主要关注思想是怎样影响和指导我们的行为。后者的假定是人们在做任何事情之前，他们要花时间去思考。如果思维中的症结和怪想能够被纠正，则随后的行为就会被改变。认知—行为矫正把传统的行为矫正与对先于有害行为的不健康态度和情感所作的评估结合起来。认知—行为取向的咨询者通过帮助成瘾者重组他们的思维来摆脱不合理的错误信念。对认知—行为的咨询者来说，错误信念如同计算机病毒，他们渗入成瘾者的自我观念、人际关系以及生活。这种错误信念被认为会导致和维持其成瘾行为。

认知—行为取向所聚焦的来访者使用一种由 Beck（1976）发展的被称为认知歪曲模型的认知加工方式。认知歪曲包含以下方面：①过度概括化，即一个人从有限的信息中作出笼统推断的倾向。②个人化，即个体相信自己就是问题所在的倾向。③两分化（di-

〔1〕 Man-Kwong H. ，"Overcoming craving: The use of narrative practices in breaking drug habits"，*International Journal of Narrative Therapy & Community Work*，2004，1，p. 17.

〔2〕 Gardner P. J. ，Poole J. M. ，"One story at a time narrative therapy，older adults and addictions"，*Journal of Applied Gerontology*，2009，28（5），pp. 600~620.

chotomous），即"全或无"的思维，两极的，"只能二选一"的思想。

Abraham J. Twerski（1997）出版了一本题为《成瘾思维：解析自我欺骗》（*Addictive Thinking*：*Understanding Self-Deception*）的专著。书中讨论了成瘾者错误的思维模式。为了更有效地应对和戒治成瘾行为，成瘾行为的咨询者必须了解成瘾认知过程的复杂性。

下述问题是在认知—行为咨询中提出的：

1. 思想和行为是怎样联系的？
2. 在引起行为方面，情绪的作用是什么？
3. 合理思想怎样比不合理思想更有力？
4. 改变一个人的思想和行为要花多长时间？
5. 思想和行为可以永久改变吗？
6. 有不对认知行为咨询作出反应的成瘾者吗？
7. 认知—行为咨询能给成瘾者提供他们成瘾行为的更多理由吗？

认知—行为疗法在成瘾戒治背景中被用来治疗大量不同类型的成瘾者。目前，它被用于成瘾犯罪人群，以个人或团体咨询的形式来解决其认知歪曲，如否认和合理化，这些不合理思维在其成瘾行为中无所不在。

总之，认知—行为疗法和咨询试图改变在成瘾者生活中引起问题的不合理信念。这种咨询形式是有生命力的，因为它假定不管是什么信念，成瘾者有能力通过采取正确的行动来改变它。这种咨询包括使用替代性现实、对消极面的积极思考以及制定一种行动计划来改变成瘾者的错误行为等方式。

四、心智化疗法

（一）心智化的概念

心智化（mentalization）是由英国著名心理学家 Peter Fonagy 在1991年提出的，它随后引发了心理学界的强烈关注，并迅速流行起来。Fonagy 将精神分析里的象征化与科学的哲学概念"心理理论（theory of mind）"结合起来，以解决人们理解自己和他人心理的基本能力。该概念试图解释人类如何通过将自身的心理状态（如信念、动机、情绪、欲望和需要）形象化，从而有效地理解和感知世界，并且支持自己和他人在人际互动间的行为表现。心智化是社会认知的一种。它是想象性质的心理活动，可以让我们通过主观的心理状态感知和理解人们的行为。[1]

心智化的英文表达 mentalization 也是由 mental 变化而来，意味着由静态心理向动态心理的转变。Fonagy 将心智化定义为：个体在某种有意图的心理状态下（如信念、动机、情绪、欲望和需要），借助于这种心理过程，即心智化的过程，内隐或外显地对自身和他人的行为做出有意义的理解和解释，也可定义为"对自己和他人意识与无意识心理状态进行构想或想象的能力"[2]。心智化是一个多维度、动态、不断联系变化的系统，包括无意识/受控制、外部/内部、自我/他人、认知/情感四个维度。每一个维度与一个不同的神经生物系统相关，成功的心智化是把它们组合成一个整体。[3]

心智化能力的形成与儿童早期依恋的质量有着密切的联系。在 Fonagy 等人的研究中，那些依恋比较安全的孩子，比其他孩子更快地发展出心智化的能力。而对心智化能力更好的照顾者，他们也比其他照顾者有更大的概率可以获得安全依恋的孩子。但是过度的依恋却可能产生负面的效果，反而损害心智化水平的发展。[4]

（二）心智化疗法的主要方法

心智化疗法（Mentalization based treatment，MBT）是 Fonagy 和他的同事 Anthony Bateman 创立的一种新颖有效的治疗方法，最初是

〔1〕　A. Bateman，P. Fonagy，*Handbook of Mentalizing in Mental Health Practice*，American Psychiatric Pub，2012，pp. 3～10.

〔2〕　A. Bateman，P. Fonagy，"Mentalization based treatment for borderline personality disorder"，*World Psychiatry*，2010，9（1），pp. 11～15.

〔3〕　A. Bateman，P. Fonagy，*Handbook of Mentalizing in Mental Health Practice*，American Psychiatric Pub，2012，pp. 19～31.

〔4〕　A. Bateman，P. Fonagy，*Handbook of Mentalizing in Mental Health Practice*，American Psychiatric Pub，2012，pp. 11～19.

针对边缘性人格障碍（borderline personality disorder，BPD）而发展
出的具有心理动力学取向的手册指导式心理治疗计划。心智化疗法
不仅改善心理功能，而且改善大脑功能。该疗法力图强化患者的心
智化能力，主要针对心理状态和依恋这两个方面。治疗师的总目标
是建立一个安全的人际环境支持患者的情感管理，提高他们的心智
化水平。治疗师与患者之间的依恋关系至关重要，治疗师应该比较
敏锐地注意到患者的情绪变化以及他们的需要，但是过度的依恋是
不利的。[1]

　　一般的心智化治疗包括以下几个具体的阶段：①对来访者的心智
化能力做一个测评和诊断，以确保治疗的有效性和针对性；②进行一
个团队的会谈，会谈主要是向来访者介绍他们的症状以及治疗的目
标；③与来访者签订一个契约，对不同的来访者会有不同的契约模
式；④进行案例构建工作，包括来访者怎么样看待他们自己以及来访
者目前人际关系的困扰；⑤建立一个危机管理的通道，以便鉴别出可
能造成危机的情景并帮助来访者度过危机；⑥构建一个和谐的士气高
涨的治疗联盟；⑦治疗后的评估工作以及后期的跟踪随访。

　　在心智化治疗过程中，治疗师应该采取以下治疗姿态以保证能够
达到理想的预期效果：①无知的姿态。无知的状态会有好几种成分，
其中最重要的一种是积极提问。在心智化治疗中，最可能看到的是治
疗师在提问，也就是治疗师在尽力尝试了解来访者的心理状态。②监
控错误的姿态。如果治疗师能表明如果治疗师与来访者之间发生了什
么事都是治疗师的责任，这种姿态对治疗是否能够继续下去是至关重
要的。③共情的态度。在探索来访者内心世界之前，治疗师首先要向
来访者传达他们知道来访者是从哪种境遇中过来的这样一种感觉。
④正常化。也就是需要治疗师自我暴露，即在哪种情况下治疗师自己
会有什么样的反应。⑤简短。治疗师在治疗过程中长话短说。

　　总的来说，治疗师首先要以共情的态度开始，然后要在人际的范

---

　　〔1〕　A. Bateman，P. Fonagy，*Handbook of Mentalizing in Mental Health Practice*，American
Psychiatric Pub，2012，pp. 33~42.

围而不是内心的领域当中探讨来访者的心理状态。这个过程中，治疗师与来访者之间的情感是非常重要的，这不仅仅是主观上的情感，还有躯体的感受。另外，治疗师要采取紧追不放的态度，如果来访者想把问题带到非心智化的部分去描述其他事情，治疗师要把他带回来，继续跟他讨论心智化。最后要求治疗师比较敏感，知道来访者现在处在什么样的状态中。如果发现来访者的唤起水平已经超标或失控，就要马上退回来，这种有进有退的治疗在 MBT 中是很重要的。

（三）心智化疗法在戒毒中应用

在 Fonagy 等人出版的题为《心理健康实践的心智化手册》（*Handbook of Mentalizing in Mental Health Practice*）的专著中，探讨了心智化能力与毒品成瘾之间的复杂关系，并给出了采用心智化疗法治疗毒品成瘾的指导建议。

心智化能力与毒品成瘾具有非常紧密而又复杂的关系。首先毒品的使用会给吸毒者带来强烈的愉悦感，但随之而来的是个体无法分辨内在与外在的现实，失去了真实的现实感。这将会使得个体感到挫败、悲伤、受到伤害以及威胁，这样强烈的情绪唤起就会导致心智化水平的降低，从而进一步导致关注他人心理状态的困难，个体感觉到内在世界与外在世界的极度不平衡，最终又试图通过吸食毒品控制自身的心理状态。这样一来，这个消极交互作用的恶性循环就形成了，并且很难进行改变。[1]

2009 年，Fonagy 等人开展了针对阿片成瘾者的心智化治疗的实验研究，试图考察心智化疗法能否减少他们的毒品滥用行为、自我伤害行为、精神疾病的表征、人际关系问题以及边缘性人格障碍的问题。通过与对照组的比较，结果表明心智化疗法对改善这些问题行为具有明显效果。[2]所以，心智化疗法可以作为一种新颖的毒品成瘾戒治疗

---

〔1〕　A. Bateman, P. Fonagy, *Handbook of mentalizing in mental health practice*, American Psychiatric Pub, 2012, pp. 453~455.

〔2〕　A. Bateman, P. Fonagy, *Handbook of mentalizing in mental health practice*, American Psychiatric Pub, 2012, pp. 459~461.

法在国内的循证戒治中加以尝试。

五、眼动脱敏与再加工疗法

（一）眼动脱敏与再加工疗法的创立

1987年，心理学家Francine Shapiro在公园散步时，发现眼睛的运动似乎能减少不安的记忆所带来的压力。基于这一发现，她进行了进一步的研究，并创立了眼动脱敏与再加工（eye movement desensitization and reprocessing，EMDR）疗法。之后，Shapiro开始对那些创伤后应激障碍（posttraumatic stress disorder，PTSD）患者——包括被强奸的受害人、儿童期受到性侵犯的个人以及在越战中有创伤经历的老兵进行治疗，并获得了极为显著的效果。在一些病例中，多年来患有噩梦与"苦痛回闪"的越战老兵在几个疗程之后，他们的这些症状就被治愈了。

（二）EMDR疗法的原理

EMDR作为一种认知行为治疗的新技术，包括认知加工和暴露的方法，用于治疗条件化的情绪反应和其他与创伤相关的症状，[1]通过调整认知、习得新行为来达到治疗效果。该疗法的基本目的是通过标准化程序，如双侧的快速眼动、听觉信号或触觉刺激，获取并再加工被治疗对象存储的记忆。EMDR在治疗过程中，将困扰个体的记忆转变为不再有痛苦体验的记忆，伴随着有较少困扰的图片映像、积极的认知、合理的情绪和对个体没有干扰的躯体感觉一起存储起来。信息被合理储存，不再引起病症。[2]

眼动或其他形式的双侧刺激，如听觉的音调或触觉的感觉，作为行为的生理机制，有助于加速信息加工和加快信息处理。已有研究表明，在EMDR治疗中，双侧刺激使临床医生接近被创伤记忆影响最大的低级脑区的材料。传统的认知疗法主要集中在进入大脑负

---

〔1〕 Boudewyns P. A., Hyer L. A., "Eye movement desensitization and reprocessing (emdr) as treatment for post-traumatic stress disorder (ptsd)", *Clinical Psychology & Psychotherapy*, 1996, 3 (3), pp. 185~195.

〔2〕 张卓等："创伤后应激障碍与物质使用障碍的共病与治疗"，载《中国药物滥用防治杂志》2012年第6期，第338~345页。

责推理和逻辑的前额叶皮层，然而，当一个人感到不安的时候，这种负责逻辑的脑区有可能关闭，然而更原始的低级脑区，作为一种自我保护的内部防御机制，可能会发挥其作用。EMDR 中的双侧刺激提供了通向整个大脑的路径，而最终的目的是移出置于大脑低级脑区的不合适的材料，提高前额叶皮层的适应状态。

（三）EMDR 的操作步骤

Shapiro 指出，EMDR 具有八个基本的治疗环节：[1]

1. 获取历史信息和制订治疗计划。治疗开始时，要评估来访者处理治疗过程中的高度功能紊乱的能力，取得来访者全面的临床信息资料，确定具体的再加工对象。这些对象包括过去的事件、现在的能引发症状的刺激，以及未来所需的积极态度和行为。

2. 准备。对治疗的准备，包括向来访者解释将要发生什么、期待怎样的影响和效果以及安全程序。Shapiro 还强调对间接出现问题的讨论，即如果治疗取得成功，病态表现减少，那么当事人必须放弃什么。尽管这看起来很奇怪，但是如果创伤后应激障碍（PTSD）得以根治，一个退役军人可能不愿意失去他无力支付的身份或者是"负伤勇士"的地位。

3. 评估。Shapiro 建议，使用 EMDR 治疗创伤记忆，要求来访者具有以下三项中的一项或多项：①有记忆的意象；②消极的自我评价和消极的创伤评估；③躯体焦虑反应。

4. 脱敏。Shapiro 给了来访者一套标准指导语，目的是为了减轻焦虑，并指出了需要达到的表现。她指出这一步骤是重要的，因为来访者也可能会感到很难接受自己的初期变化。她的指导语如下：

我们将要做一个生理检查。我需要从你们那里确切地了解到目前的状况，尽可能得到清楚的反馈。有时事情会有所改变，但有时可能不会。如果出现了其他事情（有时会，有时不会），我会问你。在这个过程中，没有假设。所以尽可能准确地提供有关正在发生的事情的假

---

〔1〕　Shapiro F. , Solomon R. M. , *Eye Movement Desensitization and Reprocessing* , Wiley Online Library, 1995.

设，不要判断它是应该还是不应该发生的。让已经发生的事情发生。

5. 置入。置入阶段是要树立一种对创伤事件新的、积极的认知。当来访者的主观不适感量表（Subjective Unit of Disturbance Scale，SUDs）等级降到 1 或 0 时，置入阶段就开始了。患者改变了其意象，治疗师要继续进行眼动治疗，直到不会再有新的东西加入进来或者不再有额外的积极想法输入为止。

6. 躯体扫描。在积极的认知完全树立起来之后，如果 SUDs 水平仍然很高，就要指导来访者考虑焦虑在躯体中的生理位置，让他们在进行新的扫描时将注意集中在躯体感觉上。当注意到生理的不适减轻后，让来访者重新回到创伤的最初场景，重新开始进行标准的 EMDR 过程。Shapiro 相信在躯体和功能紊乱之间存在着生理共振，并认为这一阶段很重要，因为它可以发现尚未加工过的领域或想起没有想到的事情。[1]

7. 结束。当抽取不出新的事件或消极认知时，EMDR 过程就结束了。不论是否对事件进行了再加工，情感的不安定状态并非从此就永远消失了。要告诉并提醒来访者，额外的侵入性意象可能会在治疗后重现，但这是一种额外加工的积极迹象。[2]Shapiro 还建议来访者写日记，记下自己的想法、状态、梦及其他进入意识的有关创伤记忆的信息。这些信息可以在下一个阶段用于确定新的目标意象。

8. 再评估。在每一个阶段都要对先前的目标作出评估。让来访者重新考察一下先前的再加工目标，检查来访者的日记，看看有没有先前检查过的东西的侵入。[3]

（四）EMRD 与成瘾戒治

Shapiro 在 1994 年指出，EMDR 可以起到改良那些引起功能失

〔1〕 Shapiro F. , Solomon R. M. , *Eye Movement Desensitization and Reprocessing*, Wiley Online Library, 1995, p. 730.

〔2〕 Shapiro F. , Solomon R. M. , *Eye Movement Desensitization and Reprocessing*, Wiley Online Library, 1995, p. 730.

〔3〕 ［美］Richard K. James、Burl E. Gilliland 著，高申春等译：《危机干预策略》，高等教育出版社 2009 年版，第 185～189 页。

调、潜在复吸触发物、生理渴求的早期记忆的作用。那些早期记忆的效果，有助于功能障碍，可能复发触发器和身体的渴望。此外，EMDR 用于吸收新的应对能力，并协助习得更具适应性的行为。再加工的其他潜在目标包括对治疗的不配合，对戒断的矛盾心理和当前的危机。[1]

目前 EMDR 在成瘾治疗方面已经取得了一些进展，Hase 等人在一项研究中考察了 EMDR 对治疗酒精依赖的作用。[2]在这个研究中，34 名慢性酒精依赖患者被随机分配到两种治疗条件：日常治疗（treatment-as-usual，TAU）或加入两个阶段的 EMDR 治疗（TAU + EMDR），分别在治疗前、治疗后和治疗后一个月用强迫性饮酒问卷（the obsessive compulsive drinking scale，OCDS）测量被试对酒精的渴求度，结果显示加入 EMDR 治疗的一组在治疗一个月后和治疗后的渴求水平显著下降，而常规治疗组没有下降。结果表明 EMDR 可能是治疗成瘾记忆和相关渴求症状的一种有效手段。

Marich 报告了一个用 EMDR 成功治疗成瘾的案例。患者是一个交叉成瘾（同时对两种或两种以上物质成瘾）的女性，在治疗开始之前，该女性曾经历过 12 次传统方法的戒毒，但是每一次治疗后，不到 4 个月就复吸了。在 EMDR 治疗之后，参与者报告了长达 18 个月的戒断，而且其社会功能也发生了重要的变化。[3]

国外的一些成瘾治疗计划自从 20 世纪 90 年代中期便使用 EM-DR 来帮助患者应对能导致复吸的创伤性记忆。很多成瘾治疗计划在使用传统治疗策略的同时，正在引进 EMDR 来提高现有治疗策略

---

〔1〕 Shapiro F., Vogelmann-Sine S., Sine L. F., "Eye movement desensitization and reprocessing: treating trauma and substance abuse", *Psychoactive Drugs*, 1994, 26（4），pp. 379~391.

〔2〕 Hase M., Schallmayer S., Sack M.; "Emdr reprocessing of the addiction memory: Pretreatment, posttreatment and 1 – month follow-up", *Journal of EMDR Practice and Research*, 2008, 2（3），pp. 170~179.

〔3〕 Marich, "J. EMDR, in the Addiction Continuing Care Process: Case Study of a Cross-Addicted Female's Treatment and Recovery", *Journal of EMDR Practice and Research*, 2009, 3（2），pp. 98~106.

的效果。[1]

六、辩证行为疗法

(一) 简介

辩证行为疗法 (dialectical behavior therapy) 是美国心理学家 Marcia Linehan 创立的治疗方法,最初用来治疗边缘性人格障碍 (borderline personality disorder, BPD)。[2] 这一方法融合了认知行为理论及辩证唯物主义的概念。这是一个相对复杂的理论体系,用于治疗现代认知行为,问题—解决的治疗方法。它包括对团体联盟的重视、技巧的训练、偶然性的澄清和大量特征性的措施,其对治疗边缘型人格障碍患者是有益的。

在一系列文献中,Linehan 和他的同事还报道了对慢性自杀未遂的边缘型人格障碍患者,以辩证行为治疗及在群体精神健康系统中的"常规治疗"疗效的对照比较。在为期一年的治疗中,采用辩证行为治疗的患者中少有中途退出的,其自我毁坏的行为显著减少,而采用"常规治疗"的患者疗效欠佳。采用辩证行为疗法的患者同时发现人际关系的分值和社会适应的分值增高,包括愤怒、工作表现、反复持续的焦虑等的调节。[3]

(二) 特点

1. 以接纳自我为目标。这种疗法一般由数个来访者组成小组,

---

〔1〕　Jamie Marich, *When the Pink Cloud Passes*: *Using EMDR in Addiction Treatment*, Recoveryview, 2009.

〔2〕　M. M. Linehan and L. Dimeff, "Dialectical Behavior Therapy in a nutshell", *The California Psychologist*, 2001, 34, pp. 10 ~ 13.

〔3〕　Linehan M. M., Armstrong H. E., Suarez A., et al., "Cognitive-behavioral treatment of chronically parasuicidal borderline patients", *Archives of General Psychiatry*, 1991, 48 (12), pp. 1060 ~ 1064. Linehan M. M., Heard H. L., Armstrong H. E., "Naturalistic follow-up of a behavioral treatment for chronically parasuicidal borderline patients", *Archives of General Psychiatry*, 1993, 50 (12), pp. 971 ~ 974. Linehan M., Tutek D., Heard H., Interpersonal and social treatment outcomes for borderline personality disorder, Poster presented at the annual meeting of the Association for the Advancement of Behavior Therapy, Boston, MA, 1992. 〔美〕Beck Aaron T. 等著,翟书涛等译:《人格障碍的认知治疗》,中国轻工业出版社 2004 年版,第 9 页。

其中，使用的疗法包括个人疗法、集体疗法、家庭疗法、电话访谈法等，是一种总括型的疗法。

从前的行为疗法只追求"改变来访者"这个目标，与此相对，在这个基础上，辩证行为疗法还追求"接受真实的自己"的目标，这个目标与上述目标正相反，而这种疗法采取的正是两面作战。

从来访者的立场来看的话，"改变自己"和"接纳真实的自己"是两种技术训练，也可以说，这种疗法的目的，是提高自己的自我接纳能力和自我变革能力。

2. 通过冥想来接受自己。"改变自己"这个课题采取的是从前的行为主义治疗模式，"接受自己"采取的是冥想的治疗方法。这是因为，这种疗法的创始人——美国的心理学家 Linehan 受到了禅的强烈影响。

这种疗法的咨询是成组进行的，首先，患者要单纯地观察自己的内外刺激，并将其描写出来。这种疗法采取的方法是，让患者脱离"烦恼得头都大了"、"自己成了感情的俘虏"这些状态，感受身边能够感受的所有事物，包括感受到的空气的运动、树木的味道、身体上的感觉等，这是一种与禅非常相似的意识训练。而且，来访者要将自己的感情定位在"这只是现在发生的各种各样的事情之一"，并努力接受所有真实的感情。[1]

这种治疗方式的目的在于，把处理感情的杂乱无章的方式转变为有条不紊。感情冲动及纵欲无度都要通过训练使其有所收敛。[2]将这种治疗方法与对照组进行比较的研究认为，该方法不但可以改善人际交往能力，还能减少自杀的念头和行为。[3]

---

〔1〕 霍欣彤：《完全图解心理疗法：100 种风行世界的实用心理疗法》，南海出版公司 2008 年版，第 100 页。

〔2〕 ［德］博尔温·班德洛著，麦湛雄译：《隐疾：名人与人格障碍》，生活·读书·新知三联书店 2008 年版，第 65 页。

〔3〕 Linehan M. M., Schmidt H., Dimeff L. A., et al., "Dialectical behavior therapy for patients with borderline personality disorder and drug-dependence", *The American Journal on Addictions*, 1999, 8 (4), pp. 279~292.

（三）辩证行为疗法在成瘾治疗中的应用

辩证行为疗法最初是作为一种干预手段治疗所有有自杀行为的病人，以后逐步发展为边缘人格障碍的主要治疗方法之一。目前该疗法的应用范围正逐渐扩大，在治疗其他情绪失调疾病，如严重抑郁症、进食障碍、焦虑症、人格障碍以及成瘾症（吸毒者、酗酒者）等方面都有明显效果。[1]

2002 年，美国华盛顿州政府青少年犯罪司法顾问委员会与华盛顿州大学精神科及行为科学系联合对该州部分女性青少年罪犯进行研究，评估辩证行为疗法是否对减少她们的自我伤害行为、冲动行为和攻击行为有效果。通过对照组比较，结果表明辩证行为疗法对改善青少年罪犯的问题行为有明显效果。[2]

当辩证行为疗法用于成瘾治疗时，该疗法以每种行为对患者生活质量影响程度为基础将治疗目标进行排序。第一个目标通常是减少物质的使用，然后缓解患者在适应戒断的过程中遇到的困难。下一步是应对冲动和渴求，避免可能的复吸线索（毒品使用者、毒品站、酒吧等）。然后还需要消除或减少可能引起复吸的行为模式（例如，冲动行为）。最后，它关注的是社会强化，构建健康的行为、节制的社会关系、职业和其他的预防因素。[3]

Linehan 及其同事曾用对辩证行为疗法对成瘾的治疗进行了考察，结果表明，该疗法对成瘾有很好的治疗效果。

在一项研究中，28 名女性成瘾患者被随机分成两组，一组接受辩证行为疗法，另一组接受常规疗法，治疗时间均为一年，在第 4 个月、第 8 个月和第 12 个月对患者进行评估，治疗结束后进行为期

---

〔1〕 袁弘、王蕾编著：《辩证行为疗法与情绪调整》，重庆出版社 2007 年版，第 29 页。

〔2〕 Trupin E. W., Stewart D. G., Beach B., et al., "Effectiveness of a dialectical behaviour therapy program for incarcerated female juvenile offenders", *Child and Adolescent Mental Health*, 2002, 7 (3), pp. 121～127.

〔3〕 Nicholas A. Roes, "DBT fits well in addiction treatment (Road to Recovery)", *Addiction Professional*, 2008.

16 个月的后续追踪。结果表明，用辩证行为疗法治疗的患者的治疗效果要显著好于用常规疗法治疗的患者。另外，用辩证行为疗法治疗的患者在治疗后的社会适应也好于常规疗法治疗的患者。[1]

根据 DSM – V 对边缘型人格障碍（BPD）的诊断标准，BPD 患者经常带有冲动性行为，而我们已经了解，冲动性对成瘾的形成有影响。这表明 BPD 与成瘾有很大关系，研究已经证实了这一点。Zanarini 和其同事进行的一项研究表明，50 名 BPD 患者中，84% 的患者都曾达到物质滥用或依赖的标准。Dulit 和其同事做的一项研究表明 67% 的 BPD 患者达到物质滥用障碍的标准。[2]

最近，已有研究者尝试使用双重焦点治疗（dually focused treatments），即同时治疗 BPD 与成瘾，取得了很好的效果。然而，这种联合治疗的方案和研究还很少。[3]

七、行为矫正疗法

行为矫正疗法（behavior modification therapy）是指应用操作和经典条件反射原则，以在一种更适应的方向上改变成瘾者的行为。它包括行动、实施、观察以及测量行为，它不关注成瘾者的无意识心理过程。这种助人的策略已被用于建立与维持对成瘾物品的控制，鼓励康复行为的进行（例如，服用抑制滥用剂以及每天参加 AA 聚会等），减少非法药物的使用，以及对治疗环境的居住管理（如用下文所述的"代币制"）。行为矫正方法使用一些重要概念，包括强化、经典和操作条件反射等。在此，主要介绍成瘾行为戒治中所用的一些行为矫正的具体方法。

---

〔1〕 Linehan M. M., Schmidt H., Dimeff L. A., et al., "Dialectical behavior therapy for patients with borderline personality disorder and drug-dependence", *The American Journal on Addictions*, 1999, 8（4）, pp. 279～292.

〔2〕 Zanarini M. C., Gunderson J. G., Frankenburg F. R., et al., "The revised diagnostic interview for borderlines: Discriminating bpd from other axis ii disorders", *Journal of Personality Disorders*, 1989, 3（1）, pp. 10～18.

〔3〕 Van den Bosch, Louisa M. C., Verheul, Roel, "Patients with addiction and personality disorder: treatment outcomes and clinical implications", *Current Opinion in Psychiatry*, 2007, pp. 67～71.

行为矫正疗法包括一些前提：其一，人的行为是强化的结果，并受到强化的驱动。强化也许是作为行为的结果而被提供或发生的；因此，强化的具体种类可能增加或减少某种具体行为的发生。其二，行为是习得的，因此，它有可能没有被习得。其三，人类和动物应用同样的法则。其四，要改变行为，必须改变行为的结果。其五，假如有正确的环境，任何人都可以成功。其六，一旦行为改变（外部行为）发生，一个人怎样思考（内部行为）也会发生变化。

行为矫正是指导性的。咨询者是老师、导演、专家以及角色榜样，他们在诊断成瘾行为和提出咨询计划方面是积极的。咨询者不花很多时间与成瘾者谈话，或发展对问题的意识和顿悟。他们不关注成瘾者是怎样感觉的或成瘾者的意识和顿悟。咨询者只关心他看到的行为的变化。因为行为（包括成瘾行为）是习得的，它可能没有被习得。咨询者改变成瘾者行为的后果，并且接下来会改变成瘾者的行为。一旦行为被改变，成瘾者对新行为怎样感觉也会改变。所有的变化可能通过最少的谈话甚至不谈话来实现。一些人发现，造成行为变化的最重要的变量是咨询者的人格。[1]如果咨询者被成瘾者用一种积极的方式来理解，成瘾者更有可能通过行为的改变来取悦咨询者。

在成瘾行为戒治中，行为矫正咨询者最常用的技术有行为契约、代币制、厌恶技术等，此外还有饱足、消极练习、叮嘱疗法、系统脱敏、倾注、模仿以及强化时间表等程序和概念，这些也是在成瘾行为戒治环境中常见的行为技术。

（一）行为契约

行为矫正咨询者经常对成瘾者使用协议。行为契约（behavior contracts）是咨询者与成瘾者之间的准法律的、伦理的协议。契约包括清楚陈述的目标，可以允许咨询者在特定的范围内通过工作来改变行为。被期待的行为解释得越清楚，实现这些行为的可能性就

---

〔1〕 Kratcoski P. C. , *Correctional Counseling and Treatment*, Duxbury Press, 1981.

越大。

在实施行为契约的开始，首先需要面临下面的问题：

1. 何种行为属于不良的适应？更准确地说，何种行为需要增加或减少？

2. 在目前的状态下，有哪些环境的关联条件是用来维持或支持行为的？比如，有哪些奖赏使药物滥用得以维持？而又有哪些惩罚物与不使用有关？

3. 何种环境的变化可以被操控，并借以改变行为？

Dustin 和 George 确认了行为契约的三个阶段。[1]第一个阶段称之为"问题的说明"，即咨询人员通过沟通与共情的了解，协助成瘾者以行为主义学派的术语明确地指出他们的问题。例如，对一些表明自己感到寂寞与抑郁的成瘾患者而言，他们本身可能缺乏面对陌生人所具备的社交技巧。在传授这些技巧的过程中，咨询者可以协助成瘾者确认出当他们面对陌生人时所需要的必要刺激与强化条件。第二个阶段包含了协助成瘾者"许下改变的承诺"。这个目标通常要突破许多障碍才得以达成，尤其是对那些药物滥用的成瘾者更是如此。因此，许多成瘾者都会在此阶段退出咨询或治疗过程。第三阶段则是"明确目标"的时期，这一阶段要注意的是咨询者要完成的应该是成瘾者个人的目标，而不是咨询者强加在成瘾者身上的目标。

（二）代币制

代币制（token economy）又称"代币经济"、"代币奖励"，是一种行为矫正程序。根据操作条件作用原理，利用个体的自发活动，配合外部强化控制，使个体循序渐进地以正当行为取代不当行为。具体做法是：当患者表现出适当行为时，根据行为的性质，患者可以获得一定数量的代币，并可用代币换取自己喜爱的活动或物品。代币是患者因表现出适当行为而得到的用以交换奖品或奖励的

---

〔1〕 Dustin E. R., George R. L., *Action Counseling for Behavior Change*, Intext Educational Publishers, 1973.

替代品，如筹码、记分等，具有强化适当行为、消除不良行为的价值。该方法直接源于斯金纳提出的操作条件原理。其实施分为三个阶段：①基线阶段；②代币制管理阶段；③巩固阶段。

卡兹丁（1977）认为，在行为矫正中使用代币具有以下优点：

1. 使用代币要求的条件较少，可在期望的行为发生后立即提供；

2. 对持续发生的靶行为，可持续通过提供适当数量的代币给予强化，而实物与权利因难以分割往往只能一次性给予；

3. 代币可以满足个体对事物或活动奖励的不同偏爱；

4. 个体对事物奖励容易产生满足感，而对代币较少产生饱和感，能满足持续的激励作用；

5. 自由选择奖励品可产生累加的激励作用。

该方法是对正强化和消退原则的系统应用，不是一项单一的行为技术，在不同场合可有很大变化。这种方法虽不能触及患者的根本问题，但对行为的矫正效果显著。

代币制常用于成瘾行为戒治的治疗社区。根据 Mehr 的看法，代币制是一种系统，其目的在于重新设计整体环境，使得环境对正向或社会所喜爱的行为具有支持作用，并促使负向或社会所嫌恶的行为得以消除。当该方法用于成瘾患者时，代币制所鼓励的行为则是与康复有关的。

在成瘾行为戒治中，一种代币制的发展通常始于"康复行为"的确认。有时，这些行为会因优先顺序来区分以配合不同层次的治疗过程。当成瘾者精熟某个治疗目标时（历时数周或数月），他们便可以晋升下一个层次。奖赏系统的安排方式能使成瘾者在日常行为中（例如，参加 AA 聚会，午餐后干净清洁）获得立即性的强化物（塑料代币或纸币），并且让成瘾者获得特殊的优惠，使其得以进入更高的治疗层次（例如，返家探亲，拥有自己的房间等）。成瘾者还可以使用代币折算一些类似杂志、香烟、食物、衣服或是其他物品。而晋升到另一治疗层次的奖赏则被当成是重要治疗所得的象征。此外，惩罚的系统也被加以组织，反应代价（response cost）

就是指施加一种惩罚，其形式有罚金、损失分数、权利或物品的丧失等。在此系统内，如果成瘾者所从事的行为与康复行为不一致，那么他们可能会失去代币，或甚至重返到较低的治疗层次。

（三）厌恶技术

行为矫正也导致几种厌恶技术被用于成瘾者的心理咨询。厌恶技术（aversive techniques）是最有争议的行为矫正咨询工具，但它被广泛使用。一些最常见的厌恶技术是：

1. 药物厌恶。药物厌恶（chemical aversion）是指给予导致作呕和呕吐的药物来阻止成瘾行为。药物厌恶通常用于对酗酒者的治疗。常用的药物之一是戒酒硫（antabuse）。服用戒酒硫的酗酒者如果喝酒，将感到不舒服。这种不舒服和臭气被认为与酒精有关，并使酗酒者最终放弃饮酒。琥珀酰胆碱（anectine）也被用于治疗酒精中毒；一旦服用这种药就会引起窒息的感觉。用于治疗海洛因成瘾的两种药物是美沙酮（methadone）和环丙甲羟二羟吗啡酮（naltrexone）。这些药物不会使成瘾者不舒服，相反，他们是麻醉药阻抗剂，可以起到阻止海洛因影响的作用。如果不控制剂量，美沙酮是一种常给服用者提供兴奋的成瘾药品。

在其他用于药物厌恶的药品中，Zyban（用于治疗尼古丁成瘾）和 Sabril（γ－乙烯基γ－氨基丁酸，gamma-vinyl gamma-aminobutyric acid，or GVG），在治疗可卡因成瘾中已经显示出很大的作用，acamprosate 作为另外一种克服酒精中毒的药物显示出很大的前景。在神经科学方面的进展有助于探索使用者更喜爱的、突破性的实施药物厌恶的方法和药物，例如，发明可以持续更长时间的疫苗，而不需要每天服药。

药物厌恶有不利之处。它是不愉快的，也许会引起成瘾者较早地停止治疗。很多成瘾者拒绝配合。一些成瘾者对药物产生了耐受性，并且一些药物具有消极的负面影响。对药物使用的密切关注是必需的，并且需要高强度的动机才能完成药物治疗。最后，没有足够的证据表明药物厌恶是非常有效的。

2. 电击。电击（electric shock）是在密切的医学监控下，实施一种非痉挛性的、短暂的、低水平的电击，用于治疗自毁倾向、性变态、酒精中毒以及侵犯行为。据推测，这样的电击不引起组织损伤或延迟的痛苦；然而，长期的效果没有被确定。一些管辖区域不许可在刑事司法环境中使用电击厌恶法。

3. 暂停法。暂停法（time-out）是指成瘾者表现出不良行为时暂时取消对他的正强化，把成瘾者从正强化的环境中送到一个单独的房间待一小段时间。正在实施消极行为的儿童经常被使用暂停法：把他们与对他们的坏行为给予正强化的同辈分开。据此认为，如果同辈不给他们鼓励，那么他们就将停止实施坏行为。一个极端的、惩罚性的暂停法是单独监禁。

4. 过分矫正。过分矫正（overcorrection）是指成瘾者被要求将他或她的环境恢复至不适当行为发生之前的情形，然后，再要求成瘾者改进环境，使该环境看起来比以前更好。

除了上述最常用的行为矫正技术外，成瘾行为的戒治还可用下面一些方法。

（四）饱足

饱足（satiation）是负强化的一种特殊形式。例如，一个受雇在糖果店工作的人被鼓励吃所有他或她想吃的糖果。这种想法是，雇员会对糖变得饱足，可能会变得厌恶，并且不再吃它。

（五）消极练习

适用消极练习（negative practice）的个体，被要求故意地重复一些令人不快的动作习惯。其基本原理是，对一种习惯重复故意的表演，会使其处于自主控制之中。这种技术对肌肉抽搐、痉挛以及口吃的消除有帮助。

（六）叮嘱疗法

适用叮嘱疗法（implosive therapy）的成瘾者，被要求描述并且细想（dwell on）使他或她产生焦虑的事情。当焦虑被象征性地再现，在不允许发生负强化的咨询环境中，焦虑会一点一点地消失。

（七）系统脱敏

系统脱敏（systematic desensitization）用于病态性恐惧、神经质

焦虑、人际困难以及成瘾行为等问题。它包括教给来访者放松的技术。在来访者掌握放松技术之后，焦虑被导入并重复呈现于咨询环境中，直至脱敏发生。

（八）倾注（或称满灌疗法）

在倾注（flooding）中，焦虑被大量而强烈地导入给成瘾者，不像在叮嘱疗法中少量地导入。倾注的基本原理是，高强度的焦虑倾向于丧失其产生恐惧的潜力。

（九）模仿

模仿（modeling）是指成瘾者不必自己经历所有的学习情境，他们可以通过观察他人而学习，这也被称为观察学习。一个可能的例子是，当一个心理咨询者通过在一次咨询中解决一个咨询问题展示其成功解决问题的技术，成瘾者即可以模仿这种技术。

（十）强化时间表

这是指强化的频率与模式。强化是建立在时间（间隔）和比率（部分）之上的。强化的时间表（schedules）既是固定的，也是可变的。每月的第一天收到薪水是固定间隔表的一个例子。仅在完成一起销售之后收到佣金是可变的间隔表。似乎最有效的学习发生于随机的强化时间表中。很多人趋向于为他们不知道什么时候渴望的会发生的事情更努力地工作。一个例子是，一个一直不碰毒品的吸毒者是因为他或她从来不知道什么时候会进行毒品测试。

对成瘾者的行为矫正技术，有学者提出了下面的问题：[1]

1. 成瘾者的自由和尊严会受到行为矫正咨询的破坏吗？

2. 行为矫正咨询是一种咨询形式还是一种行为控制的障眼法？

3. 如果咨询者运用行为矫正方法，成瘾者的行为变化会持续多久？

4. 咨询者使用特定的行为矫正技术会侵犯成瘾者的宪法权利吗？

5. 对反社会行为，行为矫正是治本还是仅仅治标？

---

〔1〕 Cherny R., Masters C., Treatment of neurological conditions, Google Patents, 2004.

6. 在改变成瘾者的行为中，是奖赏还是惩罚更有效？

7. 教育成瘾者怎样在其真正的生活环境中反应适当也会改变其违法或犯罪行为吗？

8. 行为矫正计划可能对成瘾者滥用吗？

9. 咨询者可以没有个人的觉察或理解而有权去改变、指导或控制成瘾者的行为吗？

10. 行为矫正咨询会使人类的经验机械化吗？

对行为矫正疗法有支持也有批评。支持者认为它是建立在充分研究的基本原则上的。该方法针对问题本身，是与"散弹枪疗法"（shotgun therapy）相反的"靶心疗法"（bull's-eye therapy）。它的技术容易教，并且容易实施。这种方法可以用于很多不同的人群，代价不昂贵并且可以很快见效。[1]批评者则认为，心理咨询者在对成瘾者使用行为矫正疗法时，他们将会受到其能力的限制。[2]行为矫正通常对在矫正机构中的成瘾者是成功的，但在真实世界里却很难成功。不是所有的成瘾者都是一样的，然而大多数矫正计划都假定他们是一样的。咨询要有效，行为矫正的咨询者必须受到很好的训练，而那些与成瘾者接触和相关的人也必须受到适当的教育并且愿意应用行为矫正的原则。最后，批评者认为，行为矫正相当于心理控制。

八、家庭治疗

家庭咨询（family counseling）将家庭作为一个单元，或作为一个整体来对待。家庭咨询是建立在系统理论的基础之上的，该理论认为家庭系统、抚养，以及家庭关系对一个人的生活来说是最重要的。对待行为越轨者，起始点必须是作为系统的家庭，而不是家庭的个体成员。如果一个家庭成员是违法者，触犯了法律，或表现出其他麻烦的越轨行为，家庭咨询理论假定，这样的行为是犯罪人的

〔1〕　Hatcher H. A. , *Correctional Casework and Counseling*, Prentice-Hall, 1978.

〔2〕　Throne G. L. , Tharp R. G. , Wetzel R. J. , "Behavior modification techniques: New tools for probation officers", *Fed. Probation*, 1967, 31, p. 21.

家庭中存在某些（通常是不健康的和不正常的）事情的征兆。根据 Hadley，Holloway 和 Mallinckrodt 的理论，一个不正常的家庭可以被定义为"经历身体、情绪或性虐待的家庭；或家庭中一个或两个主要照顾者由于精神疾病、慢性身体疾病或药物滥用而不能承担家庭责任的家庭；或具有不一致的并且不可预测的抚养方式，或缺乏照顾、忽视或挑剔的父母—儿童互动关系的家庭"[1]。家庭咨询者的工作就是揭发家庭中所发生的事情，比如，无处不在的、无言的潜系统规则，通常被认为是造成家庭成员越轨行为的原因。

家庭系统理论的一个主要前提是家庭是一个系统，并且作为一个系统，只要压力出现，它便争取恢复平衡或自我平衡（homeostasis）。家庭系统被认为有它自己的需要以及自己的生命。系统的生存要比个体家庭成员的幸福更重要。简言之，整体大于部分之和。

按照心理健康专家的调查，超过96%的美国人遭受了在功能不良家庭中成长的痛苦。[2]根据家庭系统理论家的观点，当一个家庭出现功能不良时，通常会有一个恐惧的、依赖的或越轨的人控制整个系统；例如，一个违法的儿童，酗酒的父母，或患疑病症的母亲。无论这个越轨的人做什么，整个家庭都会适应这种压力和障碍以达到系统的平衡。就是因为如此，家庭成员开始扮演一些可以识别的角色，如无能者、迷失的孩子、替罪羊、英雄或圣人，以及福神（mascot）等。

功能不良的家庭有一些可以辨别的特征，概括为以下几点：

1. 神秘（secret）。大多数功能不良的家庭隐藏他们不想让外人知道的事情。多数时间里，这些家庭扮作一副故事书的脸孔呈现给外面的世界。这种保持神秘的一些显而易见的例子是酗酒、吸毒、乱伦、虐待以及精神疾病。

---

〔1〕 Hadley J. A., Holloway E. L., Mallinckrodt B., "Common aspects of object relations and self-representations in offspring from disparate dysfunctional families", *Journal of Counseling Psychology*, 1993, 40 (3), p. 348.

〔2〕 Miller S. D., Duncan B. L., Hubble M. A., *Escape from Babel: Toward A Unifying Language for Psychotherapy Practice*, WW Norton & Co, 1997.

2. 贫乏的沟通模式（poor communication patterns）。功能不良家庭的成员不知道怎样或不被允许彼此坦率交流。家庭成员通常学会用破坏性的方式进行沟通。交流常常是被动或攻击的、敌意的和间接的。

3. 界线问题（boundary problem）。界线是指一种辨别一个人在什么地方终止和世界从什么地方开始，以及一个人将允许他人离自己有多近的身体和心理的限度。在功能不良家庭中，尊重家庭成员的需要、希望以及意愿是不存在的。说出诸如"不"、"停一下"、"我感到不舒服"、"请不要那样做"、"我不喜欢那个"等，对于功能不良的家庭成员来说，这是不容易发生的。当这些陈述确实发生在家庭成员身上时，他们却很难说出来。

4. 纠缠（enmeshments）。在功能不良家庭中，成员与成员的生活纠缠在一起，他们的关系中缺乏清晰的界线。家庭成员经常将其他人的感觉当作是他们自己的，生活在与他人的同感之中。家庭成员过度地卷入到其他成员的关注之中并且有太多的亲密。

5. 被抑制的情感（stifled feelings）。在功能不良家庭中，不允许成员表达他们对事物的真实感觉。表达一个人诚实的感觉是一种禁忌，因此，家庭成员抑制他们的情感，或用不适当的方式表达他们的情感，或变得情感麻木。

6. 缺乏自由与权力（lack of freedom and power）。在功能不良家庭中，不允许成员说出他们自己的意见、感受他们自己的情感、听他们之所听、思考他们自己的想法、看他们自己的形象或想他们自己所希望的。功能不良家庭不允许它的成员有权力和自由来认识家庭条件的真相。

7. 系统规则（system rules）。功能不良家庭有一种潜在的并且经常是无言的渗透到全家的规则。这些系统规则的例子是"禁止说话"、"不要质疑权威"、"不要挑衅"以及"没有感情"。

8. 严格的角色（rigid roles）。角色被强加于家庭成员身上。他们不能自由地选择，在家庭中，他们的角色只是作为适应压力的方式出现。典型的角色是控制者、无能者、迷失的孩子、替罪羊、英雄或圣人以及福神等。典型角色的一些变异是明星、完美者、反叛者、小家长以及问题儿童等。出生顺序可能也影响儿童在家扮演的角色。例如，对于第一个孩子来说，成为高成就者、明星以及英雄是不足为怪的；中间的孩子感到被排挤，成为调和者或迷失者；最小的孩子会被过度放纵、宠坏以及成为吉祥物。

9. 封闭（closed-off）。功能不良家庭倾向于将他们自己与那些非家庭成员隔离。家庭不对非家庭成员开放，其他人不被带到家庭中。形成一种"我们对抗他们"的心理。

10. 无力真实（inability to be real）。在功能不良家庭中，成员行为的方式是防止其他人不安或愤怒。成员经常试图保护其他家庭成员，以至于他们丧失自我。因此，家庭成员不学习表现真实以及诚恳。

11. 需要不被满足（needs are not met）。在功能不良家庭中，成员基本的生活需要（如安全、自尊以及爱和归属）经常不被满足。因此，挫折、恐惧、孤独、痛苦以及不幸福在此种家庭中是常见的。

心理咨询员要帮助成瘾者以及他们的家庭识别上面所列的特征，并且通过咨询过程来帮助这些家庭。家庭咨询的过程包括帮助成瘾者家庭认识到家庭中出现的问题和压力，将问题公开给所有家庭成员来反省，帮助他们承认和接受他们否认的情感，学习适当地与每一个家庭成员分享情感的技能，做出决定来建设性地解决家庭问题，接纳自己的家庭并且继续前进。

总之，家庭咨询者的角色是创造一个家庭成员可以艰难并且通常是痛苦地审视他们自己以及其功能不良家庭系统的环境。在系统规则已经失去了控制家庭成员生活的力量之前，家庭必须确认它的系统规则。除非成员觉察到他们功能不良的家庭系统，否则他们会倾向忠实于这种系统。咨询者是咨询情境的敏锐监视者，他要确保所有成员都被人聆听并且能安全表达他们的情绪和思想。家庭咨询者也教导并且帮助成员彼此适当的沟通，并且弄清楚成员在家庭中的各种角色与作用。因此，咨询的重点是关注整个家庭是怎样运转、怎样沟通以及怎样对待家庭成员和应付不同的情景。此方法的假设是，如果家庭成员理解在家庭中所发生的事情并且学会坦率的交流，家庭中的很多问题就会得到解决。

本章描述和讨论了在成瘾行为戒治中比较重要和有效的干预措施、咨询形式和治疗方法。所列出的矫治方法并非无所遗漏。在成瘾行为的戒治背景中还可以发现大量其他的方法。每一种前面提到的咨询矫治方法对成瘾者都是有用的，但没有一个方法是全能的，可以给成瘾者提供所有的东西。咨询者要想最大可能地帮助成瘾者，必须尽可能多的学习和理解各种戒治方法的那些假定、前提、优点、缺点以及操作技术。

第二节 我国现有的戒毒模式

2008 年 6 月 1 日，《中华人民共和国禁毒法》正式颁布施行，标志着我国劳教戒毒的结束，我国禁毒工作从此进入到了依法全面推进禁吸戒毒的新的历史阶段。新《禁毒法》中将强制戒毒和劳动教养戒毒整合为强制隔离戒毒，并明确了我国今后的戒毒发展方向：自愿戒毒、强制隔离戒毒和社区戒毒。强制隔离戒毒的主要对象是原强制戒毒和劳教戒毒的对象，自愿戒毒的对象则主要是那些戒毒动机较强的吸毒者，社区康复是依法禁毒工作的新尝试。

一、强制隔离戒毒模式

在我国，对吸食、注射毒品的成瘾患者，政府将予以强制戒除，进行治疗和教育。强制隔离戒毒是指对吸食、注射毒品的成瘾者，在一定时期内通过行政措施对其强制进行药物治疗、心理治疗、法制教育、道德教育以使其戒除毒瘾的一种戒毒模式。

吸毒成瘾人员有下列情形之一的，由县级以上人民政府公安机关作出强制隔离戒毒的决定：拒绝接受社区戒毒的；在社区戒毒期间吸食、注射毒品的；严重违反社区戒毒协议的；经社区戒毒、强制隔离戒毒后再次吸食、注射毒品的。对吸毒成瘾严重，通过社区戒毒难以戒除毒瘾的人员，公安机关可以直接作出强制隔离戒毒的决定。吸毒成瘾人员自愿接受强制隔离戒毒的，经公安机关同意，可以进入强制隔离戒毒场所戒毒。

怀孕或者正在哺乳自己不满一周岁婴儿的妇女吸毒成瘾的，不适用强制隔离戒毒。不满 16 周岁的未成年人吸毒成瘾的，可以不适用强制隔离戒毒。对不适用强制隔离戒毒的吸毒成瘾人员，依照本法规定进行社区戒毒，由负责社区戒毒工作的城市街道办事处、乡镇人民政府加强帮助、教育和监督，督促落实社区戒毒措施。

公安机关对吸毒成瘾人员决定予以强制隔离戒毒的，应当制作强制隔离戒毒决定书，在执行强制隔离戒毒前送达被决定人，并在送达后 24 小时以内通知被决定人的家属、所在单位和户籍所在地公安派出所；被决定人不讲真实姓名、住址，身份不明的，公安机关应当自查清其身份后通知。

对被决定予以强制隔离戒毒的人员，由作出决定的公安机关送强制隔离戒毒场所执行。强制隔离戒毒场所应当根据戒毒人员吸食、注射毒品的种类及成瘾程度等，对戒毒人员进行有针对性的生理、心理治疗和身体康复训练。

强制隔离戒毒期限为 2 年。执行强制隔离戒毒 1 年后，经诊断评估，对戒毒情况良好的戒毒人员，强制隔离戒毒场所可以提出提前解除强制隔离戒毒的意见，报强制隔离戒毒的决定机关批准。强制隔离戒毒期满前，经诊断评估，对需要延长戒毒期限的戒毒人员，由强制隔离戒毒场所提出延长戒毒期限的意见，报强制隔离戒毒的决定机关批准。强制隔离戒毒的期限最长可以延长 1 年。对被解除强制隔离戒毒的人员，强制隔离戒毒的决定机关可以责令其接受不超过 3 年的社区康复。

法制网曾对云南省强制隔离戒毒所的现状进行了报道，发现目前我国的强制隔离戒毒还存在以下问题：①经费不足。2008 年 6 月 1 日，新《禁毒法》开始实施。这部法律对戒毒所影响最大的一条规定是，强制隔离戒毒的期限延长到了 2 年。这就意味着，在禁毒法实施之前，一个戒毒所容纳 300 人，其警力和经费尚能保持日常的管理和运行；但禁毒法实施后，同一个戒毒所，由于在所的戒毒人员强制隔离戒毒期限延长，而新的吸毒人员又不断补充进来，本来只能容纳 300 人的戒毒所，可能一下子会增加到 500 人乃至更多。因此，很多戒毒所面临着经费不足的问题。②偏远地区强戒所生存艰难。更多的强制隔离戒毒所，尤其是地处偏远、经济落后地区的戒毒所，学员的增多会给本来就十分困难的戒毒所增加很大的压力。经济困难成为很多边远地区戒毒所的普遍现象。③警力不足成为普遍现象。一位戒毒所所长忧心忡忡地说："我们警力就那么多，如果真的出个意外事件，比如几百名吸毒人员一哄而散，我们怎么去追?"[1]

二、自愿戒毒模式

自愿戒毒是毒品成瘾者自愿去政府批准的、管理完善的戒毒治疗机构去戒毒。我国规定：戒毒治疗机构原则上应在各地精神病院内设立，任何个人不得开办戒毒脱瘾治疗业务。戒毒治疗部的任务是脱瘾、健康教育、法制教育、吸毒危害教育以及心理康复工作。进入戒毒治疗部的吸毒者必须与治疗部签订治疗合同，接受不少于一个月的脱瘾与康复治疗，遵守治疗部的各项规定。

戒毒治疗部的工作人员包括医生、护士、心理治疗师、社会工作者以及治安人员。医生、护士主要从事医疗护理工作，心理咨询员和治疗师的工作则主要是通过个别治疗及团体治疗的形式对病人进行帮助。社会工作者的工作主要是帮助病人协调并处理保险、住房及工作等方面的事宜。治安人员主要从事杜绝毒品带入治疗部，保证病人及工作人员的安全的工作。

目前，自愿戒毒的模式也包括一些得到政府批准和支持，科学而规范的民间戒毒方式，主要有家庭帮教式和同伴教育式。家庭帮教对吸毒者摆脱毒品的影响是最重要的环节，家庭、朋友的关怀、温暖和鼓励是他们成功戒毒最重要的支持。在自愿戒毒中，同伴教育模式原本是在世界范围内被广泛使用的戒毒模式，但在我国却刚刚兴起，还仅仅是一种心存疑虑的尝试，被媒体称为"民间自发戒毒第一步"，云南的"戴托普"、滇南的"重生厂"、贵州三江的

---

〔1〕　载法制网，http://legaldaily.com.cn/shyf/content/2009 - 06/24/content_ 1113615.htm.

"爱心屋"等近年来在我国引起较大反响的戒毒模式,正是我国民间戒毒迈出的重要的第一步。[1]

以云南"戴托普"模式为例,戴托普康复项目囊括了教育、家庭治疗、医疗保健、HIV 预防教育、职业培训和妇女项目等。设有医疗模式戒断部、心理咨询及治疗室、治疗社区、重返社区,还有分散在昆明市区、曲靖、宣威的 7 个门诊部。云南戴托普治疗社区服务站对上万人次的药物滥用者进行过美沙酮替代递减治疗,并对本人及其家属做过吸毒相关问题咨询及心理辅导,现在社区服务站每日接待的成瘾者或家属近 100 余人次。成立六年来,住院部共收治居住者 2700 余人次,脱毒率达到 80% 以上,其中有 300 余人保持操守,操守率在 30% 以上。[2]

三、社区戒毒

社区戒毒是在司法机关的指导下,以城市街道办事处或乡镇人民政府为基础,由公安机关、卫生部门和民政部门相互协作,以社区为单位的新型戒毒模式。《中华人民共和国禁毒法》对社区戒毒进行了相应的规定,社区戒毒的形式有助于缓解强制隔离戒毒所人满为患的现状,同时使戒毒人员在不与社会脱节的环境中进行戒毒。社区戒毒和社区康复为服务对象营造类似"家"的环境,部分解决了服务对象"回归社会"的问题,有利于服务对象的康复,使戒毒工作更加人性化。我国的戒毒形势严峻,这是多元化戒毒的一种探索方式,意义重大。我国戒毒专业化力量需要加强,戒毒康复很艰难,必须依靠禁毒社工的专业知识,掌握服务对象戒毒心理的变化过程、戒毒规律、转变阶段和周期等。某市对《禁毒法》实施以来该市社区戒毒的实施状况进行了调查,结果表明,社区戒毒已经取得了明显成效。该市先后开设了两家美沙酮维持治疗门诊,目前登记入组美沙酮替代治疗逾千人。全市已有 986 人签订了社区康

〔1〕 何海宁:"爱心与毒瘾的战争",载《科学大观园》2005 年第 5 期。
〔2〕 王海珺、刘敬平:"云南自愿戒毒工作中存在问题及对策",载《云南警官学院学报》2010 年第 3 期,第 108~111 页。

复协议，新增吸食海洛因人数大幅下降。通过有效的社区帮教，已有 290 人戒除毒瘾，并办理了撤销帮教手续。[1]

第三节　循证戒治在我国的试行

一、循证戒治的概念

循证戒治是将循证的方法应用于戒毒过程中。循证戒治和循证矫正都以循证方法为基础，是近几年我国从西方国家引入并发展的一种科学实证的干预方法。循证的方法可称为循证实践（evidence based practice，EBP）。循证实践的特征是系统地选择并运用最佳证据做出实践决策。目前将循证实践应用得最成熟和最广泛的领域是循证医学（evidence based medicine，EBM）。20 世纪 80 年代，临床研究非常活跃，大量的研究数据促使人们去寻找什么才是最有效的方法。英国流行病学家 Archie Cochrane 1972 年在其专著《疗效与效益：医疗保健中的随机对照实验》中首次讨论了医疗保健如何才能做到既有疗效，又有效益的问题，提出各临床专业应对已有的研究结果进行整理而作出评价，并不断收集新的结果以更新这些评价，从而为临床治疗实践提供可靠依据。[2]这是最早期的循证医学。经过几十年的发展，循证医学已经成为临床医学的颠覆性革命。循证医学特别强调证据的可靠性，即证据必须是来源于设计严谨、方法科学可靠的临床研究报告。循证医学临床实践要求遵循以下基本步骤：①针对具体病人提出临床问题；②全面收集有关研究证据；③严格评价研究证据；④将研究结果用于指导具体病人的处理。同时要考虑的问题是病人有无不适合使用证据及可行性等问题。

2012 年司法部常务副部长张苏军在我国司法系统率先引入了

---

〔1〕　某市公安局禁毒支队："某市社区戒毒（康复）工作现状、存在的问题与对策"，载杜新忠戒毒网。

〔2〕　A. L. Cochrane, N. P. H. Trust, R. C. Fellowship, *Effectiveness and Efficiency: Random Reflections on Health Services* (*Vol. 1971*): *Nuffield Provincial Hospitals Trust London*, 1972.

"循证戒治"和"循证矫正"的理念及方法。[1]循证戒治及循证矫正都是遵循证据的矫正，也就是在矫正时寻找最佳证据、遵循科学依据对戒毒人员和罪犯进行矫正，其核心是矫正人员运用科学的方法对戒毒人员和罪犯进行评估和分类，针对导致毒品成瘾及犯罪的具体问题，选择最直接、最有力、最佳的证据（矫正方法、矫正项目等），结合戒毒者和罪犯的特点及意愿来实施矫正活动，其最终目的是提高矫正效果、降低复吸率和再犯率。在国外特别是发达国家，循证戒治和循证矫正整合了心理学、犯罪学、社会学、神经科学等多种学科，经历了近30年的探索和实践，形成了一整套成熟的理论、方法和技术，在提高矫正效果、降低复吸率和再犯率方面发挥了重要作用。与传统戒毒方法相比，循证戒治具有包括遵循最佳证据以提高戒治活动的实效性、追求高效以降低戒治成本、重视戒毒人员的积极参与等鲜明特点，这些优点都非常值得我国戒毒矫正领域加以借鉴。也可以说，循证戒治和循证矫正的引入是我国目前有效戒毒和预防再犯的一种新思路。[2]

二、循证戒治的原则

循证戒治是兼具科学性和系统性的矫正方法，为何需要戒治和怎样开展戒治都有其坚实的理论基础。其中，在罪犯矫治中广泛应用的风险—需求—反应性（Risk-Need-Responsivity，RNR）模型可以移植到循证戒治中。该模型产生于1990年，由加拿大公共安全中心主任 James Bonta 和加拿大卡尔顿大学教授 Andrews Donald Arthur 提出，[3]其经过20多年的发展，已经成为西方国家矫正再犯问题的指导性原则，也可以作为降低复吸问题的戒治原则。

RNR 模型以一般人格和认知社会学习观点为理论基础。该观点

〔1〕 "循证矫正方法及实践与我国罪犯矫正研讨班在江苏省宜兴市举办"，载司法部政府网，2012年10月。

〔2〕 周勇："矫正项目：教育改造的一种新思路"，载《中国司法》2010年第4期。

〔3〕 D. A. Andrews, I. Zinger, R. D. Hoge, J. Bonta, P. Gendreau, F. T. Cullen, "Doescorrectional treatment work? A clinically relevant and psychologically informed meta-analysis", *Criminology*, 28, pp. 369~404.

认为：在人的毕生发展中，生物学因素、心理因素和社会因素共同作用于人的外显行为。因此，分析理解人的行为时需要考虑到个体的认知（态度、价值、信念等内容）、个体的人格倾向性、个体的家族遗传史、个体的不良行为史以及个体的社会支持系统等多种因素。一般人格和认知社会学习观点能够更全面地理解人为什么会毒品成瘾这一主题，更精确地识别风险/需求因子，更有效地建立矫正人员与矫正对象之间的关系。

RNR 模型的理论假设如下：①风险水平是可以被评估和预测的。与复吸行为相关的风险因子包括个体内部的生理心理因素及外部的社会环境因素，这些因素是可以被量化和评估的；②导致复吸的因素是多样的，矫正方法也应该全面评估并找出具体的风险和复吸路径；③矫正的目的在于减少导致复吸的因素，从而降低复吸率；④应该通过实证的、价值中立的方法来确定个体的犯因性需求并采取严格和适当的研究设计；⑤循证戒治的最终目标是为了降低复吸率以减少社会危害性。

RNR 模型主要包括三个原则：风险原则，指具有高复吸风险的吸毒者应该被投入更多的矫正服务，但在循证戒治实践中，还需考虑戒毒动机、有关戒毒的非理性信念等因素；需求原则，即循证戒治的直接目的是为了降低能够导致个体成瘾或复吸的需求；反应性原则，意为矫正项目应该与个体的能力和学习方式相适应。

（一）风险原则

风险原则（risk principle）阐释了什么人需要接受循证戒治。风险原则认为个体的风险水平与复吸可能性成正比，矫正的力度应该与风险水平相适应。根据个体的生物—心理—社会特征可以将其划分成不同的风险等级，矫正力度应该与风险水平相适应，并根据戒治对象的戒毒动机、戒毒信念等其他特点，符合资源最大化利用的原则，根据个体不同需求给予矫正，从而达到预防复吸的目的。风险原则在评估和矫正中架起了一座桥梁。

（二）需求原则

需求原则（need principle）说明了循证戒治的直接目标是为了

降低复吸诱因。导致成瘾或复吸的需求，是指导致个体复吸行为的生物—心理—社会因素。如与复吸行为相关的价值观、态度、行为、心理、环境等因素。[1]

个体的复吸诱因与风险水平（高、中、低）呈共变关系。它的变化能直接导致再次吸毒。有效的矫正项目应当以降低复吸需求为直接目标。换言之，不能降低复吸行为发生的目标需求是无效和无用的。因此，矫正方案的制定和实施都应该以降低复吸需求为目的。

在个体的多种需求中，那些与复吸行为没有直接联系的需求被称为非复吸需求，如低自尊，一些情绪问题如抑郁和悲伤等。非复吸需求在循证戒治中并不是完全被忽视，妥善的处理它有利于复吸需求的改善，高兴或悲伤的情绪状态不会直接影响复吸行为，但是这些情绪状态可能会对其矫正过程产生影响，如过于悲伤以至于无法专注地进行矫正项目。因此，满足非复吸需求可以提高矫正对象的矫正动机，从而提高矫正效率。如提高矫正对象的自尊水平能够使他对自我有积极正确的认识，增加矫正成功的可能性。

（三）反应性原则

反应性原则（responsivity principle）指矫正项目应该根据戒毒者的能力和学习方式来设计和实施。一般反应性原则（general responsivity principle）认为应该把矫正对象看作"人"，有效的矫正方式是认知行为疗法和认知社会学习模式，尊重矫正对象的个性化。特别反应性原则（specific responsivity principle）认为应当注重矫正对象的内在特征，如人际敏感度、焦虑、言语智力、认知成熟度等，这些因素都应该存在与之相适应的矫正方式，因此，矫正过程只有发掘矫正对象的人格特质和认知方式，矫正项目才能对症下药。反应性可分为内在反应性和外在反应性。内在反应性是指项目的设计和实施应该考虑到矫正对象的内在属性，如人格特质、认知水平等；外在反应性是指从矫正对象的外在属性，如生活环境、文

---

〔1〕　M. Guevara, E. Solomon, *Implementing Evidence-based Policy and Practice in Community Corrections*, Crime and Justice Institute and the National Institute of Corrections, 2009.

化背景等方面设计矫正项目。

三、循证戒治的实践

国外的循证戒治工作已取得一定的进展。加拿大已有研究者开发出具有一定成效的较为成熟的药物滥用矫正方案，涉及人际交往技能、情绪状态调整、自我管理技能、问题解决能力、鉴别导致药物滥用的高风险情形等环节。

我国的循证戒治工作还处于起步阶段，部分研究者已经开始了对循证戒治的探索和论证，台湾也形成了具有特色的毒品成瘾强制戒治模式，这些尝试都基本符合循证戒治的要求和规范。2012 年司法部在全国筛选了一些戒毒所作为循证戒治的工作试点单位，邀请戒毒领域的专家学者作为科研支持力量，联合司法部和基层试点单位的工作人员成立循证戒治项目组，稳中有序地开展循证戒治工作。以四川省资阳强制隔离戒毒所的循证戒治工作为例，该试点单位在专家的指导下，形成了吸毒人员系统脱敏治疗矫治项目和提高 HIV 感染戒毒人员生命质量循证矫治项目的矫治方案，并逐步实施了上述两个矫治项目，该试点单位的矫治工作已取得了阶段性的成果，目前循证戒治工作仍在推进中。

循证戒治既是一种矫正理念，也是一种可操作的实践框架，主要应用于强制隔离戒毒和社区戒毒。未来需要开展大量高质量的相关研究，寻找有效的循证戒治的最佳方案，提供可供参考的最佳证据；要研究制定清晰可行的操作指南或手册，为循证戒治提供可以遵循的范本；将通过验证切实有效的戒治研究成果收录进库，建立循证戒治的有效数据库。

第四章

强制隔离戒毒人员基线调查

第一节　人口学变量调查

基本情况调查在北京市教育矫治局下属的强制隔离戒毒所实施，包括人口学变量调查和吸毒及犯罪情况调查两大部分，共 20 项。发放问卷 500 份，收回问卷 491 份（回收率 98.20%），有效问卷 469 份（有效回收率 95.52%）。

一、人口学变量调查

强制隔离戒毒人员（以下简称强戒人员）的人口学变量包括年龄、教育程度、婚姻状况、工作状况、职业类别等。

（一）年龄

调查涉及年龄范围 20～53 岁，平均年龄 37.51（±6.68）岁。30～39 岁者最多，达 217 人，占 46.3%；40～49 岁者居次，有 184 人，占 39.2%；20～29 岁者有 58 人，占 12.4%；50 岁以上有 10 人，占 2.1%（见图 4－1）。可见目前强戒人员以 30～49 岁为主，占了 85.5%，这与国内有关调查研究情况相符。

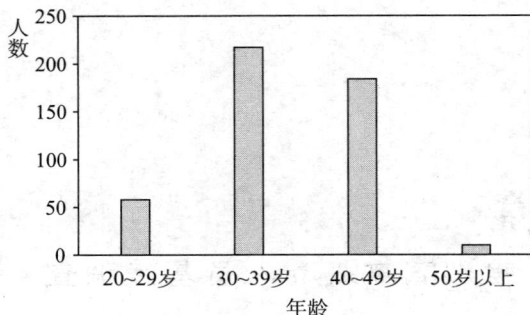

图 4 - 1 强戒人员年龄分布

（二）性别

调查均为在所男性强戒人员。

（三）婚姻状况

调查中单身者居多，有 189 人（40.3%），其次是已婚有小孩者 136 人（29.0%），分居、离婚、丧偶者 68 人（14.5%），未婚同居者 46 人（9.8%），已婚无小孩者 31 人（6.6%）。

（四）教育程度

调查的强戒人员中，以初中毕业者最多，达 273 人（58.2%），

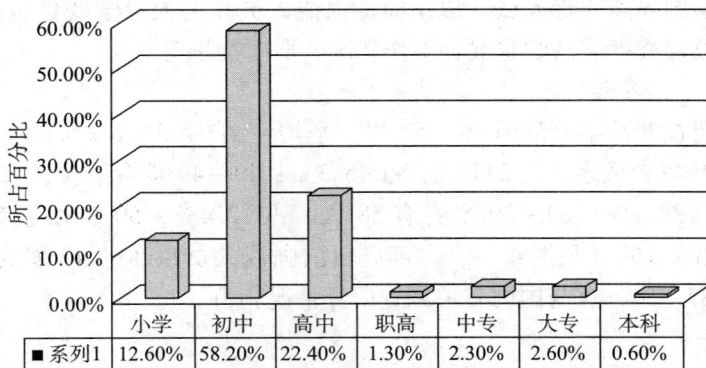

	小学	初中	高中	职高	中专	大专	本科
■系列1	12.60%	58.20%	22.40%	1.30%	2.30%	2.60%	0.60%

图 4 - 2 强戒人员教育程度分布

高中毕业者 105 人（22.4%），小学及以下 59 人（12.6%），中专 11 人（2.3%），大专 12 人（2.6%），职高毕业 6 人（1.3%），本科以上 3 人（0.6%）（见图 4-2）。

（五）入所前的工作情况

所调查的人员中无工作者 410 人，占 87.4%，部分时间工作者 36 人，占 7.7%，有固定工作者 23 人（4.9%）（见图 4-3）。

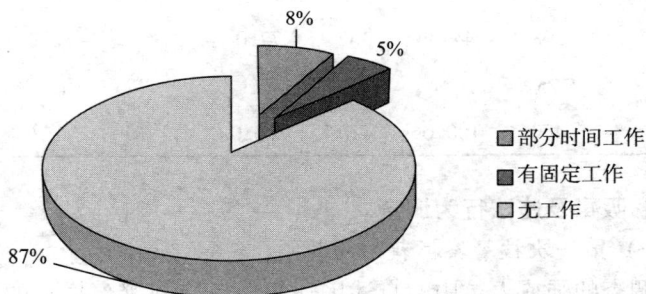

图 4-3　强戒人员工作状况分布

（六）职业状况

调查显示强戒人员的职业主要以无业、个体商贩为主，涉及工人、农民、学生、职员、国家干部等各种职业，具体人数和比例见表 4-1。其中吸毒前后职业变动最大的是无业人员，增幅为 32.7%；其次为个体商贩，减少约 18.5%。

表 4-1　强戒人员职业变化表

职业类别	吸毒前的职业		入所前的职业		差距%（吸毒前% - 入所前%）
	人数	%	人数	%	
工人	38	8.1	6	1.3	6.8
农民	4	0.9	4	0.9	0
学生	8	1.7	1	0.2	1.5
公司职员	25	5.3	14	3.0	2.3

| 职业类别 | 吸毒前的职业 | | 入所前的职业 | | 差距% |
	人数	%	人数	%	（吸毒前% - 入所前%）
国家干部	4	0.9	0	0	0.9
服务行业	15	3.2	7	1.5	1.7
个体商贩	143	30.4	56	11.9	18.5
无业	208	44.3	362	77.0	-32.7
其他	25	5.3	20	4.3	1
总计	470	100.0	470	100.0	

二、吸毒及违法行为调查

（一）第一次被警察抓获的年龄

被调查的强戒人员中，自述因违法第一次被警察抓获的年龄范围为 12 ~ 50 岁，平均年龄 25.35（±9.06）岁。

（二）犯罪前科记录

有效回答问卷的 469 名强戒人员中有 222 人报告无其他犯罪记录，其余强戒人员报告除吸毒外，曾犯 1 种罪行者 182 人（38.8%），犯 2 种者 44 人（9.4%），犯 3 种者 15 人（3.2%），犯 4 种者 6 人（1.3%）。具体合并犯罪种类见表 4 - 2。

表 4 - 2　犯罪前科记录分布表

犯罪记录	人次	占所列犯罪的比例%	占所有个案的比例%
无其他犯罪记录	222	39.5	47.2
盗窃	85	15.1	18.1
伤害	74	13.2	15.7
贩卖、走私毒品	39	6.9	8.3

犯罪记录	人次	占所列犯罪的比例%	占所有个案的比例%
赌博	35	6.2	7.4
其他	35	6.2	7.4
抢劫	33	5.9	7
欺诈	12	2.1	2.6
抢夺	11	2	2.3
非法持有枪支	9	1.6	1.9
隐匿赃物	3	0.5	0.6
危害公共安全	3	0.5	0.6
杀人	1	0.2	0.2
侵占	0	0	0
走私	0	0	0
总计	562	100	119.3

（三）入所前平均每周的吸毒费用

参加调查的强戒人员，入所前每周吸毒费用从14元到5000元不等，平均每周吸毒费用为1534.71（±1021.58）元。每周吸毒费用在1000元以内者207人（44.1%），1000～2000元者175人（37.3%），2000元以上者87人（18.6%）。

（四）第一次使用毒品的年龄

调查发现，初次吸毒年龄最小为14岁，最大为50岁，平均年龄为26.62（±6.295）岁。其中，19岁以下者66人（14.1%），20～29岁者237人（50.5%），30～39岁者154人（32.8人），40岁以上者12人（2.6%）。由此可见，20～29岁的年轻人是开展戒毒教育的重点对象。

（五）合并用药情况

研究调查了常见的毒品、药物和依赖物质六大类中的 14 种在强戒人员中的使用情况，详见表 4 - 3。其中，海洛因为主要吸食的毒品，安定、杜冷丁、止痛药等也被大量使用，此外，摇头丸、K 粉等人工合成兴奋类药物也占到了一定比例（14.3%）。

本次被访的强戒人员中，自称使用过的成瘾性物质从 1 种到 13 种不等，平均 3.19（±2.57）种。其中，只用过其中 1 种者有 197 人（42.0%），用过 2~3 种者有 90 人（19.2%），用过 4~5 种者有 94 人（20.0%），使用过 6 种以上者有 88 人（18.8%）。

表 4 - 3　合并用药种类分布表

物质种类		人次	占所列物质的比例%	占所有个案的比例%
阿片类	鸦片	31	2.3	6.6
	吗啡	44	3.3	9.4
	海洛因（白粉、四号）	440	33.2	94
	杜冷丁	149	11.2	31.8
大麻类	大麻（草、麻仔）	68	5.1	14.5
可卡因类	可卡因（古柯碱、快克）	4	0.3	0.9
人工合成兴奋类	摇头丸（快乐丸、狂喜）	98	7.4	20.9
	安非他命（冰毒、Ice）	16	1.2	3.4
	K 粉（K 仔、氯胺酮）	70	5.3	15
	麦角酰二乙胺（LSD）	5	0.4	1.1
镇静止痛类	安定	177	13.4	37.8
	止痛药	123	9.3	26.3
酒精	酒（平均每天一杯以上）	94	7.1	20.1
	其他	6	0.5	1.3
	总计	1325	100	283.1

（六）入所前最主要使用的毒品

入所前主要使用的毒品以海洛因为主，也有鸦片、摇头丸，详见表4-4。这与我国强制隔离戒毒机构主要收戒海洛因成瘾者不无关系，同时也表明海洛因问题的严重性。

表4-4　入所前主要使用毒品表

毒品种类	人数	%
海洛因	450	95.9
鸦片	8	1.7
摇头丸	6	1.3
大麻	3	0.6
吗啡	1	0.2
K 粉	1	0.2
其他	1	0.2
总计	470	100.0

（七）第一次使用毒品的方式

参与调查的强戒人员，第一次使用毒品的方式以烫吸为主的占85.1%，其次是静脉注射占6.6%，口服占5.5%，见表4-5。

（八）主要使用的毒品方式

参与调查的强戒人员，使用毒品的方式以静脉注射为主的占60.6%，其次是烫吸占25.5%，口服占9.6%。可见静脉注射代替烫吸成为主要吸毒方式。从毒品使用方式上看，烫吸者减少了59.6%，静脉注射者增加了54%，见表4-5。

表4-5　毒品使用方式的人数与前后变化

	第一次使用毒品方式		入所前主要使用毒品方式		前后改变%
	人数	%	人数	%	初次% - 入所前%
烫吸	400	85.3	120	25.6	59.7
鼻吸	8	1.7	9	1.9	-0.2

	第一次使用毒品方式		入所前主要使用毒品方式		前后改变%
	人数	%	人数	%	初次% - 入所前%
口服	26	5.5	45	9.6	-4.1
静脉注射	30	6.4	284	60.6	-54.2
其他	5	1.1	11	2.3	-1.2
总计	469	100.0	469	100.0	

（九）每两次使用毒品的时间间隔

据被访强戒人员估计，每两次吸食毒品的时间间隔不一，其中间隔 0～2 小时者 23 人（4.9%），间隔 3～4 小时者 149 人（31.8%），间隔 5～6 小时者 162 人（34.5%），间隔 12～24 小时者 105 人（22.4%），间隔 24 小时以上 30 人（6.4%）。由此也可以估计出 24 小时内使用毒品的频繁程度和成瘾程度。

（十）使用毒品年限

调查显示，强戒人员吸毒年限最少 2 年，最多 21 年，平均10.97（±3.31）年。其中，吸毒史在 11～15 年者最多，达 249 人（53.1%），其次为 6～10 年者，有 164 人（35.0%），5 年以内者29 人（6.2%），16 年以上者 27 人（5.8%），见图4－4。

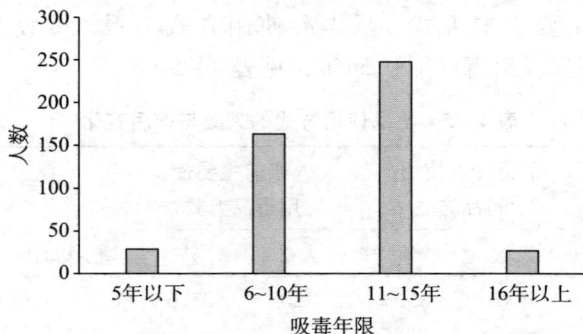

图 4－4　强戒人员吸毒年限分布

第二节　强制隔离戒毒人员社会支持的调查

一、前言

（一）社会支持的概念

社会支持是指一个人在应激时从家庭、朋友和同事等处获得的物质和精神支持。社会支持一方面对应激状态下的个体提供保护，即对应激起缓冲作用；另一方面对维持一般的良好情绪体验具有重要的意义。[1]

社会支持分两类：一是客观的、可见的或实际的支持，包括物质上的直接援助和社会网络、团体关系的存在和参与，后者指稳定的关系（如家庭、婚姻、朋友、同事等）或不稳定的社会联系如非正式团体、暂时性的社会交际等支持的大小和可获得程度，这类支持独立于个体的感受是客观存在的现实；二是主观的、体验到的或情感上的支持，指个体在社会中受尊重、被支持、被理解因而产生的情感体验和满意程度，与个体的主观感受密切相关。[2]

已有的研究表明，知觉到的社会支持、客观的社会支持、对社会支持的利用度与应激、身心健康有密切关系。有些研究也表明，社会支持系统不良是导致多种心理卫生问题的重要原因之一，也是吸毒成瘾及复吸的主要原因。[3]因此强戒人员的社会支持状况对他们戒毒后能否保持操守，防止复吸有着重要的作用。

（二）研究社会支持的意义

通过社会支持的研究，加强对强戒人员的社会支持力度，培养

---

〔1〕　肖水源："《社会支持评定量表》的理论基础与研究应用"，载《临床精神医学杂志》1994 年第 2 期，第 98 ~ 100 页。

〔2〕　Thoints P. A. , "Dimension of life events that influence psychological distress, an evaluation and synthesis of the literature", Kaplan H. , et al. , *Psychological Stress*, New York：Academic Press, 1983, pp. 33 ~ 103.

〔3〕　周萍、何良艳："吸毒者的社会支持及与心身健康水平的相关分析"，载《中国临床心理学杂志》2002 年第 4 期，第 314 ~ 315 页。

他们对社会支持的主观体验及积极寻求社会支持，有利于强戒人员的戒毒康复，防止复吸。

（三）研究目的

1. 了解强戒人员社会支持的基本情况。

2. 了解影响强戒人员社会支持的主要因素。

3. 为制定个性化的戒毒方案提供依据。

二、研究对象

北京市教育矫治局在所男性强戒人员。

三、测量工具

采用肖水源等编制的社会支持量表（Social Support Rating Scale，SSRS），该量表共 10 个条目，分为主观支持、客观支持和社会支持利用度三个维度。测试采用集体施测的方式进行，在施测前由主试讲解指导语，被试根据自己的真实情况如实作答。所有数据采用 SPSS11.5 软件进行统计分析。

四、结果与讨论

（一）强戒人员社会支持度总体特点

调查发现强戒人员社会支持各维度得分分别为客观社会支持度 6.22，社会支持利用度 5.50，主观社会支持度 17.77，社会支持总分 29.48。三维度平均分从大到小依次为主观社会支持度、客观社会支持度和社会支持利用度，见表 4-6。

表 4-6　强戒人员社会支持度总体特点 （N = 469）

	平均数	标准差	百分位			
			20	40	60	80
客观社会支持度	6.22	2.65	4	6	7	8
社会支持利用度	5.50	1.82	4	5	6	7
主观社会支持度	17.77	5.09	13	16	19	22
社会支持总分	29.48	7.47	23	27	31	36

以 20、40、60、80 百分位数将各维度得分划分为低、中低、中、中高、高五个等级。各维度在五个等级上的人数分布和比例见表 4 –7。

表 4 – 7 强戒人员社会支持各维度等级频数分布（N = 469）

	低	中低	中	中高	高
客观社会支持度	128 (27.3%)	146 (31.1%)	41 (8.7%)	77 (16.4%)	77 (16.4%)
社会支持利用度	151 (32.2%)	96 (20.5%)	88 (18.8%)	73 (15.6%)	61 (13.0%)
主观社会支持度	104 (22.2%)	98 (20.9%)	104 (22.2%)	77 (16.4%)	86 (18.3%)
社会支持总分	104 (22.2%)	88 (18.8%)	99 (21.1%)	92 (19.6%)	86 (18.3%)

强戒人员与正常人在社会支持各维度上的比较见表 4 – 8。正常人的数据源于冯怡等人的研究。[1] 比较结果表明，强戒人员在社会支持总分、客观社会支持度、主观社会支持度和社会支持利用度上的得分都显著低于正常人。

表 4 – 8 强戒人员和正常人在社会支持各维度上的比较

	强戒人员	正常人	t	p
客观社会支持度	6.22 ± 2.65	8.46 ± 1.24	6.47	< 0.001
社会支持利用度	5.50 ± 1.82	7.84 ± 1.85	9.55	< 0.001
主观社会支持度	17.77 ± 5.09	19.35 ± 2.50	2.42	< 0.05
社会支持总分	29.48 ± 7.47	35.65 ± 4.29	6.39	< 0.001

[1] 冯怡、胡惠萍、杨金娣："海洛因依赖者戒毒中社会支持量表的测评分析"，载《中国药物滥用防治杂志》2002 年第 1 期，第 16～17 页。

（二）社会支持与人口统计学变量

调查主要探讨年龄、婚姻、文化程度和工作情况四个因素。具体的各年龄段分别为 20~24 岁、25~29 岁、30~34 岁、35~39岁、40~44 岁、45 岁以上六个组；婚姻状况分别为单身者、已婚有小孩、独居（包括分居、离婚、丧偶者）、未婚同居、已婚无小孩者五类；文化程度则根据强戒人员学历偏低的特点分为小学、初中、高中、大专及以上四种；工作状态分为无工作、部分时间工作、有固定工作三类。

笔者分别以年龄、教育程度、婚姻和工作状况在社会支持各维度上做多元方差分析。结果见表 4-9。从表中可以看出，不同年龄的强戒人员在社会支持利用度上存在显著差异；不同受教育程度的强戒人员在社会支持利用度上存在显著差异；不同婚姻状况的强戒人员在社会支持总分和社会支持各维度上都存在显著差异；不同工作状况的强戒人员在社会支持总分和主观社会支持度上都存在显著差异。为了进一步考察各因素在社会支持各维度上的差异情况，分别对以上变量做进一步的分析。

表 4-9　不同特征的戒毒人员在社会支持各维度上的
多元方差分析（F 值）

维度	年龄	教育程度	婚姻	工作状况
社会支持总分	1.38	2.54	5.67***	5.53**
客观社会支持度	0.63	1.20	5.40***	2.50
社会支持利用度	3.08**	3.26*	2.60*	0.48
主观社会支持度	1.41	1.25	3.29*	5.65**

注：*：$p<0.05$；**：$p<0.01$；***：$p<0.001$（下同）。

1. 社会支持各维度在年龄上的差异比较。通过方差分析的结果表明，不同年龄阶段的戒毒人员在社会支持利用度上存在显著差异，其他维度上差异不显著。进一步分析表明，在社会支持利用度上，20~24 年龄段的戒毒人员得分显著高于 30~34、35~39、40~

44 和 45 以上年龄段的戒毒人员（F = 1.08，$p < 0.05$；F = 1.08，$p < 0.05$；F = 1.40，$p < 0.01$；F = 1.27，$p < 0.05$）；25 ~ 29 年龄阶段的戒毒人员的得分显著高于 30 ~ 34、35 ~ 39、40 ~ 44、45 以上年龄阶段的戒毒人员（F = 0.66，$p < 0.05$；F = 0.67，$p < 0.05$；F = 0.10，$p < 0.01$；F = 0.86，$p < 0.05$）；这一结果表明，20 ~ 29 岁年龄段的强戒人员比其他年龄阶段的强戒人员更愿意接受别人的帮助，更能够对可以得到的社会支持加以利用。

2. 社会支持各维度在受教育程度上的差异比较。方差分析的结果表明，文化程度为小学、初中、高中和大专及以上的强戒人员在社会支持总分和社会支持各维度上都不存在显著差异。

3. 社会支持各维度在不同婚姻状况上的差异比较。方差分析的结果表明，婚姻状况为单身者、已婚有小孩、独居（包括分居、离婚、丧偶者）、未婚同居、已婚无小孩者的强戒人员在社会支持总分和社会支持各维度上都存在显著的差异。进一步的分析表明：①单身的戒毒人员在社会支持总分上显著低于已婚无小孩和已婚有小孩的戒毒人员（F = － 3.80，$p < 0.001$；F = － 3.47，$p < 0.001$）；未婚但与人同居的戒毒人员在社会支持总分上显著低于已婚有小孩的戒毒人员（F = － 2.48，$p < 0.05$）；已婚有小孩和已婚无小孩的戒毒人员在社会支持总分上都显著高于分居、离婚或丧偶的戒毒人员（F = 3.55，$p < 0.05$；F = 3.22，$p < 0.001$）；②在客观社会支持度上，单身的戒毒人员得分显著低于已婚无小孩和已婚有小孩的戒毒人员（F = － 1.45，$p < 0.01$；F = － 1.34，$p < 0.001$）；未婚但与人同居的戒毒人员得分显著低于已婚有小孩的戒毒人员（F = － 0.95，$p < 0.05$）；已婚无小孩和已婚有小孩的戒毒人员的得分显著高于分居、离婚或丧偶的戒毒人员（F = 1.14，$p < 0.05$；F = 1.04，$p < 0.001$）；③在社会支持利用度上，未婚但与人同居的戒毒人员和已婚有小孩的戒毒人员的得分显著高于分居、离婚或丧偶的戒毒人员的得分（F = 0.92，$p < 0.05$；F = 0.74，$p < 0.05$）；④在主观社会支持度上，单身的戒毒人员得分显著低于已婚无小孩和已婚有小孩的戒毒人员（F = － 2.21，$p < 0.05$；F = － 1.85，$p < $

0.01）；未婚但与人同居的戒毒人员的得分显著低于已婚有小孩的戒毒人员（$F = -1.71$，$p < 0.05$）。这一结果说明具有稳定婚姻关系的强戒人员在所获得的客观的社会支持、主观的社会支持的体验和对社会支持的利用上都比不稳定婚姻关系的强戒人员要好。

4. 社会支持各维度在工作状况上的差异比较。通过方差分析的结果表明，工作状态为无工作、部分时间工作、有固定工作的强戒人员在社会支持总分、客观社会支持度和主观社会支持度上都存在显著差异。进一步的分析表明：①无工作的戒毒人员在社会支持总分上显著低于部分时间有工作和有固定工作的戒毒人员（$F = -4.67$，$p < 0.001$；$F = -4.81$，$p < 0.001$），部分时间工作的戒毒人员和有固定工作的戒毒人员在社会支持总分上不存在显著差异；②无工作的戒毒人员在客观社会支持度上的得分显著低于部分时间有工作和有固定工作的戒毒人员（$F = -1.34$，$p < 0.001$；$F = -1.35$，$p < 0.01$）；③无工作的戒毒人员在主观社会支持度上的得分显著低于部分时间有工作和有固定工作的戒毒人员（$F = -2.78$，$p < 0.001$；$F = -2.85$，$p < 0.001$）。这一结果说明具有固定工作的强戒人员更容易获得实在的社会支持，也容易体验到社会支持。

（三）社会支持与吸毒及犯罪行为

强戒人员与普通人员不同之处就是他们的吸毒及犯罪行为。本书将探讨社会支持与吸毒及犯罪行为 5 个因素的关系。其中，前科记录分为无其他犯罪、有 1 种犯罪、有 2 种犯罪、有 2 种以上犯罪；初次吸毒年龄分为 19 岁以下、20～29 岁、30～39 岁、40 岁以上四组；吸毒年限分为 5 年以下、6～10 年、11～15 年、16 年以上四组；两次吸毒间隔为 0～2 小时、3～4 小时、5～6 小时、半天以上、一天以上；第一次使用毒品的方式为烫吸、鼻吸、口服、静脉注射和其他方式。

分别以初次吸毒年龄、吸毒年限、第一次使用毒品方式、两次吸毒间隔在社会支持各维度上做多元方差分析，结果见表 4－10。通过多元方差分析的结果表明初次吸毒年龄不同的强戒人员在社会支持利用度上存在显著差异。为了进一步考察各因素在社会支持各维度上的差异情况，分别对以上变量做进一步的分析。

表 4 – 10　不同特征的强戒人员在社会支持各维度上的
多元方差分析

维度	犯罪前科	初次吸毒年龄	吸毒年限	两次吸毒间隔	首次使用毒品方式
社会支持总分	0.34	0.83	1.70	0.37	0.94
客观社会支持度	0.17	0.73	1.49	0.13	0.75
社会支持利用度	0.29	3.23*	0.68	0.93	0.72
主观社会支持度	0.87	0.25	1.90	0.83	1.33

注:*: $p < 0.05$。

1. 社会支持各维度在犯罪前科上的差异比较。通过方差分析的结果表明,不同犯罪前科的强戒人员在社会支持各维度上都无显著性差异,这说明在强戒人员中,有无犯罪前科和犯罪次数的多少对获得客观的和主观的社会支持以及对社会支持的利用上无多大影响。

2. 社会支持各维度在初次吸毒年龄上的差异比较。通过方差分析的结果表明,初次吸毒年龄不同的强戒人员在社会支持利用度上存在显著差异。进一步的分析结果表明,初次吸毒年龄在 19 岁以下的强戒人员在社会支持利用度上的得分显著高于初次吸毒年龄在20~29 岁、30~39 岁的强戒人员 ($F = 0.59$, $p < 0.05$; $F = 0.88$, $p < 0.001$)。

3. 社会支持各维度在吸毒年限上的差异比较。通过方差分析的结果表明,吸毒年限分别为 5 年以下、6~10 年、11~15 年、16 年以上的强戒人员在社会支持总分、客观社会支持、主观社会支持和社会支持利用度上都无显著差异。

4. 社会支持各维度在两次吸毒间隔上的差异比较。通过方差分析的结果表明,两次吸毒间隔为 0~2 小时、3~4 小时、5~6 小时、半天以上、一天以上的强戒人员在社会支持总分、客观社会支持、主观社会支持和社会支持利用度上无显著性差异。

5. 社会支持各维度在第一次使用毒品的方式上的差异比较。通过方差分析的结果表明,第一次使用毒品的方式为烫吸、鼻吸、口服、静脉注射和其他方式的强戒人员在社会支持总分、客观社会支持、主观社会支持和社会支持利用度上无显著差异。

五、结论

1. 通过和正常人的比较结果表明，强戒人员在社会支持总分、客观社会支持度、主观社会支持度和社会支持利用度上的得分都显著低于正常人。这说明强戒人员在社会中所得到的客观的社会支持、主观体验到的情感上的支持，即在社会中受到尊重、被支持、理解的情感体验以及对社会支持的利用度都比较低。

2. 不同婚姻状况的强戒人员在社会支持总分和各维度上存在显著差异。具体地，单身的强戒人员在社会支持总分、客观社会支持度和主观社会支持度上得分低于已婚有小孩和已婚无小孩的强戒人员；未婚但与人同居的强戒人员在社会支持总分、客观社会支持度和主观社会支持度上的得分低于已婚有小孩的强戒人员；已婚的强戒人员在社会支持总分、客观社会支持度和主观社会支持利用度上的得分高于分居、离婚或丧偶的强戒人员。

3. 不同工作状况的强戒人员在社会支持总分和社会支持各维度上存在显著差异。具体地，在社会支持总分、客观社会支持度和主观社会支持度上，无工作的强戒人员要比部分时间有工作和有固定工作的强戒人员的得分要低。

4. 不同初次吸毒年龄的强戒人员在社会支持利用度上存在显著差异，初次吸毒年龄在19岁以下的戒毒人员在社会支持利用度上的得分显著高于初次吸毒年龄在20～29岁、30～39岁的戒毒人员。

5. 不同吸毒年限、两次吸毒间隔、第一次使用毒品的方式的强戒人员在社会支持总分和社会支持各维度上都不存在显著差异。

第三节　强制隔离戒毒人员渴求度的调查

一、药物渴求测量 I

（一）概念

1. 药物渴求。药物渴求在药物滥用领域指的是一种内在的、对药物强烈的欲念，个体需要更多的药物才可以满足。药物渴求具有本能的驱力，对过去的药物所引起的欣快感存有记忆。从神经生理方面分析，药物渴求被认为是成瘾药物使突触前神经细胞的多巴胺释放增加，而使突触后神经细胞的兴奋提高，在海马回的细胞兴奋时就具有这种驱策力和记忆力。因此，我们把药物渴求解释为：药物滥用者对过去体验过的精神活性物质效应的一种难以克制的渴望。[1]

2. 研究药物渴求的意义。复吸的因素是多方面的，其中药物渴求是导致药物依赖者脱毒后复吸的一项重要因素。Killen 等认为体验渴求的程度越高，复吸的可能性越大。[2]吸毒者的成瘾程度与效果期待、自贬依毒、低估毒瘾等非理性信念、毒品渴求之间存在显著的正相关。[3]因此，对强戒人员药物渴求度的研究是制定个性化戒毒方案，探索降低复吸率措施的基础。

3. 研究目的。

（1）了解强戒人员对毒品渴求程度的基本状况；

（2）了解影响强戒人员药物渴求度的主要因素；

（3）为制定个性化的戒毒方案提供依据。

（二）对象

北京市教育矫治局在所男性吸毒人员。

（三）测量工具

测量采用的药物渴求度量表由台湾林瑞钦教授参考 Beck 等（1993）渴求毒品信念量表（Craving Beliefs Questionnaire）而编制。量表共 10 题，采用 Likert 四点计分法：①完全不同意；②大部分不同意；③大部分同意；④完全同意。文句叙述以负向方式陈述，得

〔1〕 罗勇："戒毒人员脱毒期药物渴求的调查研究"，西南师范大学 2004 年硕士学位论文。

〔2〕 Killen J. D., Fortmann S. P., Newman B., et al., "Prospective study of factors influencing the development of craving associated with smoking cessation", *Psychopharmacology*, 1991, 105 (2), pp. 191~196.

〔3〕 林瑞钦、黄秀瑄："海洛因吸食者吸食海洛因信念探析"，载《2003 年犯罪矫正与观护研讨会论文集》，第 105~115 页。

分依序为 1、2、3、4。量表得分愈高表示受试者渴求毒品度愈高，吸毒次数愈频繁，吸毒年限也更长；得分愈低反之。

量表数据分析使用平均分进行计算，因此量表的得分 = 量表单项条目分之和/量表条目数。量表的内在一致性采用 Cronbach 的 α（Alpha）系数，系数为 0.88；在建构效度方面，参考 Beck 等人编制之渴求毒品信念量表而编制，经检验具有可接受的建构效度。

（四）结果与讨论

1. 强戒人员药物渴求度的总体特点。该测量有效问卷 427 份，强戒人员对药物的渴求情况呈负偏态分布，高分者偏多；平均数0.66（见表 4 - 11）。

表 4 - 11　强戒人员渴求度量表得分情况（N = 427）

	平均数	众数	标准差	最小值	最大值	百分位			
						20	40	60	80
渴求度	0.66	0.75	0.19	0.25	1.00	0.50	0.61	0.72	0.83

按 20%、40%、60%、80% 分位数将对药物渴求的程度划分为低、中低、中、中高、高五个等级，各等级人数分布和比例如表 4 - 12。

表 4 - 12　强戒人员渴求度量表得分等级频数分布（N = 427）

	低	中低	中	中高	高
渴求度	95（22.2%）	76（17.8%）	85（19.9%）	92（21.5%）	79（18.5%）

2. 药物渴求度与人口统计变量、吸毒及违法行为。对于强戒人员的药物渴求程度，下面从人口统计因素（年龄、婚姻、教育水平、工作）和吸毒及违法行为因素（第一次吸毒年龄、违法记录、毒品使用种类数）两个方面来分析有关差异和影响因素。将强戒人员的药物渴求度问卷与人口统计问卷、吸毒违法行为问卷相合并，获得有效问卷 275 份。

（1）药物渴求与人口统计变量。研究主要探讨年龄、婚姻、文化程度和工作情况四个因素。其中为更详细讨论，以 5 岁为年龄段将年龄分为 20～24 岁、25～29 岁、30～34 岁、35～39 岁、40～44 岁、45 岁以上六个组；婚姻状况分为单身者、已婚有小孩、独居（包括分居、离婚、丧偶者）、未婚同居、已婚无小孩者五类；文化程度根据强戒人员学历偏低的特点分为小学、初中、高中、大专及以上四种；工作状态分无工作、部分时间工作、有固定工作三类。分别以年龄、婚姻、教育水平和工作情况为因素，对药物渴求度进行单因素多元方差分析（one-way ANOVA），结果见表 4－13。

表 4－13　渴求度与人口统计变量的单因素多元
方差分析（F 值，N＝275）

	年龄	文化程度	婚姻	工作
渴求度	0.28	0.94	3.49**	2.60

注：**：$p < 0.01$。

第一，年龄。不同年龄阶段者在渴求度上未见显著性差异。

第二，婚姻。不同婚姻状态者的药物渴求程度差异显著（F＝3.49，$p < 0.01$），事后检验（LSD）发现：未婚但与人同居者的药物渴求度显著高于单身、已婚无小孩和分居、离婚、丧偶者的分数；已婚有小孩者的药物渴求度显著高于单身、分居、离婚、丧偶者的分数。

第三，受教育水平。不同受教育水平者的药物渴求程度无显著差异。

第四，工作状态。不同工作状态者药物渴求度无显著差异。

第五，年龄、受教育水平、婚姻状况和工作状态的交互作用。对年龄、受教育水平、婚姻状况和工作状态进行多因素方差分析，结果显示无显著交互作用。

（2）药物渴求与吸毒及犯罪行为。对药物渴求度与吸毒及犯罪行为进行相关分析发现，药物渴求度与被调查强戒人员第一次被强戒的年龄呈负相关（$p < 0.05$）。

强戒人员与普通人的不同之处就在于他们的吸毒及犯罪行为。

本次测量欲研究药物渴求与吸毒及犯罪行为五个因素的关系。其中，前科记录分为无其他犯罪、有 1 种犯罪、有 2 种犯罪、有 2 种以上犯罪；初次吸毒年龄分为 19 岁以下、20 ~ 29 岁、30 ~ 39 岁、40 岁以上四组；吸毒年限分为 5 年以下、6 ~ 10 年、11 ~ 15 年、16 年以上四组；合并用药情况分为 1 种、2 ~ 3 种、4 ~ 5 种、6 种以上；两次吸毒间隔有五个等级 0 ~ 2 小时、3 ~ 4 小时、5 ~ 6 小时、12 ~ 24 小时、24 小时以上。

分别以这五个吸毒行为特征为因素，对药物渴求度进行单因素多元方差分析，结果见表 4 – 14。

表 4 – 14　药物渴求度与吸毒及犯罪行为特征因素的
多元方差分析（F 值，N = 275）

	前科	初次吸毒年龄	吸毒年限	合并用药	吸毒间隔
渴求度	2.22	0.37	3.49 *	0.81	6.70 **

注：* : $p < 0.05$；** : $p < 0.01$。

第一，犯罪前科。有 2 种犯罪前科者的药物渴求程度显著高于无前科和有 3 种以上犯罪前科者。

第二，初次吸毒年龄组。初次吸毒年龄不同者的药物渴求度无显著差异。

第三，合并用药类数。合并用药类数不同者药物渴求度无显著差异。

第四，吸毒年限。不同吸毒年限者的药物渴求程度有显著差异（$F = 3.49$，$p < 0.05$）。事后检验（LSD）发现，吸毒 5 年以下的强戒人员，其对药物的渴求程度显著低于吸毒 6 ~ 10 年和 11 ~ 15 年的强戒人员。

第五，两次吸毒间隔。两次吸毒间隔时间不同者，其药物渴求程度有显著差异（$F = 6.70$，$p < 0.01$），事后检验（LSD）发现，吸毒间隔半天以上和一天以上的人员，其对药物的渴求程度显著低于间隔 3 ~ 4 小时和 5 ~ 6 小时吸一次毒的强戒人员。

第六，吸毒及犯罪行为因素的交互作用。对吸毒及犯罪行为各因素进行多因素方差分析，结果无显著的交互作用。

3. 小结。从以上调查中我们可以看到：

（1）强戒人员的药物渴求度分数呈负偏态分布，即对药物渴求程度高者占大多数；药物渴求度与被调查强戒人员第一次被强戒的年龄呈负相关；未婚但与人同居者的药物渴求度显著高于单身、已婚无小孩和分居、离婚、丧偶者；已婚有小孩者的药物渴求度显著高于单身、分居、离婚、丧偶者的分数。

（2）吸毒及违法行为特征：有 2 种犯罪前科者的药物渴求程度显著高于无前科和有 3 种以上犯罪前科者；吸毒 5 年以下者，其对药物的渴求程度显著低于吸毒 6 ~ 15 年者；吸毒间隔时间因素，两次吸毒间隔时间长者，其对药物的渴求程度显著低于间隔短者。

综上所述，强戒人员对药物渴求的程度与吸毒及违法行为因素关系密切，与人口统计因素关系较弱，仅婚姻一个因素对渴求度的影响达到显著水平。

二、药物渴求测量Ⅱ

（一）药物渴求相关研究

药物可能通过以下方式引起心理渴求：①用药后产生的欣快感和松弛宁静感，这种感受能满足依赖者的心理需要，此为正性强化；②停药后会产生难以忍受的痛苦和折磨，这是依赖者要尽量避免的，所以继续用药，此为负性强化。研究表明，影响药物渴求的因素很多，如不同时间、不同地点、面对不同人物以及遇到的有关环境和物品等，都会影响渴求的程度。Tiffany 等认为某些环境可激发强烈的药物渴求，渴求反过来产生强迫性用药。[1]Childress 等对药物依赖者的自身心境状况引发条件性渴求及戒断症状进行研究，发现当激发他们出现愤怒、焦虑、抑郁和欣快情绪，所评定的渴求和戒断症状程度都非常高，并且发现患者的抑郁和焦虑一定程度上是戒断和渴求体验的条件刺激，而欣快感的出现则可以减轻戒断和

---

〔1〕　Tiffany S. T. , Carter B. L. , "Is craving the source of compulsive drug use?", *Journal of Psychopharmacology*, 1998, 12 （1）, pp. 23 ~ 30.

渴求体验。[1]

梁建辉等根据国内外对药物渴求已经取得的研究成果，认为药物渴求的理论模式至少包括下列五个方面的内容：①奖赏性药物渴求，阿片类药物具有奖赏效应和正性强化的药理作用，产生正性情感体验，这种极端的正性情感体验强化个体的用药、觅药行为。阿片类药物可增加伏隔核中多巴胺的水平，中枢 DA 能神经系统（腹侧被盖区 – 伏隔核）是药物奖赏效应产生的神经解剖学基础；②消除性药物渴求，吸毒者为了解除由于停药出现戒断症状所致的不快感而表现出持续增加的觅药行为；③强迫性药物渴求，5 – 羟色胺能中枢神经系统调控情绪反应，在强迫性行为的冲动 – 控制过程中发挥重要的作用，其缺陷可以导致用药行为失控；④获得性药物渴求，反复多次的觅药行为具有明显的习得性行为特征，长期的、持久的药物滥用的主观体验与关联性记忆系统关系密切，中枢胆碱能神经系统以及神经元的可塑性可能是获得性药物渴求的基础；⑤社会性药物渴求，应激、社会环境、社会支持系统、亚文化群体、经济状况、道德水准等均可能对药物依赖者的复吸行为产生影响。[2]

基于以上认识，罗勇编制了相应的《戒毒人员脱毒期药物渴求调查问卷》。罗勇认为药物渴求是一个多维度的复杂体系，其维度可以划分为奖赏性药物渴求（prizing drug craving，奖赏效应和正性强化产生正性情感体验）、消除性药物渴求（eliminating drug craving，为了祛除身体和心理的不快）、反射性药物渴求（reflecting drug craving，记忆中与药物有关的人、事、物所引起的反射性的主观体验）、社会性药物渴求（social drug craving，社会因素对脱毒者的影响）和消极性药物渴求（negative drug craving，消极的负性情

---

〔1〕 Childress A. R., Mclellan A. T., O'brien C. P., "Abstinent opiate abusers exhibit conditioned craving, conditioned withdrawal and reductions in both through extinction", *British Journal of Addiction*, 1986, 81 (5), pp. 655 ~ 660.

〔2〕 梁建辉、刘锐克："药物渴求对复吸行为的始动作用"，载《中国药物滥用防治杂志》2001 年第 4 期，第 31 ~ 33 页。

感所引起的渴求）。[1]其使用"反射性药物渴求"维度替代上面所提出的"强迫性药物渴求"和"获得性药物渴求"，因为在编制问卷时这两个维度很难建立题项，可操作性比较低。另外吸毒人员也可能被负性的情感影响和左右，出现渴求以致复吸。

（二）研究目的与意义

1. 了解强戒人员的毒品渴求状况。

2. 了解影响强戒人员毒品渴求程度的有关影响因素。

（三）研究对象

北京市教育矫治局在所男性吸毒人员。

（四）测量工具

测量采用罗勇编制的《戒毒人员脱毒期药物渴求调查问卷》。该量表包括34个项目，将强戒人员的药物渴求分为五个维度：消除性药物渴求、奖赏性药物渴求、社会性药物渴求、消极性药物渴求和反射性药物渴求。

戒毒人员脱毒期药物渴求五个因子的分问卷和总问卷的内部一致性系数在0.75~0.89之间，各因子折半信度在0.62~0.82之间，说明了问卷具有良好的信度；经效度评估，构成各因子题目的负荷取值在0.41或以上，五个因子解释了项目总方差的56.49%（大于50%），说明具有良好的效度。

（五）结果与讨论

1. 强戒人员药物渴求度总体特点。从表4-15可以看出，在本次调查中，强戒人员五种渴求度平均分由大到小分别是：反射性渴求、消除性渴求、消极性渴求、奖赏性渴求、社会性渴求。渴求度总分大体上成正态分布，稍微偏低。由于渴求度为自评量表，不可避免地存在社会赞许性偏差，所以被访对象的毒品渴求度可能被低估。

---

[1] 罗勇："戒毒人员脱毒期药物渴求的调查研究"，西南师范大学2004年硕士学位论文。

表 4 – 15   强戒人员药物渴求各维度得分情况（N = 418）

	平均数	标准差	最小值	最大值	百分位			
					20	40	60	80
消除性渴求	3.87	1.49	1.00	7.00	2.56	3.44	4.00	5.22
奖赏性渴求	3.76	1.47	1.00	7.00	2.50	3.33	3.88	5.13
社会性渴求	3.70	1.47	1.00	7.00	2.57	3.29	3.86	4.86
消极性渴求	3.78	1.54	1.00	7.00	2.60	3.32	4.00	5.00
反射性渴求	4.07	1.44	1.00	7.00	3.00	3.80	4.20	5.20
渴求度	3.84	1.39	1.00	7.00	2.71	3.48	3.98	5.11

2. 药物渴求度与人口统计变量。研究主要探讨年龄、婚姻、文化程度和工作情况四个因素。分别以年龄、婚姻、教育水平和工作情况为因素，做药物渴求度各维度的单因素多元方差分析，结果见表 4 – 16。

表 4 – 16   药物渴求度各维度与人口统计变量的单因素
多元方差分析（F 值，N = 275）

	年龄	婚姻	文化程度	工作
消除性渴求	0.93	1.39	0.86	3.50*
奖赏性渴求	0.88	2.02	2.06	5.27**
社会性渴求	0.19	1.42	1.12	6.76**
消极性渴求	0.23	1.59	0.95	4.25*
反射性渴求	1.60	1.76	2.03	4.72*
总渴求度	0.66	1.82	1.39	5.54**

注：*：$p < 0.05$；**：$p < 0.01$。

（1）年龄。以 5 岁为一个年龄段将年龄分为 20 ~ 24 岁、25 ~ 29 岁、30 ~ 34 岁、35 ~ 39 岁、40 ~ 44 岁、45 岁以上六个组。从方差分析的结果可以看出，药物渴求各维度得分在六个年龄段间未见显著性差异。

（2）婚姻。研究结果显示，强戒人员中五类不同婚姻状态者：单身、已婚有小孩、独居（包括分居、离婚、丧偶者）、未婚同居、已婚无小孩者，在药物渴求度的各维度上无明显差异。但是对五类人员的平均得分作两两比较，发现：单身者在除社会性渴求外的其他维度平均得分均高于未婚同居者。其他组间未见显著差异。

（3）文化程度。强戒人员的受教育水平普遍较低，大多是初中或高中文化。研究中，不同文化程度的强戒人员在药物渴求各维度上均未发现显著差异。

（4）工作状态。根据强戒人员的工作情况，将工作状态分为无工作、部分时间工作、有固定工作三类。从方差分析的结果中可以看到，不同工作状态者在药物渴求各维度和总渴求度上均存在显著差异。经 LSD 检验发现：在所有维度上，部分时间工作组显著高于无工作组（$p < 0.01$）。从平均分上看，部分时间工作者高于无工作组，高于有固定工作组。这与我们通常认为无工作者渴求度应该最高的观点不符。导致部分时间工作者渴求度高于无工作者的可能原因是，他们不时有经济收入，这为购买毒品提供了条件，同时，部分时间工作者他们可能处于短时工作、再找工作的压力之下，而吸毒成为他们寻找解除压力的方式和借口，这样他们对毒品的渴求程度也就越高。工作状态对毒品渴求程度的影响，还需要作进一步的研究。

3. 药物渴求度与吸毒及犯罪行为。强戒人员与普通人的不同之处就是他们的吸毒及犯罪行为。本书将探讨药物渴求度与吸毒及犯罪行为七个因素的关系。分别以这七个吸毒行为特征为因素，对药物渴求度各维度作单因素多元方差分析，结果见表 4 – 17。

表 4 – 17　药物渴求度与吸毒及犯罪行为特征因素的
多元方差分析（F 值，N = 275）

	前科记录	初次吸毒年龄	吸毒年限	合并用药	每周吸毒花费	主要吸毒方式	两次吸毒间隔
消除性渴求	3.08*	0.07	3.29*	0.68	0.06	0.01	2.40

	前科记录	初次吸毒年龄	吸毒年限	合并用药	每周吸毒花费	主要吸毒方式	两次吸毒间隔
奖赏性渴求	2.56	0.36	2.95*	0.24	0.23	0.15	2.45*
社会性渴求	1.96	0.71	5.25**	0.31	0.33	0.82	2.17
消极性渴求	1.73	0.55	3.80*	0.91	0.60	0.38	1.85
反射性渴求	2.68*	0.15	4.81**	0.55	0.55	0.13	2.27
渴求度	2.62	0.16	4.43**	0.34	0.28	0.14	2.45*

注：* : $p < 0.05$；** : $p < 0.01$。

（1）犯罪前科记录。犯罪前科记录是指强戒人员除吸毒外，是否有其他犯罪记录，如偷窃、抢劫、贩毒等犯罪行为。研究将前科记录分为无其他犯罪、有1种犯罪、有2种犯罪、有2种以上犯罪四种。从方差分析的结果可知，不同犯罪前科记录者在消除性渴求维度（$F = 3.08$，$p < 0.05$）和反射性渴求维度（$F = 2.68$，$p < 0.05$）有显著差异。经事后检验LSD发现：①在消除性渴求维度，2种以上犯罪前科者高于有2种犯罪前科组，且有显著性差异；②在反射性渴求维度，有2种犯罪组高于无其他犯罪组（$p < 0.05$）和有2种以上犯罪记录者（$p < 0.05$）。

（2）初次吸毒年龄。研究中初次吸毒年龄分为19岁以下、20～29岁、30～39岁、40岁以上四组，没有发现不同初次吸毒年龄层次的人在药物渴求度上有显著差异。

（3）吸毒年限。研究中吸毒年限分为5年以下、6～10年、11～15年、16年以上四组，从表4－18中可以发现，不同吸毒年限水平的人在药物渴求不同维度和总体渴求度上均存在显著差异。经过事后检验（LSD）发现，吸毒年限在5年以下者，在所有维度均高于其他组（$p < 0.001$）；吸毒史在16年以上组，其反射性渴求得分显著低于其他三组。

表 4 – 18　各年龄组在渴求度各维度平均分及 F 值

	5 年及下	6 ~ 10 年	11 ~ 15 年	16 年以上	F
消除性渴求	4. 73	3. 67	3. 80	3. 40	3. 29[*]
奖赏性渴求	4. 56	3. 59	3. 62	3. 34	2. 95[*]
社会性渴求	4. 77	3. 49	3. 61	3. 14	5. 25[**]
消极性渴求	4. 70	3. 59	3. 69	3. 11	3. 80[*]
反射性渴求	4. 82	3. 94	4. 02	3. 20	4. 81[**]
渴求度	4. 71	3. 66	3. 75	3. 24	4. 43[**]

注:[*]: $p < 0.05$;[**]: $p < 0.01$。

如表 4 – 18 所显示，总体上看，吸毒年限越长，强戒人员在渴求度各维度平均分越低。特别是吸毒超过 16 年以后，记忆中与药物有关的人、事、物所引起的反射性的主观体验逐渐消退，使得反射性渴求维度明显降低。

（4）合并用药。根据合并用药的种类数，分为 1 种、2 ~ 3 种、4 ~ 5 种、6 种以上四类。从表 4 – 17 中可以看出，不同程度的合并用药者在渴求度各维度无显著性差异。从总渴求度平均分上看，合并用药 2 ~ 3 种者得分最高为 3.9 分，合并使用 4 ~ 5 种者最低约 3.69 分。

（5）每周吸毒花费。吸毒人员每周吸毒花费分为 1000 元以内、1000 ~ 2000 元、2000 元以上三组，各组在渴求度各维度上无显著性差异。从总渴求度平均分上看，每周花费在 2000 元以上组高于 1000 ~ 2000 元组，高于 1000 元以内组。

（6）主要吸毒方式。主要吸毒方式包括烫吸、静脉注射、口服和其他等四类。如表 4 – 17 所示，在所有渴求度分量表中，四类吸毒方式间无显著差异。

（7）两次吸毒间隔。两次吸毒间隔有五个等级：0 ~ 2 小时、3 ~ 4 小时、5 ~ 6 小时、12 ~ 24 小时、24 小时以上。如表 4 – 17 所示，不同吸毒间隔在奖赏性渴求（$F = 2.45$，$p < 0.05$）和总体渴求度（$F = 2.45$，$p < 0.05$）中存在显著差异。经过事后检验（LSD）发现：在奖赏性渴求维度和总体渴求得分上，吸毒间隔 3 ~ 4 小时组低于 12 ~ 24 小

时组（$p < 0.05$）和 24 小时以上组（$p < 0.05$）。换句话说，吸毒间隔时间长者，对于吸毒产生的奖赏效应和正性强化产生的正性情感体验减弱。同时，用药间隔在 3~4 小时者的总体得分低，可能说明由于这个时间间隔恰好可以使对毒品的渴求与生活中的其他活动达到平衡，因而不会显示出强烈的毒品渴求。也就是说及时给药能降低对毒品的渴求度。

（六）小结

从以上调查中我们可以看到：

1. 总体上看，此次调查的大多数对象在消除性渴求、奖赏性渴求、社会性渴求、消极性渴求、反射性渴求各维度得分以及总渴求度得分均成正态分布，即中等得分者居多。

2. 工作状态对药物渴求各维度均有重要影响：在所有维度，部分时间工作组显著高于无工作组。从平均分上看，部分时间工作者高于无工作组，高于有固定工作组。

3. 吸毒年限对药物渴求各维度均有重要影响：吸毒年限在 5 年以下者，在所有维度均高于其他组；吸毒史在 16 年以上组，其反射性渴求得分显著低于其他三组。

4. 不同犯罪前科记录者在消除性渴求和反射性渴求维度有显著差异：其中在消除性渴求维度，2 种以上犯罪前科者高于有 2 种犯罪前科组；在反射性渴求维度，有 2 种犯罪组高于无其他犯罪组和有 2 种以上犯罪记录者。

5. 吸毒间隔不同组在奖赏性渴求维度和总渴求度上存在显著差异：其中在奖赏性渴求维度和总渴求度得分上，吸毒间隔 3~4 小时组低于 12~24 小时组和 24 小时以上组。

6. 其他人口因素和吸毒犯罪行为因素中无显著差异。

7. 以上结果提示，在对强戒人员进行戒治时，应考虑不同工作状态和吸毒年限对吸毒者药物渴求程度的影响，进而采取不同的戒治措施和策略。

三、人格、社会支持和非理性信念对男性强戒人员药物渴求的影响

（一）研究现状

药物渴求（drug craving），又称心瘾，是药物滥用者对过去体验过的精神活性物质效应的一种难以克制的渴望。由于个体在生理基础、心理特征和药物使用环境方面存在差异，同一个体在不同时期以及不同个体之间的渴求度也有所不同，这些影响药物渴求的前因变量就构成了成瘾的生物心理社会模型（Biopsychosocial Model, BPS）。[1]大量研究证实，药物渴求有着一定的神经生物学基础，然而对影响药物渴求的心理和社会因素的研究尚不多见。[2]研究试图从心理和社会的角度探讨强戒人员药物渴求的影响因素。

人格特质对个体在药物渴求上的差异发挥着重要作用，[3]戒毒人员在内—外倾、神经质和精神质维度上的得分均高于普通人。[4]对于外倾性格者，吸毒时的快乐体验具有奖赏的属性；[5]神经质与负性情绪有关，而负性情绪可能引发药物渴求，青少年吸毒的主要动机就是避免负性情绪；[6]精神分裂症患者、犯人和物质滥用者在精神质维度上的得分都较高。[7]

社会支持主要以动态、多维度的人际关系形式出现，包括个体与家庭成员以及其他社会成员之间的关系等。[8]社会支持的缓冲器模型指出，良好、正性的社会支持对个体能够起到保护和缓冲的作

---

〔1〕　杨波：《人格与成瘾》，新华出版社 2005 年版，第 35 ~ 62 页。

〔2〕　杨波：《人格与成瘾》，新华出版社 2005 年版，第 35 ~ 62 页。

〔3〕　Heinz A., Lober S., Georgi A., Wrase J., Hermann D., Rey E. R., Wellek S. and Mann K., "Reward craving andwithdrawal relief craving: assessment of different motivational pathways to alcohol intake", *Alcohol and Alcoholism*, 2003, 38 (1), pp. 35 ~ 39.

〔4〕　杨玲、崔诣晨："193 例戒毒者人格类型及其与自尊、社会支持和应对策略的关系"，载《心理科学》2003 年第 6 期，第 1034 页。

〔5〕　杨波：《人格与成瘾》，新华出版社 2005 年版，第 35 ~ 62 页。

〔6〕　Gavin D. Shoal and Peter R. Giancola, "Negative Affectivity and Drug Use in Adolescent Boys: Moderating and Mediating Mechanisms", *Journal of Personality and Social Psychology*, 2003, 84 (1), pp. 221 ~ 233.

〔7〕　杨玲、崔诣晨："193 例戒毒者人格类型及其与自尊、社会支持和应对策略的关系"，载《心理科学》2003 年第 6 期，第 1034 页。

〔8〕　杨玲、崔诣晨："193 例戒毒者人格类型及其与自尊、社会支持和应对策略的关系"，载《心理科学》2003 年第 6 期，第 1034 页。

用，对有戒毒意愿的成瘾个体来说是非常重要的外部条件。[1]

非理性信念是指引起情绪、行为失调的信念，多表现为对自己、他人和环境非合理化的要求。有人把"信念"等同于"期待"，认为成瘾个体对药物使用总是持有正性的结果期待。研究表明对大麻的高负性期待可能会影响个体使用大麻的开始阶段和使用程度。[2]林瑞钦的研究也指出，吸毒者对毒品持有非理性信念，他们往往高估毒品的功效而低估毒品成瘾的危险。[3]

人格、社会支持和非理性信念都可能对药物渴求产生影响。人格与成瘾的关系比较复杂；社会支持的作用依赖于个体对与他人关系以及自身能力的认知和信心；非理性信念可能是药物渴求的最大影响因素，其解释力超过了50%。[4]

根据上面的阐述提出研究的假设模型（见图4-5）：药物渴求的前因变量包括人格、社会支持和非理性信念。人格通过社会支持和非理性信念的完全或部分中介作用，影响强戒人员的药物渴求程度。

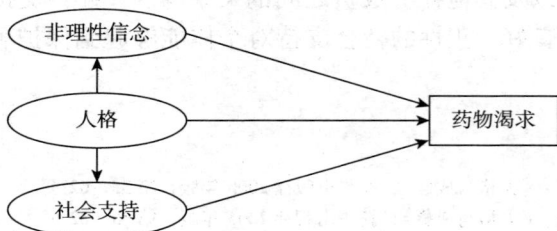

图4-5　人格、社会支持和非理性信念对药物渴求影响的假设模型

---

〔1〕 章震宇："海洛因成瘾者复吸倾向的研究"，载《心理科学》2004年第3期，第739~740页。

〔2〕 Aarons G. A., Brown S. A., Stice E. and Coe M. T., "Psychometric evaluation of the marijuana and stimulantexpectancy questionnaires for adolescents", *Addictive Behaviors*, 2001, 26 (2), pp. 219~236.

〔3〕 林瑞钦、黄秀瑄："海洛因吸食者吸食海洛因信念探析"，载《2003年犯罪矫正与观护研讨会论文集》，第105~115页。

〔4〕 林瑞钦、黄秀瑄："海洛因吸食者吸食海洛因信念探析"，载《2003年犯罪矫正与观护研讨会论文集》，第105~115页。

（二）研究方法

1. 被试。300 名男性强戒人员，有效样本 273 人，年龄在 20 ~ 53 岁之间（37. 82 ± 6. 48）。

2. 测试工具。《渴求度量表》（林瑞钦，2003），系单维结构。共 10 个题目，本次测量的 α 系数为 0.91。

《艾森克人格问卷》（陈仲庚，1985），包括四个分量表：内—外倾、神经质、精神质和测谎。共 85 个题目，本次测量的内部一致性系数 α 为 0.91。

《社会支持量表》（肖水源等，1994），包括主观支持、客观支持和社会支持利用度三个维度。共 10 个题目，本次测量的 α 系数为 0.59。

《非理性信念量表》（林瑞钦，2003），包括效果期待、自贬依毒、低估毒瘾三个维度。共 26 个题目，本次测量的 α 系数为 0.93。

3. 步骤。主试均经过培训，采用团体测试的方法施测。

4. 数据处理。采用 SPSS 11. 5 和 Amos 5. 0 软件进行统计分析。

（三）结果与分析

1. 人格、社会支持和非理性信念量表测试结果。被试 EPQ 问卷的得分见表 4 - 19，社会支持量表分数见表 4 - 20。非理性信念量表总平均分为 63. 05 分（SD = 15. 29），其中效果期待维度分数呈正偏态，平均 33. 22 分（SD = 8. 23）；自贬依毒维度分数呈负偏态，平均 14. 90 分（SD = 5. 54）；低估毒瘾维度 14. 93 分（SD = 4. 07）。被试在药物渴求量表上的得分为 25. 99 分（SD = 7. 36）。

2. 强戒人员与普通人在 EPQ 和社会支持量表得分上的差异。按照 EPQ 常模的年龄阶段每隔 10 岁对被试进行分组，将被试的得分情况与常模进行比较，结果如表 4 - 19 所示。强戒人员在各年龄段的内—外倾、神经质、精神质三个维度上得分均高于普通人，并且基本呈现出显著性差异。

表 4 - 19 强戒人员与普通人 (N =368) 在 EPQ 量表得分上的差异

年龄	人格特质	强戒人员	普通人	t
20 ~ 29 岁	内—外倾	11. 48 ± 4. 58	11. 39 ± 4. 78	0. 11
	神经质	15. 83 ± 5. 84	11. 49 ± 4. 80	4. 00 **
	精神质	12. 00 ± 3. 03	8. 36 ± 3. 65	6. 46 **
30 ~ 39 岁	内—外倾	11. 83 ± 4. 44	11. 43 ± 4. 47	1. 02
	神经质	12. 86 ± 5. 25	9. 58 ± 4. 76	7. 06 **
	精神质	10. 50 ± 3. 47	8. 25 ± 4. 19	7. 34 **
40 ~ 49 岁	内—外倾	11. 45 ± 4. 45	10. 15 ± 4. 25	3. 08 **
	神经质	12. 41 ± 5. 54	11. 69 ± 5. 15	1. 38
	精神质	10. 49 ± 3. 14	7. 03 ± 4. 12	11. 68 **

注: ** : $p < 0.01$。

将被试在社会支持量表上的得分与冯怡的研究数据[1]进行比较（表 4 - 20），结果表明强戒人员在客观社会支持度、社会支持利用度、主观社会支持度三个维度的分数都显著低于普通人。

表 4 - 20 强戒人员与普通人在社会支持量表分数上的比较

	强戒人员 (N =273)		普通人 (N =60)		t
	M	SD	M	SD	
客观社会支持度	6. 10	2. 60	8. 46	1. 24	14. 96 **
社会支持利用度	5. 50	1. 76	7. 84	1. 85	21. 90 **
主观社会支持度	17. 54	5. 07	19. 35	2. 50	5. 90 **
社会支持总分	29. 15	7. 35	35. 65	4. 29	14. 62 **

注: ** : $p < 0.01$。

---

〔1〕 冯怡、胡惠萍、杨金娣："海洛因依赖者戒毒中社会支持量表的测评分析"，载《中国药物滥用防治杂志》2002 年第 1 期，第 16 ~ 17 页。

3. 强戒人员的药物渴求对人格、非理性信念和社会支持的方差分析。分别根据强戒人员在人格、社会支持和非理性信念量表的得分将其分为高、中、低组（27%，46%，27%），对不同分组对象的渴求程度进行方差分析。

　根据内—外倾、神经质和精神质得分进行分组的被试，其药物渴求呈现出显著的差异（F = 3. 42，$p < 0.05$；F = 5. 72，$p < 0.01$；F = 12. 12，$p < 0.01$）。事后检验发现，神经质维度低分组的被试渴求程度显著低于中、高分组（$p_{低-中} = 0.01$，$p_{低-高} = 0.00$）；精神质维度低分组的药物渴求度最低，其次是中等分数组，高分组的渴求度最高（$p_{低-中} = 0.00$，$p_{低-高} = 0.00$，$p_{中-高} = 0.06$）。

　不同社会支持水平被试对药物的渴求未表现出显著的差异。

　不同非理性信念水平的戒毒人员之间存在显著的药物渴求差异（见表 4 – 21）。事后检验显示，根据非理性信念总分和三个维度分别进行分组后，组间比较均表现出相同的趋势：低分组被试的渴求度最低，其次是中分组，高分组的渴求度最高，差异极其显著（p 值均为 0.00）。

表 4 – 21　强戒人员药物渴求对非理性信念变量的方差分析

	非理性信念总分	效果期待维度	自贬依毒维度	低估毒瘾维度
F	128. 52 **	98. 21 **	73. 40 **	63. 83 **

注：** : $p < 0.01$。

4. 年龄、人格、社会支持、非理性信念对药物渴求的回归分析。以强戒人员的药物渴求为因变量，进行分层逐步回归：第一层为年龄变量，第二层为人格、非理性信念和社会支持量表的各维度变量。结果显示，年龄未进入回归方程，人格、非理性信念和社会支持量表各维度变量的加入对强戒人员毒品渴求度的解释和预测程度有了显著的提高（见表 4 – 22）。表 4 – 23 仅列出具有显著预测作用的因子，它们共同解释了强戒人员药物渴求状况 61. 9% 的变异。

表4-22　联合因素对强戒人员药物渴求的分层逐步回归分析过程

		R^2	$\triangle R^2$	$\triangle F$	df1	df2	Sig$\triangle F$
Step1	年龄	0.00	0.00	0.02	1	271	0.88
Step2	内—外倾，神经质，精神质客观社会支持，主观支持，支持利用度自贬依毒，低估毒瘾，效果期待	0.62	0.62	47.40	9	262	0.00

表4-23　联合因素对强戒人员毒品渴求度的分层逐步回归的系数

	非标准回归系数	标准回归系数	t	p
精神质	0.30	0.13	2.37	0.02
效果期待	0.44	0.49	8.28	0.00
自贬依毒	0.44	0.33	7.02	0.00
主观社会支持	0.12	0.08	1.87	0.06

5. 人格、非理性信念和社会支持对强戒人员药物渴求影响的结构模型。根据假设建立人格、非理性信念和社会支持对强戒人员药物渴求影响的结构模型。对模型进行修正，去除系数不显著的路径，得到最终的模型（见图4-6），模型具有较好的拟合指数（见表4-24）。

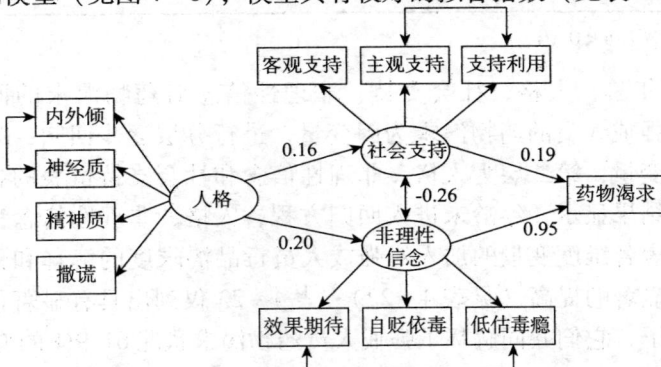

图4-6　人格、社会支持和非理性信念对强戒人员
毒品渴求度影响的结构模型

表 4 – 24　人格、社会支持和非理性信念对强戒人员毒品
渴求度影响的结构模型的拟合指数

	χ^2	df	χ^2/df	RMR	GFI	AGFI	TLI	CFI	RMSEA
模型	69.896	37	1.889	1.701	0.957	0.923	0.956	0.970	0.057

最终的模型部分验证了研究的假设，人格对药物渴求不存在直接的作用，而是通过社会支持与非理性信念的完全中介，间接作用于强戒人员的药物渴求；强戒人员的社会支持状况与非理性信念存在负相关。模型显示，人格、社会支持和非理性信念共同解释了被试药物渴求 85% 的变异。

（四）讨论与结论

1. 人格、社会支持和非理性信念对强戒人员药物渴求的预测。研究发现，在控制了年龄变量的情况下，强戒人员对毒品的渴求受到精神质、对社会支持的主观体验、因失去自信而对毒品产生依赖和对吸毒效果的期待几种因素的影响。精神质是 Eysenck 所提出的大三人格模型中最具争议又难以界定的因素，它与"去抑制对强制（DvC）"这一气质维度存在高相关，其特点是个体表现出鲁莽、冲动和即时的行为。有研究表明，DvC 与物质滥用高度相关。[1] 研究发现的精神质对药物渴求的影响，在一定程度上说明了人格与药物成瘾之间的关系。总的来讲，强戒人员的社会支持水平显著低于普通人，但能够感受到他人支持的强戒者对毒品却有较高的渴求，这可能与他们对社会支持的体验和理解有关，朋友的支持和别人的关心可能会被理解为是对其吸毒行为的许可或资助。当然这些问题还需要进一步的研究来澄清。最后两个影响因素属于对吸毒行为持有的非理性信念，是对成瘾者药物渴求最有力的预测因子。

2. 人格、社会支持和非理性信念与强戒人员药物渴求的关系模型。强戒人员的药物渴求同时受到人格特质、社会支持和非理性信

〔1〕［美］Lawrence A. Pervin、Oliver P. John 著，黄希庭主译：《人格手册：理论与研究》，华东师范大学出版社 2003 年版，第 536～548 页。

念的影响，这一结果基本符合研究的假设。

研究采用艾森克人格量表来测量强戒人员的人格特质，其三个维度都属于人格的气质维度，是人格形成的生物学基础，研究结果显示了强戒人员人格结构的生物学特征，这些特征是导致其药物渴求的生理基础。对毒品行为持有的非理性信念是强戒人员的认知特点，也是典型的心理特征，是药物渴求的有力预测因子之一。非理性信念能够激活并直接驱动毒品使用者扭曲的观念，对毒品产生正性的期待，并且盲目相信靠毅力可以戒除毒品。然而当成瘾者出现戒断症状，或者戒毒屡次失败时，其自尊和自我效能感又会迅速降低，放弃对药物渴求的抑制，纵容觅药行为。作为导致药物渴求的社会因素，社会支持对戒毒人员的渴求水平存在着正向的预测作用。在研究所构建的模型中，人格的气质特征虽然为成瘾者的药物渴求提供了易感的生理和心理基础，[1]但其对药物渴求的影响却是通过社会支持和非理性信念两个因素间接发挥作用的。

总之，通过对我国273名强戒人员的调查研究，发现强戒人员具有外倾性格者偏多、社会支持偏低以及非理性信念偏高等总的特点，探明了精神质、主观社会支持，以及效果期待和自贬依毒的非理性信念对药物渴求的预测作用，并初步构建了人格、社会支持和非理性信念与强戒人员药物渴求的关系模型。

第四节　强制隔离戒毒人员复吸行为的调查

一、复吸倾向测量

（一）概念

复吸（relapse）的定义尚无统一标准，有研究者认为复吸是毒品吸食者经过戒毒治疗后而对毒品的再度吸食，是复吸者经过心理选择而采取的决策，是药物依赖者在脱毒治疗成功后，又因种种原因而重新使用脱毒前所依赖的毒品或其他毒品的行为，是一种病态

---

〔1〕　杨波：《人格与成瘾》，新华出版社2005年版，第35～62页。

的行为。[1]

目前认可的戒毒者复吸因素有：认知因素，包括戒毒者对复吸这一社会问题所持的态度、第一次复吸前的心理感受、自己对复吸事件的看法等；情感因素，指戒毒者复吸前的情感状态，如是否遇上高兴或痛苦的事件、是否遇到令自己感到紧张或焦虑的事件、内心的孤独和寂寞感、内心的苦闷感；人格因素，戒毒者对自己、对别人及一切环境中的事物适应时所显示出的异于别人的性格；家庭环境和家庭氛围；社会的干预和与社会的相容度；戒毒者的人际关系和人际态度。探讨海洛因成瘾者复吸倾向的影响因素发现，戒毒意愿、将来环境、身心状态、物质替代和社会支持是影响复吸倾向的五个因素。

Beck 提出的认知模式认为复吸的主要原因是：不能控制用药渴求，成瘾者会被危险情境刺激用药欲望，形成用药信念，并转化为自动化想法，进而引发用药渴求，之后用药信念被增强，最后转换为行为，再用药。[2]在这一理论基础上，研究者编制出包括情绪引发、情景引发和毒品接触三个维度的复吸预测量表。其中，情绪引发维度主要包括面对压力、挫折、与家人争吵等会引发情绪变化的生活事件；情景引发维度主要包括赌博、周末夜晚、拿到薪水等情景；毒品接触维度主要是与毒友接触、看到毒品或者吸毒用具等。

（二）对象

北京市教育矫治局在所男性吸毒人员。

（三）测量工具

研究使用由林瑞钦等人编制的《复吸倾向量表》测量强戒人员的复吸倾向。该量表根据复吸预测量表（Beck，1993）修订而成，用于测量成瘾者在遇到各种情况时引发复吸可能性。《复吸倾向量表》共有 39 项，分为三个维度：情绪引发、情景引发和毒品接触。

---

[1] 杨立红：“戒毒者复吸的主要因素研究”，西南师范大学 2005 年硕士学位论文。
[2] Beck A. T. , "Cognitive therapy: Past, present, and future", *Journal of Consulting and Clinical Psychology*, 1993, 61(2), p. 194.

量表采用 Likert 五点记分法。该量表内部一致性 Cronbach 系数 α = 0.98，分量表 α 在 0.91～0.95 之间，说明具有较高的信度。情绪引发、情景引发和毒品接触三个因子的特征值均在 1.5 以上，因素负荷在 0.3 以上，说明具有较好的效度。

（四）结果与讨论

1. 强戒人员复吸倾向总体特点。强戒人员复吸倾向总分分布成正态分布，并偏向于高分一侧。从表 4-25 可以看出，强戒人员复吸倾向三个维度的得分从大到小依次是：毒品接触、情绪引发和情景引发。

表 4-25　强戒人员复吸倾向及各维度得分（N=419）

| | 平均数 | 标准差 | 最小值 | 最大值 | 百分数 | | | |
					20	40	60	80
情绪引发	2.94	0.96	1.00	5.00	2.13	2.88	3.19	3.69
情景引发	2.78	0.90	1.00	5.00	2.00	2.64	3.00	3.45
毒品接触	3.12	0.92	1.00	5.00	2.42	3.00	3.42	3.83
复吸倾向	2.95	1.00	0.89	1.00	5.00	2.30	2.88	3.22

2. 复吸倾向与人口统计变量。研究主要探讨年龄、婚姻、文化程度和工作情况四个因素。分别以年龄、婚姻、教育水平和工作情况为因素，作复吸倾向各维度的单因素多元方差分析，结果见表4-26。

表 4-26　复吸倾向各维度与人口统计变量的单因素
多元方差分析（F 值，N=273）

	年龄	婚姻	文化程度	工作
情绪引发	0.82	1.67	1.80	7.13**
情景引发	1.11	1.34	1.48	5.46**
毒品接触	0.56	0.79	1.75	6.57**

注：**：$p < 0.01$。

（1）年龄。以5岁为一个年龄段将年龄分为20～24岁、25～29岁、30～34岁、35～39岁、40～44岁、45岁以上六个组。复吸倾向各维度得分在六个年龄段间未见显著性差异。

（2）婚姻。研究显示，强戒人员中五类不同婚姻状态者：单身、已婚有小孩、独居（包括分居、离婚、丧偶者）、未婚同居、已婚无小孩者，在复吸倾向的各维度上无显著差异。

（3）文化程度。强戒人员的受教育水平普遍较低，大多是初中或高中文化。研究显示，不同文化程度的强戒人员在复吸倾向各维度上均未发现显著差异。

（4）工作状态。根据强戒人员的工作情况，将工作状态分无工作、部分时间工作、有固定工作三类。从方差分析中可以看到，不同工作状态者复吸倾向各维度上均存在显著差异，见表4－27。经LSD检验发现：

第一，在情绪引发上，无工作组显著高于部分时间工作组（$p < 0.01$）和有固定工作组（$p < 0.05$）；

第二，在情景引发上，无工作组显著高于部分工作组（$p < 0.01$）；

第三，在毒品接触上，无工作组显著高于部分工作组（$p < 0.01$）。

表4－27　不同工作状态强戒人员在复吸倾向
各维度平均分及F值（N＝273）

	无工作	部分时间工作	有固定工作	F
情绪引发	3.11	2.48	2.38	7.13 **
情景引发	2.91	2.35	2.43	5.46 **
毒品接触	3.29	2.71	2.70	6.57 *

注：** ：$p < 0.01$。

3. 复吸倾向与吸毒及犯罪行为。分别以8个吸毒行为特征为因素，对复吸倾向各维度作单因素多元方差分析，结果见表4－28。

表 4 – 28　复吸倾向与吸毒及犯罪行为特征因素的
多元方差分析（F 值，N = 273）

	前科	初吸年龄	吸毒年限	合并用药	强戒次数	每周吸毒花费	吸毒方式	吸毒间隔
情绪引发	2.58	0.42	1.94	0.77	3.85*	0.17	0.23	2.77*
情景引发	2.47	0.18	2.18	1.17	1.91	0.06	0.68	3.77**
毒品接触	4.26*	0.63	2.53	0.37	2.35	0.38	0.70	3.38**

注：*：$p < 0.05$；**：$p < 0.01$。

（1）犯罪前科记录。犯罪前科记录是指强戒人员除吸毒外，是否有其他犯罪记录，如偷窃、抢劫、贩毒等犯罪行为。研究将前科记录分为无其他犯罪、有1种犯罪、有2种犯罪、有2种以上犯罪四种。从方差分析的结果可以看出，不同犯罪前科记录者在毒品接触维度（$F = 4.26$，$p < 0.05$）上有显著差异。经事后检验（LSD）发现：在毒品接触维度，仅吸毒而无其他犯罪记录者高于有一种和两种犯罪记录者，且有显著性差异（$p < 0.01$）。

（2）初次吸毒年龄。研究中将初次吸毒年龄分为19岁以下、20~29岁、30~39岁、40岁以上四组，未发现不同初次吸毒年龄层次的人在复吸倾向各个维度上有显著差异。

（3）吸毒年限。研究中将吸毒年限分为5年以下、6~10年、11~15年、16年以上四组，从表4-28中可以发现，不同吸毒年限水平的人在复吸倾向不同维度上无显著差异。

（4）合并用药。根据合并用药的种类数，分为1种、2~3种、4~5种、6种以上四类。从表4-28中可知，不同程度的合并用药者在复吸倾向各维度无显著性差异。

（5）强制隔离戒毒次数。强制隔离戒毒次数（以下简称强戒次数）分为1次、2次、3次、4次及以上四组。不同强戒次数者在情绪引发维度上有显著差异（$F = 3.85$，$p < 0.05$）。经事后检验发现：第一次强戒者的情绪引发分数显著低于第二次（$p < 0.05$）和第三次（$p < 0.01$）强戒人员。

（6）每周吸毒花费。吸毒人员每周吸毒花费分为 1000 元以内、1000～2000 元、2000 元以上三组。各组在复吸倾向各维度上无显著性差异。

（7）主要吸毒方式。主要吸毒方式包括烫吸、静脉注射、口服和其他四类。如表 4-28 所示，在所有复吸倾向维度中，四类吸毒方式间无显著差异。

（8）两次吸毒间隔。两次吸毒间隔有五个等级：0～2 小时、3～4 小时、5～6 小时、12～24 小时、24 小时以上。如表4-29 所示，不同吸毒间隔在复吸倾向的三个维度中均存在显著差异。经过事后检验 LSD 发现：

第一，在情绪引发维度上，吸毒间隔 3～4 小时组高于 12～24 小时组（$p < 0.01$）和 24 小时以上组（$p < 0.05$）。

第二，在情景引发维度上，吸毒间隔 3～4 小时组高于 12～24 小时组（$p < 0.01$）和 24 小时以上组（$p < 0.01$）；间隔 5～6 小时组高于 12～24 小时组（$p < 0.01$）和 24 小时以上组（$p < 0.01$）。

第三，在毒品接触维度上，用药间隔在 3～4 小时者的得分高于间隔在 0～2 小时组（$p < 0.05$）、12～24 小时组（$p < 0.01$）、24 小时以上组（$p < 0.05$）。

表 4-29　不同吸毒间隔在各复吸倾向维度平均分及 F 值

	0～2 小时	3～4 小时	5～6 小时	12～24 小时	24 小时以上	F
情绪引发	2.74	3.23	3.10	2.81	2.74	2.77*
情景引发	2.62	3.04	2.92	2.64	2.36	3.77**
毒品接触	2.93	3.43	3.29	3.00	2.94	3.38**

注：*：$p < 0.05$；**：$p < 0.01$。

（五）小结

从以上调查中我们可以看到：

1. 总体上看，大多数此次调查的对象在情绪引发、情景引发和毒品接触三个维度得分以及复吸倾向总分均成正态分布，且偏向高分端。

2. 复吸倾向各维度在不同工作状态和不同吸毒间隔的强戒人员中存在显著差异：①在情绪引发上，无工作组显著高于部分时间工作组和有固定工作组；②在情景引发上，无工作组显著高于部分工作组；③在毒品接触上，无工作组显著高于部分工作组。

3. 不同犯罪前科者在毒品接触维度有显著差异：仅吸毒而无其他犯罪记录者高于有一种和两种犯罪记录者，且有显著性差异。

4. 强戒次数不同组在情绪引发维度上存在显著差异：第一次强戒者的情绪引发分数显著低于第二次和第三次的强戒人员。

5. 不同吸毒间隔在复吸倾向的三个维度中均存在显著差异：①在情绪引发维度上，吸毒间隔 3～4 小时组高于 12～24 小时组和 24 小时以上组。②在情景引发维度上，吸毒间隔 3～4 小时组高于 12～24 小时组和 24 小时以上组；间隔 5～6 小时组高于 12～24 小时组和 24 小时以上组。③在毒品接触维度上，用药间隔在 3～4 小时者的得分高于间隔在 0～2 小时组、12～24 小时组、24 小时以上组。

6. 其他人口因素和吸毒犯罪行为因素中无显著差异。

7. 以上结果提示，在对强戒人员进行戒治时，应考虑不同工作状态和吸毒间隔对吸毒者复吸倾向的影响，进而采取不同的戒治措施和策略。

二、人格、社会支持和应付方式与男性海洛因成瘾者复吸行为的关系

（一）研究现状

复吸行为是指海洛因成瘾者经过戒毒治疗后一段时间内再次使用毒品的行为。[1]我国海洛因成瘾者经过各种戒毒治疗之后，一年内再次使用毒品的复吸比率高达 90% 以上。[2]目前已有很多神经—心理模型对成瘾的形成和复吸机制进行解释，如负强化情绪加工模型、诱

---

〔1〕 曹家琪："海洛因滥用者脱毒后复吸的若干问题"，载《中国药物依赖性通报》1997 年第 6 期，第 68～72 页。

〔2〕 王海琴、蒲东华："518 例阿片类依赖者复吸原因分析"，载《中国药物滥用防治杂志》2004 年第 10 期，第 85～87 页。孙步青、叶遇高、秦领军："615 例海洛因依赖者复吸原因调查与分析"，载《中国药物依赖性杂志》2001 年第 10 期，第 214～216 页。

因—易感化模型、注意偏向模型等。[1]但是，这类研究模型存在一个明显的局限性，就是忽视了成瘾者的个性心理特征、行为方式、家庭、同伴等心理特征和社会环境因素对成瘾和复吸行为的影响。

研究发现成瘾者在人格、社会支持、应付方式等社会及心理因素方面均显著异于非成瘾者。[2]但是，人格、社会支持和应付方式三者是否对复吸产生影响？具体是哪些人格维度、社会支持方式和应付方式对复吸产生影响？人格、社会支持和应付方式三者之间如何相互作用？目前尚不清楚。因此，研究将在文献探讨的基础上，采用相关分析和回归分析寻找对复吸行为产生影响的具体人格、应付方式和社会支持维度，进而采用结构方程考察三者的相互关系以及对复吸行为的影响。

1. 成瘾行为、复吸行为与吸毒行为。研究所指的成瘾行为是指所有与海洛因成瘾有关的行为。为了便于研究，研究将成瘾行为分为复吸行为和吸毒行为。戒毒次数既代表了复吸行为，也体现了戒毒治疗的效果。研究中将强戒次数作为考察海洛因成瘾者的复吸行为的指标。吸毒行为指那些与毒品使用相关的行为如毒品的使用方式、合并使用次数、吸毒年限、初次吸毒年龄、日均吸毒次数等。研究表明很多吸毒行为与复吸有关，如毒龄、初次吸毒年龄、静脉使用毒品。[3]同时，吸毒行为如药物的使用方式、合并使用的药物

---

〔1〕　朱海燕等："药物成瘾过程的心理—神经理论模型"，载《心理科学》2004 年第 27 期，第 549 ~ 554 页。

〔2〕　姜杨、方晓云："海洛因依赖者 103 例人格测试分析"，载《法医学杂志》2000 年第 2 期，第 100 ~ 101 页。王登峰、崔红："吸毒者的人格特点分析"，载《中国药物依赖性杂志》2003 年第 12 期，第 215 ~ 218 页。冯怡、胡惠萍、杨金娣："海洛因依赖者戒毒中社会支持量表的测评分析"，载《中国药物滥用防治杂志》2002 年第 1 期，第 16 ~ 17 页。崔艳梅、刘海龙："北京地区吸毒者艾滋病的认知和态度及流行病学调查"，载《中国药物滥用防治杂志》2004 年第 10 期，第 203 ~ 205 页。

〔3〕　王增珍等："吸毒人员戒毒效果的社会心理影响因素"，载《中国药物依赖性杂志》2004 年第 13 期，第 68 ~ 71 页。赵敏等："海洛因依赖者复吸相关因素的前瞻性研究"，载《中国临床心理学杂志》2001 年第 9 期，第 81 ~ 83 页。

等对使用者的身体和心理健康具有重要影响。[1]吸毒行为可能直接影响复吸行为，也可能受到人格、社会支持和应付方式等因素的调节。因此研究将静脉吸毒、多药滥用、吸毒年限、初次吸毒年龄、用药频率（即两次用药的间隔时间）作为人格等因素预测复吸的调节变量进行研究。

2. 人格、社会支持、应付方式与复吸行为。人格特质一直以来都被作为导致成瘾的重要原因，人格对成瘾的作用主要体现在成瘾的易感性和吸毒行为的维持上。Eysenck 的人格理论及其人格量表（Eysenck Personality Questionnaire, EPQ）作为重要的人格特质理论和人格测量工具，在国内外的成瘾研究中被广泛应用。Eysenck 认为精神质与成瘾关系最为密切。[2]人格因素可以部分预测复吸等成瘾行为，但此类针对性的研究相对较少。

应付通常被定义为个体在处理来自内部或外部的、超过自身资源负担的生活事件时，所作出的认知和行为上的努力。[3]作为应激与健康的重要中介机制，应付活动影响着应激反应的性质和强度，并进而调节着应激同人们身心健康的关系，但应付方式与成瘾行为的关系还不明确，研究结果之间还有矛盾。由于应对方式持续较短而且受经验的影响较大，因此控制吸毒年限等因素可能会使得应付方式与复吸行为的关系变得清晰。

社会支持大致可分为社会情景影响、知觉到的支持和行动化的支持三种；结构上可归结为客观的或实际的支持、主观感受到的社会支持、个体对支持的利用情况。[4]就成瘾者而言，他们的社会支

〔1〕 苏中华等："长沙市芙蓉区创建'无毒社区'和社会帮教工作的评估——吸毒人员操守和社会帮教工作调查"，载《中国神经科学学会精神神经专业委员会成立大会暨第一届学术会议论文集》2004 年。

〔2〕 Eysenck H. , "Addiction, personality and motivation", *Human Psychopharmacology-clinical and Experimental*, 1997, 12, pp. 79~88.

〔3〕 Cohen F. , Lazarus R. S. , "Coping with the stresses of illness", *Health Psychology: A Handbook*, 1979, pp. 217~254.

〔4〕 王雁飞："社会支持与身心健康关系研究述评"，载《心理科学》2004 年第 27 期。

持显著低于正常组，[1]社会支持与吸毒量、吸毒的频率呈负相关，[2]而且社会支持影响戒毒者保持操守的时间。[3]

3. 人格、社会支持和应付方式的关系。人格可能会影响个体对社会支持的感知和社会交换感。[4]研究发现，社会支持数量与 EPQ 的外倾分呈正相关；而社会支持数量和社会支持满意程度二者均与神经质分呈负相关；[5]社会支持与 EPQ 的 E、P、N 维度均显著相关。[6]人格因素既有可能在社会支持与身心健康关系中起中介作用，也有可能是直接引起身心健康的直接原因。[7]人格与社会支持的这种关系在对 HIV 感染者的生活质量研究中已经得到证实，[8]在海洛因成瘾者中也发现了人格与社会支持影响吸毒行为的证据。[9]研究表明，人格特征影响个体应付的方式，例如性格外向的人偏爱多种多样的应付方式，拒绝某些广泛意义的适应不良的应付方式，而内向、神经质、精神质、急躁、竞争敌意强的人则倾向于适应不良的

---

〔1〕　冯怡、胡惠萍、杨金娣："海洛因依赖者戒毒中社会支持量表的测评分析"，载《中国药物滥用防治杂志》2002 年第 1 期，第 16～17 页。

〔2〕　韩卫、姚斌、付朋忍："毒品依赖者成瘾行为及与社会支持的相关研究"，载《中国行为医学科学》2005 年第 14 期，第 79～82 页。

〔3〕　赵敏等："对海洛因依赖者康复训练的半年随访"，载《中华精神科杂志》2001 年第 34 期，第 102～105 页。王增珍等："吸毒人员戒毒效果的社会心理影响因素"，载《中国药物依赖性杂志》2004 年第 13 期，第 68～71 页。邹志美、杨德森、郭田生："海洛因依赖者操守成败相关因素的对照研究"，载《中华精神科杂志》2003 年第 20 期。

〔4〕　王雁飞："社会支持与身心健康研究述评"，载《心理科学》2004 年第 27 期。

〔5〕　肖水源："社会支持评定量表（SSRS）"，载《中国心理卫生杂志》1993 年第 7 期，第 42～46 页。

〔6〕　林初锐、李永鑫、胡瑜："社会支持的调节作用研究"，载《心理科学》2004 年第 27 期，第 1116～1119 页。

〔7〕　林初锐、李永鑫、胡瑜："社会支持的调节作用研究"，载《心理科学》2004 年第 27 期，第 1116～1119 页。

〔8〕　Burgess A., Carretero M., Elkington A., et al., "The role of personality, coping style and social support in health-related quality of life in hiv infection", *Quality of Life Research*, 2000, 9 (4), pp. 423～437.

〔9〕　杨玲、赵国军、陈保平："男性吸毒者吸毒行为与人格、自尊和社会支持的关系研究"，载《心理发展与教育》2004 年第 3 期，第 37～41 页。

应付形式，神经质还倾向于同一些积极的应付方式呈显著负相关。[1]针对问题积极应付与精神质呈负相关，而与测谎分数呈正相关，否认与心理解脱的应付方式与神经质呈正相关，情感求助和宣泄的方式与外向性呈正相关，回避问题转移注意的应付方式与各EPQ分数没有显著相关。[2]在海洛因成瘾人群中发现，显著的人格类型差异只出现在屈服策略的选择上，外向冲动者所采取的屈服策略显著多于身心障碍者，同时还发现人格类型在客观支持层面对屈服策略的简单效应。

社会支持与应付方式的关系目前研究还很少。在中学生的心理健康研究中发现应对方式（包括积极应对方式和消极应对方式）与社会支持之间没有显著性交互作用，它们对心理健康的影响是彼此独立的。[3]在网络成瘾的研究中发现，虽然社会支持总分与积极应付方式和消极应付方式无显著相关，但是在对上网时间进行预测时发现社会支持对应付方式有显著的负向影响。[4]社会支持与应付方式在成瘾者中的相互作用未见报告。但是可以推测，即使社会支持在总体上与应付方式不相关，社会支持结构的具体方面也应该与某些具体的应付方式类型发生作用。比如，个体在面对困难和应急情况时，求助于他人应该可以提高其获得社会支持的数量。需要注意的是，由于长期的成瘾行为，很可能会使海洛因成瘾者的社会支持与应付方式的关系不同于正常人群。

总之，人格、应付方式和社会支持在海洛因成瘾者中可能存在相互作用并对复吸及其他吸毒行为产生影响，因此深入了解它们对

---

〔1〕 刘海龙、崔新华、连智："海洛因依赖者应付方式研究"，载《中国药物依赖性杂志》2004年第13期，第217~220页。

〔2〕 施承孙等："应付方式量表的初步编制"，载《心理学报》2002年第34期，第414~420页。

〔3〕 李金钊："应对方式、社会支持和心理压力对中学生心理健康的影响研究"，载《心理科学》2004年第27期，第980~982页。

〔4〕 胡岚："大学生网络成瘾倾向与生活事件、应对方式、社会支持的关系研究"，浙江大学2005年硕士学位论文。

复吸及吸毒行为的影响和三者的相互关系，不仅可以丰富对成瘾行为的理解，而且可以为心理治疗和社区康复提供依据。

（二）研究假设

根据以上文献探讨，可以假设：①不同人格特质（外向性、神经质、精神质）、不同社会支持（客观社会支持、主观社会支持、社会支持利用度）、不同应付方式（解决问题、自责、求助、幻想、逃避和合理化）对复吸（强戒次数）及吸毒行为（是否静脉吸毒、吸毒年限、首次使用毒品的年龄、使用海洛因的间隔时间、合并用药）的影响不同；②吸毒行为可影响人格、社会支持和应付方式对复吸行为的作用；③人格可以通过影响社会支持和应付方式间接影响吸毒方式和复吸行为；④应付方式受到人格等因素的调节影响吸毒行为和复吸行为。

（三）研究方法

1. 被试。随机抽取 450 名某市两个强戒所的男性戒毒人员进行问卷调查。剔除无效问卷后，共获得有效问卷 381 份，有效回收率 84.67%。

2. 工具。研究选用陈仲庚修订的《艾森克个性问卷》（EPQ）测量人格特质，问卷包括 88 个条目，分为内外向（E）、精神质（P）、神经质（N）、掩饰（L）四个维度，有良好的信效度。[1] 社会支持测量使用肖水源等编制的社会支持量表，共 10 个条目，分为主观支持、客观支持和社会支持利用度三个分量表，具有较好的结构效度和重测信度。[2] 应付方式测量工具为由肖计划编制的应对方式问卷（Coping Style Questionnaire），包括 62 个项目，分为解决问题、自责、求助、幻想、逃避和合理化六个分量表，具有较好的结

---

〔1〕 陈仲庚："艾森克人格问卷的项目分析"，载《心理学报》1983 年第 15 期，第 211～218 页。

〔2〕 肖水源："社会支持评定量表（SSRS）"，载《中国心理卫生杂志》1999 年增刊，第 42～46 页。

构效度和重测信度。[1]

被试还须填写基本情况调查表，包括人口学变量（年龄、教育程度、婚姻状况、工作状况）和吸毒行为（强戒次数、是否静脉吸毒、是否使用过其他毒品、吸毒年限、首次使用毒品的年龄、强戒前一周内两次使用海洛因平均间隔多长时间）。其中强戒次数按次数计分，非静脉吸毒记1分，静脉吸毒记2分；只使用过海洛因记1分，还使用过其他毒品记2分；每两次吸毒间隔在一天以上记1分，半天以上但未满一天记2分，间隔5~6小时记3分，间隔3~4小时记4分，间隔0~2个小时记5分。

3. 程序。将上述量表装订成册，一次性发给被试者，并当场匿名完成。研究者亲自讲解指导语分组进行集体施测。采用SPSS 11.5进行相关和回归分析，Amos 6.0进行路径分析。

（四）结果

1. 描述性统计结果。被访者的年龄在22~53岁之间，平均37.42岁（SD = 6.67年）；受教育程度为小学及以下50人（13.1%）、初中215人（56.4%）、高中104人（27.3%）、大专以上12人（3.1%）；无配偶206人（54.1%）、有配偶175人（45.9%）；戒毒前无工作者333人（87.4%）、部分时间工作者30人（7.9%）、有固定工作者18人（4.7%）。

被访者报告初次吸毒年龄为14~47岁，平均为26.87岁（SD = 6.13年）；吸毒年限为2~20年，平均10.85年（SD = 3.32年）；强戒次数1~6次（2.15±1.05次），其中强戒1次125人（32.8%）、2次123人（32.3%）、3次91人（23.9%）、4次34人（8.9%）、5次及以上8人（2.1%）；主要吸毒方式为静脉注射者239人（62.7%），非静脉吸毒者142人（37.3%）；强戒之前一周内，每两次使用海洛因间隔一天以上者25人（6.6%），间隔半天以上、未满一天者83人（21.8%），间隔5~6小时133人（34.9%），间隔3~4个小时者124

〔1〕 肖计划、许秀峰："应付方式问卷效度与信度研究"，载《中国心理卫生杂志》1996年第10期，第164~168页。

人（32.5%），间隔 2 个小时以下者 16 人（4.2%）；只使用过海洛因一种毒品者 159 人（41.7%），还使用过其他毒品者 222 人（58.3%）。

男性海洛因成瘾者 EPQ 的 E、N、P 三个维度原始分分别为 11.58（SD = 4.33）、12.40（SD = 5.38）、10.49（SD = 3.07）；社会支持的客观社会支持度得分为 6.22（SD = 2.60）、社会支持利用度得分 5.51（SD = 1.84）、主观社会支持度得分 17.65（SD = 5.17）；解决问题、自责、求助、幻想、逃避、合理化六种应付方式得分分别为 0.67（SD = 0.21）、0.39（SD = 0.22）、0.42（SD = 0.22）、0.48（SD = 0.24）、0.54（SD = 0.25）、0.46（SD = 0.24）。

2. 各变量间的相关关系。从表 4 - 30 中可以看出，戒毒次数与静脉注射、吸毒年限、合并用药呈显著正相关，与初吸年龄呈显著负相关，并且与人格中的外向性维度以及社会支持中的主观支持度呈显著负相关；静脉注射与初吸年龄呈显著负相关；吸毒年限与应付方式中的合理化维度呈显著正相关；初吸年龄与合并用药呈显著负相关，与人格维度中的精神质维度、社会支持中的支持利用度以及应付方式中的求助维度呈显著负相关，与应付方式中的合理化呈显著正相关；合并用药与社会支持中的客观支持度呈显著正相关；用药频率与社会支持中的支持利用度以及应付方式中的自责维度呈显著负相关。

表 4 - 30　吸毒行为、人口学变量、EPQ、社会支持、应付方式的
相关系数（$r_{Spearman}$，n = 381）

	戒毒次数	静脉注射	吸毒年限	初吸年龄	合并用药	用药频率
吸毒行为						
静脉注射	0.15**	1.00				
吸毒年限	0.23**	−0.02	1.00			
初吸年龄	−0.13*	−0.11*	−0.08	1.00		
合并用药	0.16**	0.09	0.06	−0.30*	1.00	

	戒毒次数	静脉注射	吸毒年限	初吸年龄	合并用药	用药频率
用药频率	0.07	0.06	0.08	−0.003	0.004	1.00
EPQ						
外向性	−0.16**	−0.04	0.02	−0.07	0.05	−0.02
神经质	−0.04	−0.03	−0.01	−0.09	0.03	−0.003
精神质	−0.02	0.02	0.04	−0.13*	0.06	0.02
社会支持						
客观支持度	0.02	−0.05	0.02	−0.03	0.20**	−0.03
支持利用度	−0.02	−0.06	−0.08	−0.12*	0.09	−0.12*
主观支持度	−0.12*	0.00	−0.03	−0.05	0.08	0.02
应付方式						
解决问题	−0.08	−0.06	0.07	−0.08	0.09	−0.01
自责	−0.01	0.08	0.004	0.06	−0.06	−0.17*
求助	0.004	−0.04	−0.07	−0.12*	0.02	−0.08
幻想	−0.02	0.02	0.07	−0.05	−0.03	−0.09
逃避	−0.02	0.01	0.05	−0.05	−0.09	−0.10
合理化	−0.06	0.04	0.11*	0.10*	−0.07	−0.01

注：*：$p < 0.05$；**：$p < 0.01$。

从表 4-31 可以看到，EPQ 的三个维度之间彼此正相关，外向性与社会支持和应付方式的各维度均有显著正相关，精神质与所有的应付方式以及支持利用度正相关，神经质与自责、幻想、逃避和合理化显著正相关。从社会支持三个维度与六种应付方式的相互关系来看，客观社会支持度与解决问题和求助两种应付方式正相关，支持利用度与解决问题、求助和幻想正相关，主观社会支持度与解决问题的应付方式正相关。

表 4 – 31 　EPQ、社会支持和应付方式的 Pearson 相关系数（n = 381）

	外向性	神经质	精神质	客观支持度	支持利用度	主观支持度
EPQ						
外向性	1.00					
神经质	0.21**	1.00				
精神质	0.50**	0.57**	1.00			
社会支持						
客观支持度	0.16**	-0.01	0.09	1.00		
支持利用度	0.22**	-0.01	0.13**	0.35**	1.00	
主观支持度	0.20**	-0.02	0.05	0.45**	0.18**	1.00
应付方式						
解决问题	0.50**	0.09	0.28**	0.24**	0.12*	0.27**
自责	0.14**	0.45**	0.31**	-0.02	0.07	-0.03
求助	0.35**	-0.001	0.12*	0.14**	0.35**	0.06
幻想	0.22**	0.46**	0.40**	0.05	0.12*	0.10
逃避	0.19**	0.46**	0.36**	-0.02	0.02	-0.01
合理化	0.24**	0.42**	0.35**	-0.03	-0.03	0.07

注: *: $p < 0.05$；**: $p < 0.01$。

3. 回归分析。为考察影响戒毒次数的具体心理维度，分别以五种吸毒行为、EPQ 三个维度、社会支持三个维度和六种应付方式作为自变量，戒毒次数为因变量作 Enter 回归分析（结果见表 4 – 32）。

表 4 – 32　分别以吸毒行为、EPQ、社会支持、应付方式预测
戒毒次数的结果（Enter 回归，n = 381）

	标准化 Beta	R^2	F	p
1　静脉注射	0.13**			
吸毒年限	0.23**			
初吸年龄	−0.06			
合并用药	0.11*			
用药频率	0.04			
总体		0.10**	8.63	0
2　外向性	−0.18**			
神经质	−0.06			
精神质	0.09			
总体		0.03	3.46	0.01
3　客观支持	0.10			
支持利用	−0.03			
主观支持	−0.18**			
总体		0.03	3.45	0.01
4　解决问题	−0.09			
自责	0.05			
求助	0.05			
幻想	0.01			
逃避	−0.02			
合理化	−0.09			
总体		0.02	1.03	0.40

注：*：$p < 0.05$；**：$p < 0.01$。

从表 4 – 32 可以看出，吸毒行为、EPQ、社会支持对戒毒次数

变异的解释具有统计显著性,而应付方式则相反。其中在吸毒行为中,静脉注射、吸毒年限和合并用药对戒毒次数的预测有显著的正向影响,EPQ 中的外向性和社会支持中的主观社会支持度则对戒毒次数有显著的负向影响。

　　为更好地理解吸毒行为、EPQ、社会支持和应付方式与复吸行为的关系,采用分层 Enter 回归分析逐一控制吸毒行为、EPQ、社会支持和应付方式,考察它们对戒毒次数的影响(结果见表 4 – 33)。第一步,控制吸毒行为变量;第二步,将 EPQ 纳入回归方程,可以看到人格因素增大了方程的解释力($\Delta R^2 = 0.03$,$p < 0.05$),而且与其单独对戒毒次数进行预测的解释力一致($R^2 = 0.03$,$p < 0.05$),提示人格因素独立于吸毒行为对复吸行为产生影响;第三步,将社会支持纳入方程,可以看到方程的解释力增加($\Delta R^2 = 0.02$,$p < 0.05$),但小于其单独对戒毒次数进行预测的解释力($R^2 = 0.03$,$p < 0.05$),提示社会支持对复吸行为的预测受到吸毒行为和人格因素的调节;第四步,将应付方式纳入方程,发现它对方程解释力的提升不显著($\Delta R^2 = 0.01$,$p < 0.05$),但是求助这一应付方式对戒毒次数产生显著的正性影响,提示虽然应付方式总体对戒毒次数的影响不显著,但求助在其他因素的作用下可能对复吸行为的预测产生正性的影响。

表 4 – 33　以吸毒行为、EPQ、社会支持、应付方式预测戒毒次数的结果(分层 Enter 回归分析,n = 381)

		标准化 Beta	R^2	ΔR^2	ΔR^2 的 F	df
1	静脉注射	0.13**				
	吸毒年限	0.23**				
	初吸年龄	−0.06				
	合并用药	0.11*				
	用药频率	0.04				
第一步总体			0.10**	0.10**	8.63	375

		标准化 Beta	R^2	ΔR^2	ΔR^2 的 F	df
2	外向性	-0.17**				
	神经质	-0.04				
	精神质	0.04				
第二步总体			0.13**	0.03**	3.83	372
3	客观支持	0.07				
	支持利用	0.01				
	主观支持	-0.15**				
第三步总体			0.15**	0.02*	2.62	369
4	解决问题	-0.02				
	自责	0.05				
	求助	0.11*				
	幻想	0.01				
	逃避	0.004				
	合理化	-0.10				
第四步总体			0.16**	0.01	1.03	363

注：*：$p < 0.05$；**：$p < 0.01$。

4. 路径分析。使用路径分析进一步考察静脉注射、吸毒年限、合并用药、外向性、主观社会支持和求助在戒毒次数中的相互关系。

（1）模型设定。由于路径分析是结构方程模型的一种特殊形式，因此可以根据构建结构方程模型的方法构建路径模型。[1]从分层回归分析中，获得对戒毒次数预测有显著影响的五个变量，根据前述的理论探讨可以认为：①男性强戒人员的外向性人格是一个较为深层次的因素，它独立于其他因素作为外生变量存在，它可以直接影响戒毒次数，又能作用于主观社会支持度和求助行为对戒毒次

---

〔1〕 侯杰泰、温忠麟、成子娟：《结构方程模型及其应用》，教育科学出版社2004年版，第198页。

数产生间接影响；②面临压力和困难时向周围的社会资源求助，可以提高客观社会支持和社会支持利用度，而后两者又与主观社会支持度相关，因此在整体模型中保留求助对主观社会支持度的作用，以待考察；③由于 EPQ、应对方式和社会支持与吸毒年限、合并用药和静脉注射不存在明显的相关（见表 4－31），因而将这三种吸毒行为设定为外生变量。设定的理论途径模型见图 4－7，其中 e1、e2、e3、e4、e5、e6 为误差项。

为了考察人格因素、社会支持和应付方式在戒毒次数预测中的相互作用，研究设定了五个相互竞争的嵌套路径模型（见图4－7）：模型一包括了所有路径；模型二把外向性影响主观社会支持度的路径 a 设为 0；模型三把外向性影响求助的路径 b 设为 0；模型四把外向性影响主观社会支持和求助的路径 a 和 b 同时设为 0；模型五把求助影响主观社会支持度的路径 c 设定为 0。

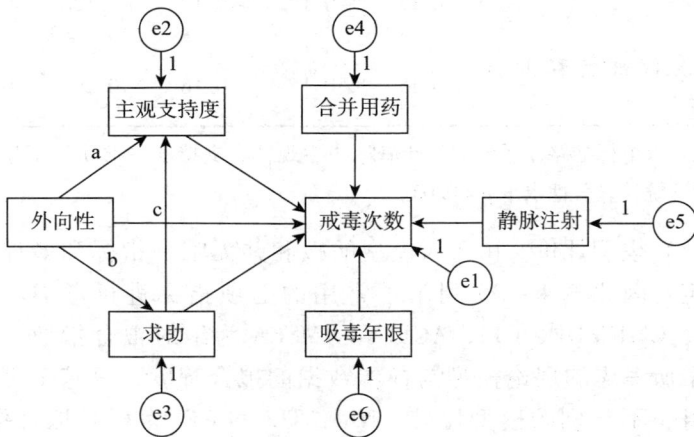

图 4－7　五个变量对戒毒次数的路径分析模型

（2）模型估计。采用最大似然法（maximum likelihood）进行模型估计，五个模型的标准路径系数及因变量心理症状被解释的方差比例见表4－34。

表 4 – 34 五个模型的标准路径系数和戒毒次数被解释的

方差百分率（n = 381）

	模型一	模型二	模型三	模型四	模型五
求助←外向性	0.35	0.35	0.00	0.00	0.35
主观社会支持度←外向性	0.20	0.20	0.20	0.20	0.20
主观社会支持度←求助	– 0.01	0.06	– 0.01	0.06	0.00
戒毒次数←外向性	– 0.18	– 0.18	– 0.17	– 0.18	– 0.18
戒毒次数←吸毒年限	0.25	0.25	0.25	0.25	0.25
戒毒次数←合并用药	0.14	0.14	0.13	0.13	0.14
戒毒次数←静脉注射	0.14	0.14	0.14	0.14	0.14
戒毒次数←求助	0.11	0.11	0.11	0.11	0.11
戒毒次数←主观社会支持度	– 0.12	– 0.12	– 0.12	– 0.12	– 0.12
戒毒次数被解释的方差（%）	0.15	0.15	0.16	0.16	0.15

注：以上标准路径系数的估计值除"主观社会支持度←求助"不显著外，其余均达统计显著性水平 $p < 0.05$。

（3）模型评价。由于对模型的拟和并无唯一指标和最佳指标来确定，因此表 4 – 35 列举了常用的七项指标进行考虑。其中 CMIN、CMIN/DF、GFI、AGFI 和 RMSEA 为绝对拟合指数，它们衡量了所考虑的理论模型与样本数据的拟合程度，只基于理论模型本身，不与别的模型比较；NFI、TLI 和 CFI 为相对拟合指数，它们衡量了理论模型和虚拟模型的拟合程度。通常认为 CMIN 越小，DF 越大，GFI、AGFI、NFI、TLI 和 CFI 大于 0.9，RMSEA 大于 0.05，说明模型的拟合较好。[1]比较表 4 – 36 中的拟合指数，

---

〔1〕 侯杰泰、温忠麟、成子娟：《结构方程模型及其应用》，教育科学出版社 2004 年版。

可以发现，模型一、模型五符合上述标准，且它们的卡方值与饱和模型的比较没有显著差异。这说明了模型一和模型五更加接近饱和模型。

表4-35　五个路径模型的拟合指标（n=381）

	CMIN	DF	P	CMIN/DF	GFI	AGFI	NFI	TLI	CFI	RMSEA	
模型一	11.18	12	0.51	0.93	0.99	0.98	0.92	1.01	1.00	0.00	0.00 0.05
模型二	24.82	13	0.02	1.91	0.98	0.96	0.71	0.83	0.90	0.05	0.02 0.08
模型三	59.98	13	0.00	4.61	0.96	0.91	0.56	0.34	0.59	0.10	0.07 0.12
模型四	73.62	14	0.00	5.26	0.95	0.90	0.46	0.22	0.48	0.11	0.08 0.13
模型五	11.24	13	0.59	0.87	0.99	0.98	0.92	1.03	1.00	0.00	0.00 0.05

注：CMIN：卡方值；DF：自由度；P：与饱和模型的卡方差异检验；GFI：拟合优度指数；AGFI：调整的拟合优度指数；NFI：规范拟合指数；TLI：Tucker-Lewis 指数；CFI：比较拟合指数；RMSEA：近似误差的均方根。

（4）模型比较。运用似然比检验对嵌套模型进行比较，通过两个模型拟合优度的卡方检验值及其自由度计算其差异以取得卡方统计量及其自由度，如果卡方值的变化比其自由度的变化更大，就说明模型中的变化是一种改善的变化。[1]由表4-36可见，在与模型一比较的结果中，相对于自由度增加了1而言，模型一的卡方值变化与模型二、三、四的差异是显著的（$p < 0.01$），与模型五的差异不显著（$p > 0.05$）。进一步结合模型拟合指标进行比较，模型五作为最优的模型在模型竞争中获胜，这个结果说明，a、b两条路径对整个模型的贡献都是不可缺少的，路径 c 本身就没有统计显著性，说明该路径可以从模型中删除。

〔1〕 王济川、郭志刚：《Logistic 回归模型：方法与应用》，高等教育出版社2001年版，第125~128页。

表 4 –36 嵌套模型的似然比检验

SS]	与模型一比较			
	模型五	模型二	模型三	模型四
CMIN	13.64	48.80	62.44	0.06
DF	1	1	2	1
p	< 0.005	< 0.005	< 0.005	> 0.75

（五）讨论

在应付方式与成瘾行为关系在研究中得到了一定的澄清。与过去的研究相似，[1]在应付方式预测戒毒次数的回归分析中，并没有发现应付方式与复吸行为有密切的关系（$\Delta R^2 = 0.01$，$p > 0.05$），但在与成瘾行为的相关分析中有 4 对相关具有统计显著性（$r_{合理化-吸毒年限} = 0.11$，$p < 0.05$；$r_{初吸年龄-求助} = -0.12$，$p < 0.05$；$r_{初吸年龄-合理化} = 0.10$，$p < 0.05$；$r_{用药频率-自责} = -0.17$，$p < 0.05$），在分层回归分析和路径分析中发现，求助对戒毒次数有显著的正向影响（求助作用戒毒次数的路径系数 $= 0.111$，$P < 0.05$）。这一结果证实了研究的假设 4，说明应付方式在总体上对成瘾行为的影响不明显，但在控制了人格变量（外向性）等变量之后，其中的求助可以对复吸行为的预测有显著的影响。通常认为求助行为与解决问题同属于积极的应付方式，但研究结果中求助却对复吸有正向作用。其原因可能是海洛因成瘾者的特殊行为和认知模式导致的。与正常人群不同，成瘾者生活中最大的问题就是筹集毒资，为此他们不惜向亲属、朋友、同事甚至任何认识的人请求经济支持。一旦有了钱，吸毒和复吸的可能性也就随之增大。当然，如果是为了戒除毒瘾而寻求帮助，那么求助理应减小复吸的可能性，对戒毒次数产生负向作用。因此，求助就像一把双刃剑，它究竟对成瘾行为产生什

〔1〕 Franken I. H., Hendriks V. M., Haffmans P., et al., "Coping style of substance-abuse patients: Effects of anxiety and mood disorders on coping change", *Journal of Clinical Psychology*, 2001, 57 (3), pp. 299 ~ 306.

么样的影响关键看求助的目的是什么。不幸的是，从研究结果来看，海洛因成瘾者把本来可以帮助他们脱离毒品的应付方式用到了相反的地方。由此可以看出，应对方式与成瘾行为的关系还需要更多更深入的研究。

研究中，社会支持无论是单独预测复吸行为还是在整体上预测均显示了显著的解释力，其中主观社会支持度对复吸行为的影响最明显。这一结果支持了成瘾者自我报告家庭和社会支持因素是他们坚持操守或复吸毒品的主要原因之一。在社会支持与吸毒行为的相关研究中也发现了类似应付方式的双向作用，社会支持利用度与用药频率呈显著负相关（$r = -0.12$，$p < 0.05$），说明社会支持可能有利于减少吸毒行为，但客观社会支持度与合并用药呈显著正相关（$r_{客观社会支持度-合并用药} = 0.20$，$p < 0.05$），说明客观社会支持对合并用药情况并没有改善作用。具体分析求助方式与社会支持的关系发现，无论是相关系数（$r_{求助-主观社会支持} = 0.06$，$p > 0.05$），还是模型中的标准路径系数（$B = -0.01$，$p > 0.05$）都提示求助与主观社会支持无关。主观社会支持度是个体对所得到的社会支持的体验，这种体验的大小可能受到个体求助之后获得帮助或被拒绝的体验的影响。海洛因成瘾者由于吸毒成瘾，通常出现很多经济、婚姻、工作、法律上的问题，特别是为了筹措吸毒的费用，他们会想方设法寻找帮助，但这样的要求很多情况下会被拒绝。长此以往，求助固然可以带来更多客观的社会支持，但对主观体验到的社会支持却没有太大帮助，甚至可能是有害的，这再次体现出成瘾者的特点。

研究的一个重要发现是 Eysenck 的外向性人格可以作为预测复吸行为的重要人格特质。在模型五中外向性影响戒毒次数的标准路径系数为 -0.18（$p < 0.01$），提示外向性高分者的戒毒次数较少，说明外向性人格有助于抵抗复吸行为的发生。这一结果似乎与过去的研究中发现外向性特别是感觉寻求等特质是导致物质成瘾的重要人格因素相违背。但是从 Eysenck 对外向性的解释上可以进行这样的推断。外向性通常包括擅长社交、精力充沛、活跃、自信、感觉寻求、无责任感、支配欲强等特质。过去的研究主要是探讨成瘾行

为发生与否，因此感觉寻求、无责任感等特质在其中占据了主导地位，因而外向性高分也就成了预测是否成瘾或成瘾人格的一部分。但是，正如在研究中看到的，成瘾者到了戒毒阶段后，外向性人格中善于社会交往、精力充沛、自信等特质开始发挥作用，特别是它们与社会支持、求助等有利于防止复吸的心理和环境因素发生作用，外向性人格成了预测防止复吸的人格因素。一方面，与过去研究中发现社会支持数量与艾森克个性问卷的外倾分呈正相关的结果相符，[1]外向性人格与客观社会支持、主观社会支持以及社会支持利用度都呈显著正相关（$r_{外向性-客观社会支持} = 0.35$，$p < 0.01$；$r_{外向性-主观社会支持度} = 0.20$，$p < 0.01$；$r_{外向性-社会支持利用度} = 0.22$，$p < 0.01$）。另一方面，外向性还与求助（$r_{外向性-求助} = 0.35$，$p < 0.01$）等应付方式呈显著正相关，在戒毒次数预测模型中可见，善于社会交往、活泼好动的性格使得外向性高分者比低分者拥有更多的社会资源，如客观社会支持或社会支持数量，同时也使他们在面临压力时更有可能求助于他人，增加对社会资源的利用，进而对防止复吸的发生起到了积极的作用。

因此，研究的结果至少说明了两点：其一，人格因素、社会支持、应付方式等在对不同成瘾行为的影响中具有双向性；其二，在考察人格等心理和社会因素对成瘾行为的影响时必须考虑个体所处环境。这也说明了人格在成瘾行为的易感性和维持中具有复杂的作用。[2]

研究结果提示，在戒毒心理和社会戒治方面应该注意以下几点问题：①由于人格在成瘾行为中的复杂作用，因此在戒治过程中，不同性格类型的戒毒人员的戒治策略应该有所不同，比如对比较外向的戒毒者应该引导其发挥擅长社交等特点，在家庭和社区的戒毒治疗和操守过程中获得更多的社会支持，提高戒毒效果，同时避免

〔1〕 肖水源："社会支持评定量表（SSRS）"，载《中国心理卫生杂志》1999 年增刊，第 42～46 页。
〔2〕 杨波：《人格与成瘾》，新华出版社 2005 年版，第 69～70 页。

把这些社会支持优势用作吸毒或复吸的资源。②在戒毒的家庭治疗中，需要提示戒毒者的家人，为他们提供心理上和经济上的支持，而不是有求必应，只有那些是为了戒除毒瘾的行为才是应该被支持和肯定的。

与很多横断研究一样，研究也存在不足。首先，由于样本为正在处于强戒阶段的不同毒龄的戒毒者，缺乏那些有良好操守纪录的样本，如戒毒一次或两次后未再复吸的操守者，他们的社会支持等可能优于反复戒毒者。因此，研究结果可能低估了人格、社会支持等自变量对复吸行为的影响。其次，可能存在其他对复吸行为有重要影响的性格和社会因素，如感觉寻求人格、非理性信念、毒品渴求度、戒毒动机等，它们可能或直接影响复吸等成瘾行为，或与人格、社会支持和应付方式等相互作用影响复吸成瘾行为。因此，在此课题的未来研究中，必须考虑：①应当扩大样本范围，尽量包括各种不同戒毒效果的样本，保证研究结果的解释力；②开展纵向研究，考察人格、社会支持和应付方式在时间变量的背景下的相互影响以及它们对成瘾行为的影响；③在整体研究中，不能忽视对单独的心理和社会因素的深入研究，比如应付方式在成瘾中的作用就需要深入挖掘成瘾者的应付方式特点和独有应付方式，长期的成瘾行为对他们的应付方式的影响。

第五章

毒品成瘾者的生物和心理特征

第一节 毒品成瘾的生物医学取向

在西方，生物医学模型是健康心理学中最重要的解释模型，也是有关成瘾行为的主要研究取向。[1]现在，很多种类的成瘾行为都采用可以改变大脑功能的有效药物作为常规的治疗。利用心理生理学技术（如 Electroencephalography，EEG）、神经结构影像技术（如 Computed Tomography，CT）以及神经功能影像技术（如 Positron Emission Tomography，PET）进行的研究已经揭示出大脑的不同区域与各种成瘾行为之间的关系。此外，采用双生子和寄养子研究的大量行为遗传学方面的探索也证明遗传对大部分主要的成瘾行为具有重要的影响。

一、成瘾的脑机制

动物研究揭示了成瘾药物强有力的强化特性后，生物医学取向的重点是探讨成瘾药物强化作用的脑机制。主要有几种相互联系的观点：大脑的奖赏回路，相关的神经递质和神经细胞的适应性学说。

（一）成瘾的奖赏回路

动物实验研究已发现脑内存在一个调节药物强化作用的奖赏回

---

〔1〕 Gerrig R.，Zimbardo P.，*Psychology and Life*，Boston，MA：Allyn & Bacon，2002.

路（reward circuit）。近年来，在应用于人类被试的脑成像技术的有力支持下，有更充分的证据证明药物的强化作用与具体的脑区及神经细胞的生化改变有关。大脑的奖赏中枢最早是由麦克吉尔（McGill）大学的两位心理学家 Olds 和 Milner 意外发现的，他们在用电极刺激方法以使大鼠建立操作条件反射的实验中，本想把电极植入脑干网状区，却因脑部坐标测定仪的计算出了点差错，误将电极插入了隔区，致使大鼠疯狂压杆以对自己施加刺激，其反应率可高达每分钟压杆 100 次，与食物强化的反应率相比，大鼠似乎对这种奖赏性的自我刺激永不满足。[1]随后，这两位心理学家与其他学者在不同情况下重复证明了这一实验结论，而与奖赏刺激相关的脑区即所谓的奖赏系统，或者称之为"大脑的欣快中枢"（pleasure center in the brain）。[2]

研究发现，脑内最重要的欣快中枢是中脑边缘多巴胺系统（mesolimbic dopamine system，MLDS），该系统植于复杂的结果网络中，负责加工与成瘾行为相关的信息，如情绪状态、环境刺激、过去经验及许多其他的关键变量。[3]大多数成瘾药物，如海洛因、可卡因、安非他明、吗啡、尼古丁和酒精等，尽管它们的作用机制不同，但都可激活中脑边缘多巴胺系统及其他的相关脑区，刺激多巴胺（DA）释放、抑制多巴胺摄取或直接兴奋多巴胺受体而使多巴胺含量增加，功能增强，产生积极的强化作用，使个体获得愉悦、兴奋的情绪体验。MLDS 最主要的区域是中脑边缘腹侧被盖区（ventral tegmental area，VTA）和伏隔核（nucleus accumbens，Nac），成瘾药物能大大提高这两个区域的多巴胺水平，使药物产生

〔1〕　Olds J., Milner P., "Positive reinforcement produced by electrical stimulation of septal area and other regions of rat brain", *Journal of Comparative and Physiological Psychology*, 1954, 47 (6), p. 419.

〔2〕　Wise R., Bozarth M., "Brain mechanisms of drug reward and euphoria", *Psychiatric Medicine*, 1984, 3 (4), pp. 445 ~ 460.

〔3〕　Wise R. A., "Neurobiology of addiction", *Current Opinion in Neurobiology*, 1996, 6 (2), pp. 243 ~ 251.

强化作用。[1]最近有研究者利用正电子发射计算机断层扫描（PET）观察吸毒者的脑部，在伏隔核有较少的多巴胺 D2/3 受体，而脑中 D2 受体有缺失的小鼠，对可卡因的自我取食量也较高。Dalley 用 5 – CSRTT 任务测试老鼠的冲动性，PET 的结果也显示在冲动大鼠的脑部伏隔核中，多巴胺 D2/3 接受器的量也较少。[2]或许利用上述的研究模式，可以先预测哪些人可能是药物成瘾的高危人群，早一步防治，以减少毒品对人们的伤害。

大量文献表明，除了 MLDS 以外，还有一些与成瘾药物的强化作用相关的脑区。这些脑区主要有：前额叶皮层（prefrontal cortex，PFC）、外侧下丘脑（lateral hypothalamus，LH）、泛杏仁核结构（extended amygdala）、海马等，这些脑区可通过其药物靶受体的激活发挥强化作用，也可通过跨突触作用间接作用于 MLDS 产生强化效应。总之，MLDS 及以外的功能回路可能都与成瘾的行为表现和机制有关。

越来越多的研究认为前额叶皮层，特别是内侧前额叶皮层（medial prefrontal cortex，mPFC）是影响药物成瘾的重要脑结构。mPFC 又包括边缘下区（infralimbic）和边缘前区（prelimbic）两个亚区。由于与边缘系统的紧密联系，mPFC 又常常被称为边缘前额叶（limbic prefrontal）；人类 mPFC 则包括腹内侧前额叶（Ventral Medial Prefrontal Cortex，VMPFC，额叶眶回的一部分，BA11）及前部扣带皮层（Anterior Cingulate Cortex，ACC）。mPFC 除了与皮层下边缘系统有紧密的解剖联系外，还与皮层下边缘系统在功能上密不可分。mPFC 是一个联合皮层，与皮层下边缘结构和其他高级皮层都有纤维联系，因此内侧前额叶与多种脑高级功能的加工有关，认知神经科学方面的研究显示 mPFC 参与包括冲动控制、奖赏学习、

〔1〕 隋南、陈晶："药物成瘾行为的脑机制及其研究进展"，载《心理学报》2000 年第 32 期，第 235～240 页。Wise R. A.，Bozarth M. A.，"A psychomotor stimulant theory of addiction"，*Psychological Review*，1987，94（4），p. 469.

〔2〕 Dalley J. W.，Fryer T. D.，Brichard L.，et al.，"Nucleus accumbens D2/3 receptors predict trait impulsivity and cocaine reinforcement"，*Science*，2007，315（5816），pp. 1267～1270.

注意、情绪调控、动机、决策等多种心理过程。因此，有研究发现，除 MLDS 外，mPFC 也是成瘾药物作用的重要位点。[1]

2008 年 Biological Psychiatry 在线版上发表的一个研究中，Hill 博士和其团队发现有酒精依赖亲属的被试（成人和青少年）的眶额皮层（orbitofrontal cortex，OFC）更小。[2]另外，在 2008 年的神经科学学会的会议上，研究人员指出，中脑边缘奖赏回路只是受成瘾影响的一个区域。其他受影响的脑岛和前额叶皮层，通常调解自我意识，并帮助抑制冲动行为。由于脑岛深居大脑内侧，科学家无法直接用电极探测，并且脑岛曾被误认为是大脑的原始部分，只负责食与性，所以脑岛一直被人们所忽略。近些年来，人们逐渐认识到脑岛的重要作用，研究者发现，脑岛受损的吸烟者更容易戒烟，而且不会复吸。[3]

（二）相关的神经递质

多巴胺是 MLSD 及相关脑区某些神经元轴突末梢所释放的神经传导物质，它在所有的动机行为中都起着关键的作用。它对成瘾行为产生强化作用，还能调节其他递质的功能。[4]大多数成瘾药物，如海洛因和吗啡等阿片剂、可卡因和安非他命等精神运动强化物，以及尼古丁和酒精等都能促使边缘中脑多巴胺系统以及其他相关脑区的腹侧被盖区的轴突释放多巴胺，而多巴胺作为一种神经递质，在所有的动机行为中都起着最关键的作用。

成瘾药物促使多巴胺的释放有不同的方式，阿片剂类药物通过

〔1〕　Giacchino J. L.，Henriksen S. J.，"Opioid effects on activation of neurons in the medial prefrontal cortex"，*Progress in Neuro-Psychopharmacology and Biological Psychiatry*，1998，22（7），pp. 1157~1178.

〔2〕　Variants of genes for 5-HTT and BDNF appear to influence impulsivity, risk of alcoholism, and size of the brain's right orbito frontal cortex（OFC），http：//www. futurepundit. com/archives/005704. html.

〔3〕　Naqvi N. H.，Rudrauf D.，Damasio H.，et al.，"Damage to the insula disrupts addiction to cigarette smoking"，*Science*，2007，315（5811），pp. 531~534.

〔4〕　隋南、陈晶："药物成瘾行为的脑机制及其研究进展"，载《心理学报》2000年第 32 期，第 235~240 页。

刺激脑内自然存在的脑内啡受体而促使多巴胺的释放。脑内啡有三种不同的受体，阿片剂类药物主要是激活 mu 受体，这种激活作用是促使多巴胺释放的增加。尼古丁和酒精则是作用于不同的受体而促使多巴胺的释放。前者是刺激作用于乙酰胆碱的受体，而后者是作用于脑内 γ－氨基丁酸的受体。乙酰胆碱和 γ－氨基丁酸与脑内啡一样，都是促使多巴胺释放的神经传导物质。

其他与成瘾有关的神经递质还有：5－羟色胺、乙酰胆碱、去甲肾上腺素、γ－氨基丁酸（GABA）、μ－内啡肽等。成瘾药物的作用就是增加或降低一定数量的神经递质的有效性。[1]

（三）成瘾的神经适应性变化

成瘾的奖赏回路及相关的神经递质只能部分解释成瘾行为，事实上，强迫性药物滥用不仅仅是受到了愉悦奖赏的驱使，许多成瘾者在长时间的药物使用后失去了愉悦感，但其成瘾习惯仍在继续。所以，成瘾的神经适应性学说（neuroadaptations underlying addiction）认为药物成瘾是慢性反复给药后，脑内多种核团，特别是MLDS 的相关核团和神经元为对抗药物急性强化作用而发生适应性变化的过程。包括多巴胺受体和阿片类受体活性的改变，神经元内环磷酸腺苷（cAMP）通路功能上调，多种神经元之间递质活动的相应变化，以及基因表达的改变等。[2]

例如，多巴胺受体可聚合成 D1 和 D2 家族，两者都能导致细胞内代谢作用的改变以调节膜的兴奋性和基因的表达。D2 家族与正常的运动行为有关，而 D1 家族则在慢性给药所导致的神经适应性变化中起着很大的作用。D1 家族在受到刺激后不仅其活性发生了复杂的变化，还能导致基因表达的改变并产生细胞蛋白质，最终引起神经元的结构性变化。因此，这些受体的上调不仅仅意味着增加了突

〔1〕 Wise R., Bozarth M., "Brain mechanisms of drug reward and euphoria", *Psychiatric Medicine*, 1984, 3（4）, pp. 445～460.

〔2〕 Gerrig R., Zimbardo P., *Psychology and life*, 2002, Boston, MA: Allyn & Bacon.

触传递，还意味着导致了长期的结构变化。[1]

长期用药也会引起 mPFC 的长时程的神经适应性改变。用 [11C] raclopride 标记法测 D2 受体密度，发现药物依赖者包括阿片、可卡因、苯丙胺以及酒精依赖的病人 mPFC 和纹状体均显示较正常对照组低的 D2 受体水平；[2]成瘾者在脱毒一个月身体依赖消失后，mPFC 的多巴胺 D2 受体密度明显仍低于正常对照组，mPFC 这种低的多巴胺受体水平持续到脱毒 3~4 个月后仍存在。[3]

成瘾者脑结构改变出现较晚，因此仅少数长期吸毒患者伴有结构改变，更多的吸毒者则仅表现出有关脑区代谢和脑血流方面的改变。Stapleton 用 PET 技术对同一个社区的滥用多种药物的病人和健康志愿者进行研究，采用 [38F] fluorodeoxyglucose（FDG）标记葡萄糖的办法测量局部脑区葡萄糖的代谢率。成瘾病人接受安慰剂和可卡因两个测试序列，正常人只接受安慰剂序列。比较病人和正常人两组的安慰剂序列的扫描结果后发现，成瘾者在 mPFC、额上回、颞中回以及岛叶的葡萄糖代谢率高于健康组；两组间 mPFC 的代谢率差异最大。[4]

Volkow 等人进一步的研究显示，成瘾者 mPFC 多巴胺递质系统功能低下可能与其脑血流以及代谢方面的改变有关：mPFC 的多巴

〔1〕　Wise R. A., Bozarth M. A., "A psychomotor stimulant theory of addiction", *Psychological Review*, 1987, 94 (4), p. 469.

〔2〕　Volkow N. D., Fowler J. S., Wang G. J., et al., "Decreased dopamine d2 receptor availability is associated with reduced frontal metabolism in cocaine abusers", *Synapse*, 1993, 14 (2), pp. 169~177. Volkow N. D., Fowler J. S., Wang G. J., "Imaging studies on the role of dopamine in cocaine reinforcement and addiction in humans", *Journal of Psychopharmacology*, 1999, 13 (4), pp. 337~345. Wang G. J., Volkow N. D., Fowler J. S., et al., "Dopamine d<sub >2 </sub > receptor availability in opiate-dependent subjects before and after naloxone-precipitated withdrawal", *Neuropsychopharmacology*, 1997, 16 (2), pp. 174~182.

〔3〕　Volkow N. D., Wang G. J., Maynard L., et al., "Effects of alcohol detoxification on dopamine d2 receptors in alcoholics: A preliminary study", *Psychiatry Research: Neuroimaging*, 2002, 116 (3), pp. 163~172.

〔4〕　Stapleton J. M., Morgan M. J., Phillips R. L., et al., "Cerebral glucose utilization in polysubstance abuse", *Neuropsychopharmacology*, 1995, 13 (1), pp. 21~31.

胺 D2 受体密度与其葡萄糖代谢率相关，腹内侧前额叶多巴胺受体密度最低的成瘾者相应脑区的代谢水平也最低。[1]

二、遗传基因观

遗传基因对成瘾的影响是另一种生物医学观点，认为成瘾的原因蕴含在遗传密码中。药物滥用与人体某些基因有对应关系，如成瘾者在一定的基因区出现明显变异，其基因标志出现的频率要比对照组明显偏高。科研人员通过长期的调查发现，在共同的生活背景下，只有部分人尝试吸毒，而在尝试者中又只有部分人成瘾，成瘾者中则有部分人能够戒除，另一部分则戒而复吸。相关的动物模型显示，有些动物确实存在先天性地对药物敏感，而这种用药特征可以被稳定遗传。[2]

由香港中文大学医学院研究人员完成的一项基因研究显示，中国人比西方人更容易染上毒瘾，原因是更多的中国人具有与海洛因成瘾有关的基因。研究报告指出，香港的中国人染上海洛因毒瘾的可能性是美国黑人的 40 倍、白人的 9 倍、拉美人的 6 倍。决定与海洛因上瘾有关的这个基因是突变形成的。有 30% ~ 40% 的中国人具有这种突变形成的基因，而美国黑人、白人和拉美人的这一比例要小得多。[3]

成瘾还具有家族的延续性。研究者运用行为遗传学中的孪生子法（twin method）开展了许多遗传与成瘾的相关研究，结果表明遗传对成瘾的影响很大，它影响了个体对药物的敏感性、耐受性及相关反应。[4] 有研究表明，无论孪生子是在亲生父母家长大还是在寄养父母家长大，同卵双生酗酒的同病率几乎是异卵双生的 2 倍。

---

〔1〕 Volkow N. D. , Chang L. , Wang G. J. , et al. , "Higher cortical and lower subcortical metabolism in detoxified methamphetamine abusers", *American Journal of Psychiatry*, 2001, 158 (3), pp. 383 ~ 389.

〔2〕 师建国主编：《成瘾：21 世纪的流行病》，科学出版社 2004 年版，第 32 页。

〔3〕 师建国主编：《成瘾：21 世纪的流行病》，科学出版社 2004 年版，第 33 页。

〔4〕 Vaillant G. E. , *The Natural History of Alcoholism Revisited*, Harvard University Press, 2009.

第二节　毒品成瘾者的心理特征

有关成瘾的生物医学研究已取得许多可喜的成果，而关于成瘾心理原因的研究却相对较少。不过，心理学的解释对于理解成瘾行为是非常重要的，这是因为成瘾行为在本质上与个体的思想、情感和行为——这些心理学的核心内容有着密切的关系。在成瘾行为的 BPS 模型中，心理系统是生物学和社会影响的交叉路口。但是，关于成瘾行为的心理学研究方法仍处于前例证阶段，几乎没有一个基本假设或理论体系能被所有的心理学家所接受；具有心理学倾向的心理病理学家经常为理论流派而互相争执。因此，有关成瘾行为的心理学研究存在着各种各样的理论观点。这些观点包括：发展的观点、学习、人格、信息加工缺陷、认知方式与偏差等。

在与成瘾相关的各种心理学观点中，心理发展与成瘾的关系、学习理论中的强化观、人格与成瘾的关系都是重要的研究主题，而成瘾者的自我价值感和成瘾思维等心理因素也与成瘾行为有着密切的关系。

一、人格与成瘾

根据成瘾行为的生物心理社会模型，心理因素是成瘾行为的重要易感因素和维持因素，而在心理因素中，人格是导致成瘾的最重要的病原性因素。因此，人格与成瘾关系的探讨是本书最重要的研究思路，参照健康心理学中人格与健康的关系模型，人格与成瘾的关系会呈现以下两种模式：

第一种模式，某些人格可能是导致成瘾的冒险因素。高感觉寻求者容易成瘾就是最典型的例子。另外，当先天具有抑郁倾向的个体染上毒瘾后，可能会比一个具有积极人格的人更加感到绝望，其消极反应会使毒瘾加剧。在这个模型中，人格变量将与生理因素、社会环境因素共同起作用而导致成瘾行为的出现。人格变量是成瘾行为最重要的预测因子。[1]

第二种模式，某些人格特征可能是由于某种成瘾行为引起的。长期的成瘾行为会形成一种生活风格，这种风格会微妙地影响成瘾者的人格并最终导致其人格的改变，形成自私、敌对、焦躁等人格特征。从这个角度来说，成瘾是一种疾病，是由生理原因造成的。成瘾人格特征发生在成瘾行为之后，在病原系统中并无作用。

人格心理学的研究范型有很多，其中像人格的特质论范型、精神分析范型、学习论范型等都与成瘾行为在多个层面上有着密切的关系。本章讨论人格与成瘾的关系便是从多种研究范型、多个研究层面切入的，是把人格作为成瘾的易感因素、维持因素等多个角度来展开的。

二、成瘾人格的研究进展

对成瘾人格（addictive personality）的探索大约已有40多年的历史。研究者用心理量表来测量和描述麻醉剂成瘾者的人格特质。临床研究也逐渐揭示了一种明显的人格类型，即愤怒的、冲动性的、社交异常的个体易于成瘾。此外，临床心理学家还报告有其他人格特质的个人被推断存在成瘾人格。麻醉剂依赖者还特别表现出低的痛觉阈限和高频率的医学事故，他们常常处于危机之中。他们的社会生活冲突不断，其家人通常也远离他们。与成瘾行为抗争的个体常表现出他们是受害者或牺牲品的消极情绪。对旁观者而言，成瘾者显得并不担忧自己的现状，并没有从负面的过去经历中学到什么。[2]成瘾障碍者还表现出关心自己远远超过关心别人。即使他们存在许多问题也缺乏改变的动机，甚至抵抗改变。[3]成瘾者总是难以应对自己的情绪，他们不相信他人，对他人采取防御行为，认为别人容易威胁到自己。因此，成瘾者很难与别人相处并保持亲密

〔1〕　杨波：《人格与成瘾》，新华出版社2005年版，第70页。

〔2〕　Vaillant G. E. , *The Natural History of Alcoholism Revisited*, Harvard University Press, 2009.

〔3〕　Miller W. , Rollnick S. , "Motivational interviewing", *Preparing to Change Addictive Behavior*, New York：Guildford Press, 1991.

的关系。最后，研究还发现成瘾障碍者具有非常低的自我形象。[1]

如果在研究者获得的结果和临床医生的观察之间存在着相当的一致性，那么众多学者就认为存在一些导致药物滥用和成瘾的人格特质。在 20 世纪 70 年代初，两位加拿大研究者重新探讨了成瘾人格这一问题。他们的研究是先在监狱中对囚犯作人格测量，鉴定出具有上述成瘾人格特质的个人，再询问调查他们是否曾使用过药物，但最终发现这些人格特质并不能预测药物滥用。[2]

当研究者研究药物成瘾者的人格时，他们常常会得出其人格特质的相似性。然而，如果研究者先确定个体具有相同的成瘾人格特征，再来调查他们的是否滥用药物，明显的相关就没有出现。研究者对这一结果的解释是，他们发现药物滥用会形成一种生活风格，而这种风格会微妙地影响个体的人格。时间一长，寻找和使用药物的经历就会导致人格的改变。成瘾者常常逃避广泛的社会关系，而退回来与其他沉溺于相似成瘾行为的人群发生联系。尽管对某种药物的成瘾有其独特的活动方式，但由于对成瘾的追逐和嗜好非常相似，成瘾者便逐步表现出共同的人格特征。

因此，简单地推断存在着易于成瘾的人格是不准确的。也有一些例外，严格控制的实验所获取的数据表明，所谓的感觉寻求者、强迫性人格障碍及反社会人格的个体都缺乏对冲动的控制，使他们易于成瘾，并且使康复过程复杂化。但这些人格类型可能只代表少数人。所以，多数专家对是否存在成瘾人格提出质疑，他们认为成瘾者人格的相似性极有可能是他们成瘾的结果，而不是其成瘾的最初原因。[3]

在我国，也有几项关于毒品成瘾者人格的研究。王登峰和崔红

〔1〕　Shaffer H., Burglass M. E., *Classic Contributions in the Addictions*, Brunner/Mazel Publisher, 1981.

〔2〕　Gendreau P., Gendreau L., "A theoretical note on personality characteristics of heroin addicts", *Journal of Abnormal Psychology*, 1973, 82（1）, p. 139.

〔3〕　Shaffer H., Burglass M. E., *Classic Contributions in the Addictions*, Brunner/Mazel Publisher, 1981.

用自编的中国人人格量表（Qingnian Zhongguo Personality Scale，QZ-PS）对 285 例吸毒者与相同数量的对照组的人格特点进行全面的调查分析，结果表明，在人格的七个维度中，外向性、善良和人际关系三个维度上吸毒组与控制组差异不显著，在行事风格、才干与处事态度三个维度上吸毒组分数显著低于控制组，而在情绪性维度上吸毒组分数显著高于控制组。吸毒者的人格特点主要表现为"急躁、冲动、活跃"与"安于现状、不思进取"两个相互矛盾的方面，以及男女性别角色与传统性别角色的偏离。文中提出了采用"代币强化程序"进行干预的建议。[1]

宋志一和朱海燕调查分析了 192 名吸毒人员的人格特征及类型。经研究发现，吸毒人员表现出明显不同于正常人群的人格特征，主要表现为：缺乏责任感，不关心职责和义务，做事马虎懒散；难于理解或遵循常规或准则，且任性和固执，较容易与社会及他人发生冲突，产生抵触和抱怨心理；对自身健康过分关注和敏感，对前途担忧和悲观；缺乏奋斗目标和积极向上的进取精神；同时喜欢热闹，善于交际，注重个人享乐和消遣，好奇心强，容易接受纷繁多变的事物，也易受他人影响和诱惑。聚类分析的结果表明，吸毒人员可以分成四种类型：社交型、闲散型、独立型、顺从型。[2]

殷素梅等基于理论构想，以 105 名海洛因戒除者为被试对象，通过验证性因素分析技术获得了海洛因戒除者依赖性人格概念的二维模型：海洛因渴求感人格和海洛因戒除效能感人格。其中海洛因渴求感被界定为海洛因戒除者在特定时限内对海洛因的渴求程度，海洛因戒除效能感被界定为海洛因戒除者相信自己能够维持远离海洛因的操守和戒断滥用行为的自信程度。[3]

---

〔1〕 王登峰、崔红："吸毒者的人格特点分析"，载《中国药物依赖性杂志》2003年第 12 期，第 215~218 页。

〔2〕 宋志一、朱海燕："192 名吸毒人员的人格特征及其类型研究"，载《中国临床心理学杂志》2002 年第 10 期，第 224~226 页。

〔3〕 殷素梅等："海洛因依赖性人格概念的建构及其与心理健康的关系"，载《中国药物依赖性杂志》2005 年第 14 期，第 112~116 页。

　　黎超雄等用明尼苏达多项人格量表（MMPI）对海洛因成瘾者的调查研究表明，海洛因成瘾者表现出反社会行为和社会适应障碍，对自己健康过分关注，缺乏对社会环境的归属感，易将自己的问题合理化而归因于别人，并因这些心理特征而增加了复吸率。[1]

　　上述几项国内的研究存在的共同问题是，研究都是静态的，是对吸毒者人格特征的调查，这些特征可能是吸毒者长期成瘾后所导致的结果，并不一定是成瘾的原因，不能作为成瘾行为的预测因子。

三、人格的特质论范型与成瘾

　　人格的特质论取向是人格心理学最重要的研究单元。许多成瘾行为的心理学研究都显示，成瘾行为与很多种人格特质之间存在着广泛的相关。

（一）感觉寻求与成瘾

　　在影响青少年药物使用的人格特质中，感觉寻求（sensation seeking）是首要的也是最重要的一个特质，其被认为是与成瘾行为关系最为紧密的社会心理冒险因素。[2]

　　感觉寻求是一种寻求变化、奇异和复杂的感觉或体验的人格特质。感觉寻求倾向较显著的人，希望自己时刻保持较高水平的唤醒状态，并为此寻求不断变换的新异体验。当类似或相同的刺激重复出现时，这种人立刻会感到厌烦，反应速度也会大为减慢。[3]长期的研究历史表明，高感觉寻求者比低感觉寻求者更容易在早年开始使用药物并且更容易成为药物滥用者。[4]Donohew 等人发现有 80%

　　〔1〕　黎超雄等："海洛因依赖者的个性心理特征及其对复吸的影响分析"，载《中国药物滥用防治杂志》2003 年第 9 期，第 15～16 页。

　　〔2〕　Zuckerman M. , Kuhlman D. M. , "Personality and risk-taking: Common bisocial factors", *Journal of Personality*, 2000, 68 (6), pp. 999～1029.

　　〔3〕　景晓娟、张雨青："药物成瘾者的感觉寻求人格特征"，载《心理科学进展》2004 年第 12 期，第 67～71 页。

　　〔4〕　White H. R. , Labouvie E. W. , Bates M. E. , "The relationship between sensation seeking and delinquency: A longitudinal analysis", *Psychological Explanations of Crime*, *The International Library of Criminology*, *Criminal Justice and Penology*, Dartmouth, Brookfield, VT, 1994, pp. 107～121.

的青少年物质使用者都是高的感觉寻求者。[1]

把感觉寻求假定为一种稳定的特质已有长期的研究历史。在这样的假设下，早年的高水平的感觉寻求被作为预测今后某一时段物质使用的冒险因素。不过，近期以来更多的研究者开始把感觉寻求作为一种行为来进行研究，具有发展变化的进程。例如，有一种研究取向就是在社会化理论的框架下考察感觉寻求与物质滥用的关系。研究者用同伴群集理论来界定具有紧密关系的小群体，其群体的信念和态度将形成彼此的物质使用习惯。[2]其他的研究考察了同伴影响与其他个体水平的心理社会变量对今后的物质使用的共同作用。[3]在这些社会化理论的背景下，我们可以认为高感觉寻求行为和同伴影响将共同对物质滥用起作用。近期以来，另一种研究进展把各种理论取向（如特质论和社会影响理论）整合起来以解释影响物质使用的不同水平之间的复杂的交互作用。例如，感觉寻求被看成是一种个体水平的人际特质，它将会与社会影响如同伴群体以交互或强化关系的方式而产生相互作用。[4]这种交互的观点意味着感觉寻求对物质滥用的预测效度易于受到同伴群体的直接影响，因此可能出现很高的可变性，使得这种预测会局限于短期的预测。

（二）大三与大五因素模型与成瘾的关系

人格结构模型很多，从 Jung 的内外倾类型说到 Cattell 的 16 种人格因素，每种结构所包括的因素数量不等，因素性质也不相同。人格结构

---

[1] Donohew L., Helm D. M., Lawrence P., et al., "Sensation seeking, marijuana use, and responses to prevention messages, in Drug and alcohol abuse prevention", *Springer*, 1990, pp. 73~93.

[2] Oetting E., Spooner S., Beauvais F., et al., "Prevention, peer clusters, and the paths to drug abuse", *Persuasive Communication and Drug Abuse Prevention*, 1991, pp. 239~261.

[3] Kaplan H. B., Johnson R. J., Bailey C. A., "Deviant peers and deviant behavior: Further elaboration of a model", *Social Psychology Quarterly*, 1987, pp. 277~284.

[4] Donohew R. L., Hoyle R. H., Clayton R. R., et al., "Sensation seeking and drug use by adolescents and their friends: Models for marijuana and alcohol", *Journal of Studies on Alcohol and Drugs*, 1999, 60 (5), p. 622.

的基本超级因素究竟有几个？在这一点上，人格心理学家还没有达成一致意见，目前，这个领域的研究主要分解为两种相互区分但又紧密相关的两个模型：大三模型和大五模型。大三模型源于 Eysenck 和同事们的开创性工作，该模型非常注重对超级因素的神经生物学基础的解说和分析，属于气质的结构模型；而大五模型的倡导者更注意人格的表现型（phenotypic）描述。

大三模型就是基于神经质/负情绪（N/NE）、外倾性/正情绪（E/PE）和去抑制对强制（DvC）这三个广泛的超级因素而提出的。简单来说，N/NE 反映的是个体在多种程度上把世界知觉为有威胁的、不能预知的、使人痛苦的。在这一维度上的高分者体验到高的负性情绪，会报告自己有焦虑、抑郁等情绪问题；而那些在此维度上的低分者则是平静的、情绪稳定的以及自我满足的。E/PE 涉及个体试图控制环境的意愿。高分者倾向于活跃的生活、精力充沛、充满热情、快乐而自信。低分者往往是含蓄的、不擅长社交的，他们报告出更低的精力和信心水平。DvC 反映了个人控制水平的个体差异，去抑制的个体是冲动的，有一点鲁莽，主要受即时的感情和感觉支配。相反，强抑制的个体计划仔细、避免冒险和危险，其行为受到长远意义的控制。[1]

近十年来，大五模型的研究取得了令人瞩目的进展，其稳健性已在自我报告和他人评定、词汇研究和问卷测量、各种样本以及不同文化背景和不同分析方法的大量研究中得到验证，被众多心理学家认为是人格结构的最好范型。[2]

大五模型的广泛性、稳健性现已得到普遍的认可，但关于五个因素的命名却有分歧。John（1995）指出了传统名称的许多缺点，而最好的命名仍未确定。他建议用罗马数字或词首字母来替代，这比用一个单词来命名要好，可以使我们唤起某一因素所代表的广泛

---

〔1〕　Watson D., Clark L. A., *Behavioral Disinhibition Versus Constraint: A Dispositional Perspective*, 1993.

〔2〕　杨波：《人格与成瘾》，新华出版社 2005 年版，第 79 页。

意义。他的重新命名是：

E：外倾，充满活力，热情（Ⅰ）

A：宜人，利他，有感染力（Ⅱ）

C：公正，克制，拘谨（Ⅲ）

N：神经质，消极情绪，敏觉（Ⅳ）

O：开放，创造性，思路新（Ⅴ）

值得注意的是，就本质而言，大五因素中的神经质和外倾性分别等同于大三中的 N/NE 和 E/PE 维度，因而，这两种分类法共享了一个由 N/NE 和 E/PE 共同组成的"大二"。此外，大三的 DvC 维度被证明是低责任性和宜人性的复杂结合，即去抑制的个体往往是冲动的、快乐的、鲁莽的（低责任性）、不合作的、欺诈的、支配的（低宜人性），而开放性好像与所有的大三维度都毫不相关。[1] 以上研究意味着可以通过以下两点把大三转化为大五：①把 DvC 维度分解为责任性和宜人性两个组成特质；②添加开放性这个补充维度。[2]

有研究者进行了一些大三因素与成瘾行为的相关研究，研究证明 DvC 与物质滥用之间呈高相关，而 N/NE 及 E/PE 与物质滥用之间却缺乏相关。例如，在一个大学生样本中（N = 901），酒精滥用同 DvC 之间的相关为 0.44，而同 N/NE 的相关为 - 0.04，同 E/PE 的相关为 0.05。[3] 大麻、烟草、迷幻药和含咖啡因药丸的滥用同 DvC 的相关分布于 0.23 到 0.33 之间，但同 N/NE 和 E/PE 的相关都小于 0.10。

表 5 - 1 中呈现出对这些数据的另外两个大样本的重复数据，同时还有来自另外两个样本的数据。样本 1 和样本 2 所使用的量表是稍加修订的 Watson 和 Clark（1993）量表的版本，这个量表的物质

---

〔1〕 Mccrae R. R. , Costa Jr P. T. , "Openness to experience", *Perspectives in Personality*, 1985, pp. 145 ~ 172.

〔2〕 Clark L. , Watson D. , *Handbook of Personality*, 1999.

〔3〕 Watson D. , Clark L. A. , *Behavioral Disinhibition Versus Constraint: A Dispositional Perspective*, 1993.

滥用变量包含多个项目，分别用于滥用频率和滥用量。样本3的参与者完成的是一个用单一的项目来对酒精之外的其他物质都进行评估测量的简化版。酒精滥用变量是学生报告饮酒的日子的百分数。表5-1仅呈现了与DvC及其无忧虑定向和反社会行为分量表的相关，因为所有N/NE和E/PE的相关都在零左右徘徊。

表5-1 去抑制和它的物质滥用分量表的相关[1]

样本	DvC	CO	AB
	酒精		
1	0.46	0.44	0.35
2	0.44	0.40	0.33
3	0.43	0.41	0.29
4	0.35	0.40	0.13
	香烟		
1	0.25	0.24	0.21
2	0.30	0.26	0.25
	大麻		
1	0.40	0.34	0.34
2	0.36	0.26	0.38
	迷幻药		
1	0.32	0.24	0.31
2	0.25	0.18	0.27
	其他非酒精物质		
3	0.24	0.19	0.27

[1] Watson D., Clark L. A., *Behavioral Disinhibition Versus Constraint: A Dispositional Perspective*, 1993.

续表

样本	DvC	CO	AB
		物质滥用相关问题	
1	0.36	0.31	0.35
2	0.38	0.27	0.34

注：DvC，去抑制对强制；CO，无忧虑定向；AB，反社会行为。样本1，N=638；样本2，N=827；样本3，N=197；样本4，N=115。下划线表示两个分量表之间的差异显著。

　　就大学生人群而言，尽管一般来说酒精滥用在这个年龄组是非法的，但却非常普遍。酒精滥用似乎与无忧虑有更强的相互联系，而不是反社会生活方式（在大五的术语中，就是同低宜人性比同低责任性的相关更高）。当滥用变量代表纯使用频率时，就非常清晰地表现出这种关系（样本4）。"只想找一点乐子"而饮酒的大学生会变得在很多场合饮酒。同样地，烟草滥用（它本身就同酒精滥用相关）同无忧虑有不太显著的但却高于同反社会生活方式的相关。相比之下，在任何年龄都非法的物质滥用（例如大麻、迷幻药或"任何非酒精物质"）（样本3）以及同物质滥用相关的问题，在某种程度上是一种反社会生活方式较佳的指标。虽然这些差异在统计上基本不显著，但这种模式的一致性是值得注意的。然而，尚不清楚能否将这种模式推广到包括大量具有严重的、习惯性的酒精滥用个体的样本，在这种样本里，可以预期酒精滥用与反社会行为有更高的相关。

　　按照Depue的研究，DvC的生物学基础是中枢神经系统5－羟色胺投射的功能性活动。[1]对人类而言，低的5－羟色胺活动与冲动性攻击有高相关，包括纵火、杀人和自杀行为。[2]低5－羟色胺活动与多巴胺激发的毒品使用呈高相关，它的最初效应包括增加了

　　[1]　Depue R. A., *A Neurobiological Framework for the Structure of Personality and Emotion：Implications for Personality disorders*, 1996.

　　[2]　Coccaro E. F., "Central serotonin and impulsive aggression", *The British Journal of Psychiatry*, 1989.

多巴胺的释放。与此相关的是，严重的酒精成瘾与5－羟色胺的功能降低有关。

（三）人格障碍与成瘾

研究表明，一些类型的人格障碍与成瘾行为呈现出紧密的关系。但是，人格障碍与成瘾行为的关系是互为因果的，也即是，某些人格障碍可以预测成瘾行为，而成瘾行为又会引发人格障碍的出现。两者的关系表现在生理基础、心理特征及行为模式等多个层面上。

1. 强迫性人格障碍与成瘾。强迫性障碍（obsessive-compulsive disorder，OCD）是大脑的强迫控制障碍，也是一种疾病。强迫性障碍有许多明显的特征，它通常与强迫观念、有害的念头、烦扰的思绪、冲动和恐惧有关。重复的强迫观念导致大量的焦虑，使受害者产生冲动性的重复行为，一些冲动性也许就是犯罪行为的动机。这些重复行为形成一个所谓的OCD循环。霍兰德对OCD循环陈述如下：个人有强迫观念将导致焦虑，要减轻焦虑，个人又要付诸冲动性行为。这一模式提供了暂时的减轻，但会加重症状。OCD患者常常能认识到其强迫性的不合理性，他们不能从这一模式中得到快乐。由于他们能理解他们行为的无意识性，OCD患者常常试图压制他们的思想并抵制其强迫性行为。然而，随着时间的推移，焦虑积聚增多以至于难以操纵，症状也更加明显；有时，这一模式是如此强烈以至于个人难以自拔。

强迫性障碍在脑中形成特异的神经通道，甚至攻击性行为也有着自己特异的神经通道和生理结构。强迫性障碍明显表现出攻击性、愤怒、低自我力量、早期的变异行为，或者是对诸如感到高唤醒、愉悦、兴奋、幸福安宁和陶醉等直接满足的需求。

研究表明，在物质成瘾和强迫性冲动之间存在着共同的属性。霍尔登指出强迫性行为和物质滥用在大脑对其加工以获取奖励的过程中存在着很大的相似性。他还假定由于脑内神经路径的改变，在一些人群中强迫性会导致成瘾。药物成瘾的行为模式和其他重复的自我欺骗的强迫性行为在引发愉悦体验的情绪以及引发脑内内啡肽和多巴胺释放时均存在着相似性。记忆或其他的线索会使个人产生重复行为或者导致酒瘾的复发。基因也联系着人的行为。科学家已经证实与行为相联系的基因影响着人们是害羞或者是善于交际；他们是否是友善的还是喜欢寻求新异刺激；或者他们是否易于感染如抑郁、精神分裂症、焦虑、酒精中毒等。有一种称为 SLC6A4 的基因，有长和短两种，影响着大脑加工 5 - 羟色胺的方式，而 5 - 羟色胺是与情绪及情绪障碍紧密相关的神经化学递质。很明显，长的 SLC6A4 使脑细胞产生更多的 5 - 羟色胺，并有可能使形成焦虑性障碍的化学递质减少。所有人群中大约 40% 的 SLC6A4 基因是短的（Flam，2002）。进一步的基因研究及有关脑的奖励回路和脑的再生电路能力的深入研究将有助于解释一些人群中强迫性会引发成瘾的原因。

2. 反社会人格障碍与成瘾。反社会人格障碍（antisocial personality disorder）的明显特征是患者常做出违反社会规范的行为：妨碍公众，不负责任；撒谎、欺骗、伤害他人；行为冲动，缺乏羞耻心与罪恶感；冷漠、无情、浅薄；自尊心极强，有强烈的自我中心意识；不能从行为中吸取教训，常把一切罪恶归咎于他人；对任何人和事都缺乏爱恋、爱护之心，不忠诚。患者的智力一般正常或较高，给人的初步印象是友好、诚恳、有见识。一般认为，其产生与患者中枢神经系统的抑制功能障碍、"病理性寻求刺激"的皮肤唤醒特征、情绪唤醒及条件性学习障碍、儿童时期心理社会化的社会因素等原因密切相关。此类患者在社会成员中的比例很小，但其危害性极大。有研究表明，反社会人格障碍在吸毒及毒品犯罪人中很普遍；[1]反社会人格特质会促进药物滥用的形成和发展。[2]

3. 其他的心理障碍与成瘾。人们已经发现患有注意缺陷多动障碍（attention deficit hyperactivity disorder，ADHD）的男孩明显比没患 ADHD 的男孩的物质滥用率更高。对成年可卡因使用者的研究发

---

〔1〕 Hare R. D. , *Diagnosis of Antisocial Personality Disorder in two Prison Populations*, 1983.

〔2〕 Sher K. J. , Trull T. J. , "Personality and disinhibitory psychopathology：Alcoholism and antisocial personality disorder", *Journal of Abnormal Psychology*, 1994, 103（1）, p. 92. Van Den Brink W. , "Personality disorders and addiction", *European Addiction Research*, 1995, 1（4）, pp. 161 ~ 165.

现，他们当中许多人在儿童时被诊断为 ADHD（Stocker，2000）。受
毒品滥用国家研究所（NIDA）支持的研究者一直在试图解释 ADHD
和后来的物质滥用之间的联系。在曼彻斯特的一项研究中，对 56 名
接受兴奋剂医学治疗的患有 ADHD 的男孩，19 名患有 ADHD 而未接
受治疗的男孩和 137 名未患 ADHD 的男孩进行了 4 年研究。就像
Stocker 所报道的结果一样，25% 的接受 ADHD 治疗的儿童、18% 的
未患 ADHD 的男孩和 75% 的未接受治疗的 ADHD 男孩最后表现出毒
品和酒精问题。这项研究对患有 ADHD 儿童的治疗有重要的启示。

其他精神病障碍，例如焦虑症和抑郁症，在青少年阶段都与物
质滥用高度相关。抑郁症在女孩中比在男孩中有更强的物质使用倾
向；自杀行为同样与酒精滥用高度相关。

四、心理发展与成瘾

早在 200 年前，Wordsworth 就曾说，"儿童是成人的原型"。成
年期的心理障碍或偏常行为（包括成瘾行为）来源于儿童期的观点
是众多人格及发展心理学家的一个重要观点。虽然弗洛伊德的心理性
欲发展理论直至今日还没有被普遍接受，但是目前很多人都同意个体
存在着不同的心理发展阶段，而且某一阶段的不协调、不成功将会导
致个体在后续阶段出现适应问题。有关心理发展因素的重要作用的支
持证据常常来源于对个体的纵向研究。例如，对儿童行为和人格的纵
向研究表明，很多成年以后的成瘾行为可以通过对儿童行为的评定来
进行预测（尽管准确性有待提高）。心理发展是一个时间过程，而且
是在家庭、同伴关系以及更大的社会结构中（如学校、邻居）表现出
来。因此，从心理发展的观点来看，成瘾行为是跨生命历程而发生
的，可能会与任何一种发展过程中所出现的问题有关。[1]

研究证明，成瘾的易感期和发作期与个体发展有关。与成年人
和新生儿的大脑相比，青少年的大脑对成瘾的精神刺激药物更具敏
感性，如对可卡因和安非他命等。L. Bowman（2002）在《神经科

〔1〕 Sher K. J. , Trull T. J. , "Substance use disorder and personality disorder", *Current Psychiatry Reports*, 2002, 4（1）, pp. 25~29.

学》杂志上发表的论文指出，青春期和青年期的连接点通常是成瘾发端的年龄，这一时期成瘾行为的出现与一种关键基因的显著增加有关系，这种基因调节着大脑的蛋白质。这一结果有助于科学家发现更好的戒治成瘾的方法。

根据 Rose（1998）的观点，许多人在青少年晚期和成年早期就出现了与酒精和其他毒品相联系的成瘾行为问题。我们应当用心理发展的观点来识别和理解这些问题。按照发展心理学的观点，成瘾行为的许多冒险因素在儿童时期，甚至早在幼儿时期就能够被孩子的父母亲、老师和咨询者判断出来。

Erikson（1963）提出了一个由八个阶段组成的心理社会发展理论。每一个发展阶段都存在着一种发展危机（developmental crisis），危机的解决标志着前一阶段向后一阶段的转化，顺利地渡过危机是一种成功的解决，反之是一种不成功的解决。在这八个阶段中，与成瘾行为相关度很高的主要有三个阶段，即第五阶段：同一性对角色混乱（青少年期，12~18岁），第六阶段：亲密对孤独（成年早期，18~24岁）和第八阶段：自我完善对失望（65岁到死亡，老年期）。在这些关键的过渡阶段，如果个体通过成瘾行为这种偏常的应对策略来解决危机，危机就没有得到成功的解决，问题依旧存在，个体得不到发展和成熟，这导致人格适应能力的丧失。[1]

按照发展心理学的观点，青少年阶段是人格发展的一个过渡阶段，是个体从生理成熟向心理成熟过渡的一个重要时期，由于身心失衡所带来的困扰，这一阶段潜伏着许多问题与矛盾，因此也被青年心理学家霍尔称为"狂风骤雨期"。由于青少年阶段是各类成瘾问题的高发时期，在此我们作重点讨论。

世界卫生组织2001年对美国及欧洲各国的青少年作了一项关于物质使用的抽样调查。研究发现，在美国，41%的青少年曾使用过大麻，16%的人尝试过安非他命，10%的人服用过致幻剂；而在欧

---

〔1〕 戴颖："青少年吸毒成瘾的心理透析"，载《宁德师专学报（哲学社会科学版）》2008年第2期，第118~121页。

洲，16% 的青少年吸食过大麻，6% 的人曾服用过违禁药品。由欧盟进行的一项毒品使用的研究表明，在欧洲，英国十几岁的青少年是最严重的毒品使用者，他们使用大麻、胶毒、安非他命的比率比欧洲其他任何地方都高。关于酒精和烟草，情况则相反。有 26% 的美国青少年在调查的当月吸过烟，而在欧洲是 37%；16% 的美国青少年至少饮酒 40 次，而在欧洲是 24%（Wormer & Davis，2003）。

怎样解释青少年阶段高发的成瘾问题呢？

第一，埃里克森强调，青少年时期的主要任务是建立一种新的自我同一性，其发展危机是同一性对角色混乱。青少年认为自己已长大成人，并竭力去追求和扮演成年人的角色。在这一过程中青少年可能会通过尝试吸毒、饮酒及其他的偏常行为来寻求自我的同一性。当成长中的孩子独立于父母而追求他的同一性时，同辈群体的影响最大。当同辈群体反对吸毒的态度强烈时，青年人使用毒品的现象就很少。父母亲的态度也会对青少年的毒品使用有影响，但是比同辈群体的态度带来的影响要小（Wormer & Davis，2003）。

第二，青春期大脑的发育特征可能会影响青少年做出冒险尝试酒精或其他毒品的行为。许多十几岁的青少年表现出与他们的价值观和智力似乎不和谐的、愚蠢的、高冒险的行为。现在，来自儿童认知神经科学的新发现提供了一种科学的解释：大脑的前额叶皮质直到 20 岁才能达到完全成熟，而前额叶皮质是与思维判断、感觉寻求和自我意识相联系的。由于这个原因，大多数十几岁的青少年就可能缺乏抵抗同伴压力的能力。

第三，心理学研究所发现的一些冒险因素也部分揭示了青少年期易于成瘾的原因。例如，Rose 在几个国家开展了一项有关酒精成瘾的纵向研究，是由老师和同学对被试所做的行为进行评估来预测从儿童到青年时期是否有可能滥用酒精。在瑞典的研究发现，10 岁的高感觉寻求和低伤害回避可以预测 27 岁时的酒精中毒症。加拿大和丹麦的研究也有相似的结果。来自芬兰的数据区分了男性和女性：8 岁时的攻击性行为可预示男性 20 年后的酗酒行为；对于女性，被别人戏弄时容易哭闹或焦虑害羞的儿童，长大后都易于酗酒。对于两性而言，较差的学业成绩是以后饮酒问题的预测因子。美国"成瘾和物质滥用研究中心"对 2000 名青少年和 1000 名父母的调查结果发现，父子关系也是影响青少年物质滥用的冒险因素。那些与品性不良的父亲一起生活的青少年比那些由母亲独自抚养的孩子更有可能吸烟、饮酒以及使用毒品。另外，那些报告说他们的父亲每天喝两瓶酒的青少年，他们自己滥用物质的危险性也很高。还有研究表明，儿童时期遭到虐待、忽视和其他创伤也是青少年晚期和成年早期出现成瘾行为的冒险因素。[1]

至于成年早期、成年中期以及老年期的成瘾问题，也都与埃里克森所倡导的"发展危机"的观点有关系。成年早期的发展危机是"亲密对孤独"，成年中期的发展危机是"繁殖对停滞"，老年期的发展危机是"自我整合对失望"，如果个体在这些阶段能顺利渡过，他将获得"爱、关心他人、智慧"等优秀的品质，表现出人格适应、心理健康；如果个体不能成功解决这些危机，他将会体验到孤独疏离、人际贫乏、悲观失望等消极情绪。研究证明，这些消极情绪与个体的成瘾行为也都有不同程度的相关性（Wormer & Davis，2003）。

五、自我价值感与成瘾

自我价值感（self-worth 或 self-esteem）是个人在社会生活中，认知和评价作为客体的自我（me）对社会主体（包括群体和他人）以及对作为主体的自我（I）的正向的自我情感体验。杨波采用黄希庭编制的自我价值感量表对北京市的 160 名强制隔离戒毒者进行了测量，结果表明强制隔离戒毒者的自我价值感要低于正常成年人。[2] 这与国外的研究结果是一致的，正常成人更倾向于肯定自己对社会的作用与贡献，更多地体验到自我潜能的发挥。有研究指出，低自尊是药物成瘾者的人格特点之一，他们的表现是认为自己

〔1〕　Reid J.，Macchetto P.，Foster S.，"No safe haven，Children of substance-abusing parents"，*Report from the Center on Addiction and Substance Abuse*，*Columbia University*，New York：CASA Publications，1999.

〔2〕　杨波："强制隔离戒毒者自我价值感特点的初步研究"，载《心理科学》2004 年第 27 期，第 859～862 页。

是没有价值的人，感觉自己是失败者，毫无用处，一无是处，并对自己持否定态度。[1]

　　杨玲等人运用自尊量表和背景资料调查问卷对我国甘肃省的242例吸毒女性进行了测查，结果表明：①年龄、婚姻状况、文化程度、经济收入等因素与吸毒女性自尊评分无显著相关；②人际关系因子对吸毒女性的评分有显著的影响；③文化程度不高、无固定的经济收入、失恋或离婚等因素是吸毒成瘾的重要的关联因素。[2]可见，对自我价值的认同与否也会在一定程度上影响个体的成瘾行为。

　　六、认知过程与成瘾：注意缺陷与成瘾思维

　　研究表明，成瘾者的认知过程，主要指他们信息加工的缺陷和认知方式的偏差，都与其成瘾行为有很高的相关度。就成瘾行为而言，信息加工缺陷的主要问题是成瘾者的注意缺陷，而认知偏差的结果是成瘾者形成了独特的成瘾思维和认知失调。

　　（一）成瘾者的注意缺陷

　　在很大程度上，注意过程的缺陷在大多数的成瘾行为障碍中都是存在的。例如，偏见和过分专注是许多成瘾问题所共有的一个主要症状，但不同的成瘾问题所专注的内容可能相差甚远，比如，酗酒者一心一意想着下一次饮酒，而病理性赌博者总想把钱赢回来。[3]

　　（二）成瘾思维

　　个体以特定的方式对信息加以歪曲并且这种歪曲与成瘾行为有着密切的联系，这种认知偏差理论在解释成瘾行为的病因学方面代表着一种领先的观点。Twerski（1997）出版了一本题为《成瘾思维：解析

---

　　〔1〕　Kaplan H. B., Meyerowitz J. H., "Social and psychological correlates of drug abuse: A comparison of addict and non-addict populations from the perspective of self-theory", *Social Science & Medicine* (1967), 1970, 4 (2), pp. 203~225. 曾恒等："心理干预在戒毒者自尊心培养中的应用"，载《中国心理卫生杂志》2002年第16期，第667~668页。

　　〔2〕　杨玲、康廷虎："242例戒毒女性人际关系和自尊水平的调查与分析"，载《心理学探新》2004年第24期，第63~66页。

　　〔3〕　Sher K. J., Trull T. J., "Substance use disorder and personality disorder", *Current Psychiatry Reports*, 2002, 4 (1), pp. 25~29.

自我欺骗》（*Addictive Thinking：Understanding Self-Deception*）的专著，书中讨论了成瘾者错误的思维模式。[1]为了更有效地应对和戒治成瘾行为，成瘾行为的咨询者必须了解成瘾认知过程的复杂性。表 5 - 2 概述了特韦尔斯基富于创见的观点。

（三）认知失调

认知失调理论（cognitive dissonance theory）由 Festinger（1957）提出，其本来属于社会心理学中的一个重要理论，在社会心理学领域产生了巨大的影响。按该理论的观点，认知失调是指当两种或两种以上的认知不一致或互相冲突时（如"我要吸烟"，"我想身体健康"，"吸烟有害健康"）所产生的紧张状态。当存在这样一种紧张状态时，人们便被激发去降低这种由失调造成的紧张状态。

吸烟者是怎样协调吸烟引起癌症的认知和他们希望生活下去的认知的呢？当然，一种最简单的失调降低机制是拒绝接受有关的信息，许多吸烟者都是这样做的。然而，有研究表明，人们在失调降低的尝试是非常微妙的。一组吸烟者和一组不吸烟者被问及数个问题，其中包括：由于吸烟导致癌症的威胁有多严重？抽多大量的烟才真正有危险？对癌症什么时候才能攻克？一个人要抽多少年的烟才真正有危险？毫不奇怪，与不吸烟者相比，吸烟者认为治疗癌症的方法会更早找到，所认为的有危害的吸烟年限也要长得多。令人印象特别深刻的是，如果你考察吸烟者已吸了多少年的烟、吸多少年的烟会真正带来危害、什么时候癌症治疗方法才会被找到这些问题时，吸烟者认为治疗方法会在他们自己有危险之前就被找到。如前所述，不吸烟者却认为导致患癌症危险的吸烟年限要小得多，癌症的攻克仍十分遥远，且治疗方法会在危险的吸烟年限之后才会被找到。可见，吸烟者是通过把危险减少到最低点来降低失调的，他们不但拒绝承认吸烟与癌症的关系，还同时认为他们是不那么容易受到伤害的，或者治疗方法是会被找到的。

---

〔1〕　Twerski A. J. , *Addictive Thinking：Understanding Self-deception*, Hazelden Publishing, 2013.

表 5 – 2　成瘾和非成瘾者思维方式的不同

成瘾思维	非成瘾思维
在歪曲事实的基础上有一套逻辑、原则和认知过程。	基于事实和合理性的逻辑、原则和认知过程。
表面的、精细的、误导的、颇具吸引力的逻辑。	直接的、明白的、并不诱人的逻辑。
结果产生原因（从结论开始思维，编造事例来评价结论，例如，"我问题太多而导致我酗酒"。）	原因导致结果（思维从事实开始，然后再获得结论，例如，"我酗酒是因为我有病，如果不治好病，就会出问题"。）
强烈而混乱的思维。	平静安宁的思维。
刻板的思维。	灵活的思维。
"全或无"的观点。	"灰色梯度"的观点。
"不是，就是"原则。	平衡的观点。
有时 2 + 2 = 5，有时 2 + 2 = 4。	总是，2 + 2 = 4。
思维是为保持成瘾习惯和现状而服务。	思维是为了挑战现状并提供其他的选择。
时间概念的测量是短时距：秒、瞬间、分、天。	时间概念的测量是长时距：几天、几周、几年、几十年。
基于耻辱感的思维，导致其无助感和绝望，拒绝改正其行为。	基于内疚感的思维，导致改正其行为
理解和意识不能改变其思维。	理解和意识通常能改变其思维。
自我概念不是基于事实。	自我概念是基于事实。
思维总限于保护性的防御机制：如否认、文饰作用、最小化、正当化、和责备。	思维不局限于保护性的防御机制。
认为痛苦的减轻只能通过逃避现实	认为痛苦的减轻最终还得直面现实。
不认为自己可能有成瘾的问题。	认为自己可能有成瘾的问题。
把他人纯正的言辞和行为看成有敌对的意图。	把他人的言辞和行为看成是中立或坦诚的。
以自己走捷径达到目标而自豪。	以自己通过艰苦工作而达到目标而自豪。
预期灾难将至，有着病态的期待（把半杯水看成是半个空杯子）。	预期中庸或积极的结果并有着乐观的期待（看成半杯满的水）。
情绪的超敏感性和情绪的血友病。	情绪有适度的起伏。
坚信自己的思维是正确的思维方式，其他的思维方式都是错误的。	能看到自己思维方式的错误，能认识到他人观点的合理性。
	思维导致接受自己的无能。

成瘾思维	非成瘾思维
思维导致无所不能、权力和控制的错觉。	期望花时间和耐心来产生改变（延迟满足）。
期望直接发生变化（直接满足）。	对自己的优缺点有平衡的看法。
仅仅看到自己的弱点。	能承认错误。
不能承认错误。	思维能避免被操纵和说谎。
思维已被完全的操控并说谎。	成就以内部指标来测量，如做一个好人。
成就以外部指标来测量，如物质、金钱和地位。	认为多数人并没有公开地不尊重和刺伤他们。
认为他人公开地欺骗、冒犯、藐视和羞辱他们。	

第三节　强制隔离戒毒人员心理特征的调查

一、强制隔离戒毒人员艾森克人格测量

（一）研究背景

1. 研究强戒人员人格特征的意义。尽管现有研究还不能证明吸毒者是天生注定的，但是吸毒者的人格特征确实明显异于正常人，并且与吸毒行为之间形成了一种恶性循环。通过识别强戒人员的人格特征，有助于了解人格与成瘾之间的关系，同时，有助于有效地利用心理学知识对人格进行完善和重新塑造。通过了解强戒人员人格特征与吸毒以及犯罪行为之间的关系，有助于在释放前对强戒人员进行一些预测工作，达到防微杜渐、未雨绸缪的效果，有效降低复吸率和犯罪率。

2. 研究目的。

（1）了解强戒人员的基本人格特征；

（2）了解强戒人员人格特征与人口统计变量的关系；

（3）了解强戒人员人格特征对吸毒以及犯罪行为的影响。

（二）研究对象

北京市教育矫治局在所男性吸毒人员481名。

（三）测量工具

研究采用《艾森克人格问卷》对北京市强戒人员的人格特征进行测量。艾森克人格问卷是由 H. J. 艾森克和 S. B. G. 艾森克设计的一种有关人格维度研究的测定方法，简称 EPQ，具有较高的信效度，它是目前为止，医学、司法、教育和咨询等领域中应用最为广泛的问卷之一。EPQ 包括四个分量表，即内外向、神经质、精神质和测谎。前三个量表代表人格结构的三种维度，它们之间彼此独立。测谎分量表虽是效度量表，但它本身也代表一种稳定的人格功能。EPQ 的常模以 10 岁为年龄段，各个年龄段有各自的平均数和标准差，以区分出高、中、低三个水平。

（四）研究结果与讨论

1. 强戒人员 EPQ 的总体特点。按照 EPQ 各年龄阶段的常模，将强戒人员按年龄分成四组：20～29 岁、30～39 岁、40～49 岁、50～59 岁，并分别求出其平均值和标准差。与相对应的年龄常模相比发现，在内外向、神经质、精神质三个维度上，各年龄段的强戒人员的平均得分均高于相对应的常模；在测谎维度上，除 20～29 岁年龄段强戒人员大于常模外，在其他三个年龄段强戒人员的得分均低于常模。结果如表 5 - 3 所示：

表 5 - 3　强戒人员 EPQ 各维度得分情况（N = 481）

	20～29 岁 (n=61)		30～39 岁 (n=220)		40～49 岁 (n=191)		50～59 岁 (n=9)	
	平均数	标准差	平均数	标准差	平均数	标准差	平均数	标准差
内外向	12.70	4.37	11.99	4.45	11.95	4.58	12.78	3.19
神经质	14.77	5.80	12.98	5.32	12.81	5.64	10.67	4.47
精神质	12.10	3.21	10.86	3.30	10.72	3.24	9.67	3.54
测谎	11.77	3.44	10.24	3.36	9.55	3.56	9.00	2.92

　　将强戒人员各年龄段的分量表得分与相对应的常模分别进行了t 检验，结果如表 5 - 4 所示：

表 5 - 4　不同年龄阶段各维度的 t 检验

	20 ~29 岁	30 ~39 岁	40 ~49 岁	50 ~59 岁
内外向	2. 35 *	1. 87	5. 44 *	2. 90 *
神经质	4. 42 *	9. 49 *	2. 74 *	0. 24
精神质	9. 09 *	11. 74 *	15. 78 *	2. 37 *
测谎	1. 16	- 3. 22 *	- 16. 15 *	- 4. 18 *

注：* ：$p < 0.05$。

　　由表 5 - 4 可以得知，20 ~ 29 岁强戒人员在内外向、神经质和精神质三个维度上的得分与正常人相比有显著差别，都显著高于正常人水平；30 ~ 39 岁强戒人员在神经质、精神质和测谎三个维度上的得分与正常人相比有显著差别，前两者显著高于正常人水平；40 ~ 49 岁强戒人员在四个维度上的得分均与正常人有显著差别，前三者显著高于正常人水平，测谎上的得分显著低于正常人水平。EPQ 各维度 50 ~ 59 岁强戒人员在内外向和精神质维度上明显高于正常人，在测谎上明显低于正常人。其中，无论处于哪个年龄段的强戒人员在精神质两个维度上的得分都明显高于正常人水平。

　　对于强戒人员在 EPQ 上所表现出来的人格特征，下面将从人口统计因素（年龄、婚姻、教育水平和工作）和吸毒以及违法行为因素（初次吸毒年龄、违法记录、毒品使用种类数和强戒次数）两个方面来分析有关差异和影响因素。将强戒人员的 EPQ 与人口统计问卷、吸毒违法行为问卷相合并，得到有效问卷 464 份。

　　2. EPQ 与人口统计变量。分别以年龄、婚姻、教育水平和工作情况为因素，对 EPQ 各维度分数进行单因素多元方差分析。结果显示，年龄（F = 4. 07，$p < 0.05$）、婚姻（F = 3. 30，$p < 0.05$）、教育水平（F = 2. 73，$p < 0.05$）在测谎这一维度上存在显著差异。如表5 - 5 所示：

表 5 - 5　EPQ 与人口统计变量的方差分析（F 值）

	年龄	婚姻	受教育水平	工作情况
内外向	0.57	0.50	1.34	2.12
神经质	1.46	1.82	2.05	0.77
精神质	1.67	1.27	0.33	0.11
测谎	4.07*	3.30*	2.73*	0.42

注：*：$p < 0.05$。

（1）年龄。以 5 岁为年龄段，将年龄分为 20～24 岁、25～29 岁、30～34 岁、35～39 岁、40～44 岁和 45 岁以上六组。对不同年龄组强戒人员在 EPQ 各维度的得分进行事后检验，结果显示：在神经质维度上，25～29 岁强戒人员显著高于 30～34 岁（$p < 0.05$）、40～44 岁（$p < 0.05$）的强戒人员；在精神质维度上，25～29 岁强戒人员显著高于 30～34 岁（$p < 0.05$），40～44 岁（$p < 0.05$）以及 45 岁以上（$p < 0.05$）的强戒人员；在测谎维度上，25～29 岁强戒人员显著高于 30～34 岁（$p < 0.01$）、35～39 岁（$p < 0.01$）、40～44 岁（$p < 0.01$）以及 45 岁以上（$p < 0.01$）的强戒人员。从总体上来说，25～29 岁的强戒人员在神经质、精神质以及测谎上的得分相较于其他组明显偏高。

（2）婚姻。婚姻状况分单身，已婚有小孩，已婚无小孩，未婚同居和分居、离婚、丧偶五类。对不同婚姻状况的强戒人员在 EPQ 各维度上的得分进行事后检验，结果显示：在神经质维度上，未婚同居者的得分明显高于单身者（$p < 0.01$）和已婚有小孩者（$p < 0.05$）；在测谎维度上，未婚同居者的得分明显高于已婚有小孩者（$p < 0.05$）、已婚无小孩者（$p < 0.01$）以及分居、离婚、丧偶者（$p < 0.01$）。单身者的得分明显低于分居、离婚、丧偶者（$p < 0.05$）。

（3）受教育水平。教育水平分为小学及以下、初中、高中、大专及以上四种，对不同受教育水平的强戒人员在 EPQ 各维度上的得分进行了事后检验，结果显示：在神经质和测谎维度上，初中文化者的得分显著高于高中文化者（$p < 0.05$）。

（4）工作情况。工作情况分为无工作、部分时间工作和有固定工作三种。方差分析显示，不同工作情况强戒人员在 EPQ 各维度的得分无显著性差异。

3. EPQ 各维度与吸毒以及犯罪行为。对 EPQ 与吸毒以及犯罪行为（包括犯罪前科、初次吸毒年龄、是否合并用药、强戒次数、吸毒年限）进行相关分析，结果显示：犯罪前科种类与神经质、测谎呈正相关，即在神经质、测谎上得分越高的强戒人员，犯罪记录越多，这就说明，人格特征与犯罪史是存在一定关系的。初次吸毒年龄与神经质、精神质和测谎均呈负相关，即在神经质、精神质和测谎上得分越低的强戒人员，第一次吸毒的年龄越大，相反，在三个维度上得分越高的强戒人员，第一次吸毒的年龄越小。这项结果表明，一方面，某些人格特征的人较早吸毒的可能性较大，另一方面也能说明，吸毒行为会对人格产生一定的影响，即越早吸毒的人，其人格特征在这三个维度上上升的可能性越大；强戒次数与内外向成负相关，即强戒次数越多，强戒人员越偏于内向，这有可能是标签化引起的社会歧视和自我孤立所造成的。如表 5 - 6 所示：

表 5 - 6　EPQ 各维度与吸毒及违法行为的相关分析
（仅列出相关显著的项目）

	内外向	神经质	精神质	测谎
犯罪前科种类	0.01	0.12**	0.10	0.10*
初次吸毒年龄组	-0.03	-0.11*	-0.15**	-0.24**
强戒次数	-0.13**	-0.02	-0.01	-0.04

注：*：$p < 0.05$；**：$p < 0.01$。

对 EPQ 与吸毒以及犯罪行为（包括犯罪前科、初次吸毒年龄、是否合并用药、强戒次数、吸毒年限）进行了方差分析，见表 5 - 7，结果显示：初吸年龄在精神质（F = 3.03，$p < 0.05$）和测谎（F = 8.78，$p < 0.05$）维度得分上有显著差异；吸毒年限在精神质（F

$=2.41$，$p < 0.05$）和测谎（$F = 1.48$，$p < 0.05$）维度得分上有显著差异。

表 5 – 7　初次吸毒年龄组与 EPQ 各维度得分的方差分析（F 值）

	犯罪前科	初吸年龄	合并用药	强戒次数	吸毒年限
内外向	1.28	0.23	0.37	2.43	1.10
神经质	2.25	2.27	0.11	0.16	2.44
精神质	1.02	3.03*	0.63	0.03	2.41*
测谎	1.88	8.78*	3.77	0.63	1.48*

注：*：$p < 0.05$。

（1）犯罪前科。对强戒人员的犯罪前科情况进行分类：无其他犯罪、有一种犯罪、有两种犯罪和有三种以上犯罪。事后检验的结果表明：在神经质维度上，无犯罪前科者的得分明显低于有两种犯罪前科者（$p < 0.05$）；在测谎维度上，无犯罪前科者的得分明显低于有一种犯罪前科者（$p < 0.05$）。

（2）初次吸毒年龄组。初次吸毒年龄分为四组：19 岁以下、20 ~ 29 岁、30 ~ 39 岁和 40 岁以上。对不同初次吸毒年龄强戒人员在 EPQ 各维度的得分进行事后检验，结果显示：在神经质维度上，初次吸毒年龄在 19 岁以下者的得分明显高于 20 ~ 29 岁者（$p < 0.05$）和 30 ~ 39 岁者（$p < 0.05$）；在精神质维度上，初次吸毒年龄在 19 岁以下者的得分明显高于 30 ~ 39 岁者（$p < 0.01$）；在测谎维度上，初次吸毒年龄在 19 岁以下者的得分明显高于 20 ~ 29 岁者（$p < 0.01$）和 30 ~ 39 岁者（$p < 0.01$）。上述结果表明，19 岁以前吸毒的强戒人员在三个维度上处于偏高水平，并且这三个维度极有可能是强戒人员易于成瘾的原因。

（3）合并用药。合并用药变量分为 1 种、2 ~ 3 种、4 ~ 5 种和 6 种以上四种情况，对用药种类数不同的强戒人员的 EPQ 各维度得分进行方差分析，结果显示，用药种类数与 EPQ 各维度的得分不存在显著差异。

（4）强戒次数。根据强戒次数将被试分成四组，包括强戒 1 次、强戒 2 次、强戒 3 次、强戒 4 次以及以上。对不同强戒次数的强戒人员的 EPQ 各维度的得分进行方差分析，结果显示，不同强戒次数的吸毒人员在 EPQ 各维度上的得分均不存在显著差异。

（5）吸毒年限。吸毒年限分为 5 年以下、6～10 年、11～15 年、16 年以上四组。结果表明，不同吸毒年限的强戒人员在神经质和精神质维度上有显著差异。这表明，吸毒行为对人格产生了极大的影响。

（五）小结

从以上调查结果中我们可以看到：

1. 总体上来看，强戒人员在 EPQ 各维度的得分与相对应的年龄常模相比发现，在内外向、神经质、精神质三个维度上，各年龄段的强戒人员的平均得分均高于相对应的常模；在测谎维度上，除 20～29 岁年龄段强戒人员大于常模外，其他三个年龄段强戒人员的得分均低于常模。将强戒人员各年龄段的分量表得分与相对应的常模分别进行了 t 检验，结果表明：20～29 岁强戒人员在内外向、神经质和精神质三个维度上的得分与正常人之间有显著差异，都显著高于正常人水平；30～39 岁强戒人员在神经质、精神质和测谎三个维度上的得分与正常人有显著差异，前两者显著高于正常人水平；40～49 岁强戒人员在四个维度上的得分均与正常人有显著差异，前三者显著高于正常人水平，测谎维度上的得分显著低于正常人水平；50～59 岁强戒人员在内外向和精神质维度上明显高于正常人，在测谎维度上明显低于正常人。其中，无论处于哪个年龄段的强戒人员在精神质维度上的得分都明显高于正常人水平。这说明，强戒人员在 EPQ 所表现出的四个人格维度上，与正常人有显著差异，也就是说，强戒人员在人格上是异于正常人的。而这种人格差异部分原因来自于吸毒前的遗传因素和环境因素，部分原因来自于吸毒后带来的生理、心理以及社会影响。对于 20～29 岁年龄段强戒人员来说，其在内外向、神经质和精神质维度上所表现出来的显著差异性，可能暗示了一种容易习得吸毒行为的人格倾向。也就是说，处于该年龄段的人，如果善于交际，喜欢刺激和冒险，容易焦虑，适应能力差，并且喜欢标新立异，那么其吸毒的可能性相较于正常人更大。对于 30~39、40~49 以及 50~59 岁的强戒人员来说，其在精神质维度上明显高于正常人，在测谎维度上的得分明显低于正常人，这可能说明了人格与吸毒的相互作用。

2. EPQ 各维度与人口统计变量、吸毒与犯罪行为变量之间的关系。通过将 EPQ 各维度与人口统计变量（年龄、婚姻、教育水平和工作）和吸毒以及犯罪行为变量（初次吸毒年龄、违法记录、毒品使用种类数和强戒次数）两个方面分别进行方差分析，结果表明：从总体上看，年龄、婚姻、教育水平在测谎这一维度上存在显著差异，这说明，人口统计变量与人格之间的相互作用关系；初吸年龄在精神质和测谎维度得分上有显著差异，这似乎暗示存在某些易于成瘾的人格特质；吸毒年限在精神质和测谎维度得分上有显著差异，这说明吸毒造成了人格的改变，并且与某些强戒人员原有的人格特质共同塑造了强戒人员现在的人格。

具体来说，对于处于不同年龄阶段的强戒人员，25~29 岁的强戒人员在神经质、精神质以及测谎上的得分相较于其他组明显偏高，这可能是由该年龄阶段所承担的压力和使命导致的。对于不同婚姻状况的强戒人员，在神经质维度上，未婚同居者的得分明显高于单身者和已婚有小孩者。在测谎维度上，未婚同居者的得分明显高于已婚有小孩者、已婚无小孩者以及分居、离婚、丧偶者，而单身者的得分明显低于分居、离婚、丧偶者。这表明了婚姻状况与人格之间具有相互影响关系。对于不同文化程度的强戒人员，在神经质和测谎维度上，初中文化者的得分显著高于高中文化者；对于不同犯罪前科的强戒人员，在神经质维度上，无犯罪前科者的得分明显低于有两种犯罪前科者。在测谎维度上，无犯罪前科者的得分明显低于有一种犯罪前科者；对于不同初次吸毒年龄的强戒人员，在神经质维度上，初次吸毒年龄在 19 岁以下者的得分明显高于 20~29 岁者和 30~39 岁者。在精神质维度上，初次吸毒年龄在 19 岁以下者的得分明显高于 30~39 岁者。在测谎维度上，初次吸毒年龄在

19 岁以下者的得分明显高于 20～29 岁者和 30～39 岁者。上述结果表明，19 岁以前吸毒的强戒人员在三个维度上处于偏高水平，并且这三个人格特质极有可能是强戒人员易于成瘾的原因。

对 EPQ 与吸毒以及犯罪行为（包括犯罪前科、初次吸毒年龄、是否合并用药、强戒次数、吸毒年限）进行相关分析，结果显示：犯罪前科种类与神经质、测谎呈正相关，即在神经质、测谎上得分越高的强戒人员，犯罪记录越多，这就说明，人格特征与犯罪史是存在一定关系的；初次吸毒年龄与神经质、精神质和测谎均呈负相关，即在神经质、精神质和测谎上得分越低的强戒人员，第一次吸毒的年龄越大，相反，在三个维度上得分越高的强戒人员，第一次吸毒的年龄越小。这项结果表明，一方面，某些人格特征的人较早吸毒的可能性较大，另一方面也能说明，吸毒行为会对人格产生一定的影响，即越早吸毒的人，其人格特征在这三个维度上上升的可能性越大；强戒次数与内外向成负相关，即强戒次数越多，强戒人员越偏于内向，这有可能是标签化所引起的社会歧视和自我孤立所造成的。

综上所述，强戒人员在人格特征上是不同于正常人的。不同的年龄、婚姻、教育、工作等状况以及初次吸毒年龄、吸毒年限、是否合并用药、犯罪前科等因素与其人格之间的相互影响，使得强戒人员成为异于正常人的特殊群体。因此，在帮助强戒人员戒毒时，首先要考虑到强戒人员独特的人格特征，并了解这些人格特征与个人基本情况、吸毒行为以及犯罪行为之间的关系，以此因材施教、针对个人进行戒治。此外，了解人格特征与吸毒及犯罪行为之间的关系，有助于我们进行前瞻性的研究，采取预防措施，降低复吸率和犯罪率。

二、强制隔离戒毒人员应付方式测量

（一）前言

1. 应付。应付（Coping）一词由其动词形式 cope 变化而来。"Cope" 原意为：有能力或成功地对付环境挑战或处理问题。尽管迄今对应付的认识还存在分歧，但就本质而言，应付可理解为：个体在应激环境或事件中，对该环境或事件作出认知评价以及继认知评价之后为平衡自身精神状态所采取的措施。[1]

应付方式即不同的应付类别，研究中的应付方式分六类：

（1）逃避：对应激和压力表现出无所谓、不愿面对和正视现实出现的问题、对生活中出现的问题采取观望的态度，而不是采取措施积极应对；

（2）幻想：表现为事情发生后，希望事情没有发生，或者视而不见等；

（3）自责：表现为自暴自弃、自我谴责、后悔等；

（4）求助：表现为向他人寻求帮助；

（5）合理化：对事情的发生寻找合理的原因；

（6）解决问题：面对问题思考对策、采取措施。

2. 研究应付方式的意义。应激能否引起健康损害与三个因素有关：应激源的强度、社会支持和应付方式。由于前两个因素个人无法控制，因此，就个体的自我保护而言，在应激情况下，采取什么样的应付方式来缓解应激就至关重要。在一项对强制隔离戒毒人员的研究中发现，积极应对方式与心理健康水平呈显著正相关，消极应对方式与心理健康水平呈显著负相关。在排除了人口学变量和其他有关变量（吸毒时间、戒毒次数）的影响后，应对方式的两个维度：回归社会的消极应对与家庭问题的积极应对对个体的心理健康产生显著影响，对身心症状有较强的预测力。[2]

对于强戒人员而言，吸毒行为本身就可以看作他们逃避现实应付压力的一种方式，同时他们所使用的应付方式也可能是导致他们吸毒和复吸的重要影响因素。因此，应付方式与强戒人员的心理健康和吸毒行为均有重要关系。

---

〔1〕 肖计划："应付和应付方式"，载《中国心理卫生杂志》1992 年第 6 期，第 181~184 页。

〔2〕 张婷婷："戒毒强制隔离戒毒人员应付方式、社会支持和心理健康的关系"，华中师范大学 2006 年硕士学位论文。

3. 研究目的。

（1）了解强戒人员应付方式的基本情况；

（2）了解影响强戒人员应付方式的主要因素；

（3）了解强戒人员应付方式对吸毒行为的影响。

（二）研究对象

北京市教育矫治局在所男性吸毒人员 455 人。年龄 20～53 岁，平均年龄 37.4 岁。

（三）测量工具

研究应付方式使用的测量工具为肖计划编制的《应付方式问卷》（Coping Style Questionnaire）。该量表包括 62 个项目，分为解决问题、自责、求助、幻想、逃避和合理化六个分量表。其中解决问题和求助为成熟的应对方式，自责、幻想和逃避为不成熟的应对方式，合理化为混合型的应对方式。每个分量表的得分 = 分量表单项条目分之和/分量表条目数。各分量表得分越高，说明该个体越倾向于使用相应的应付方式。该问卷的再测信度系数各因子分别在 0.62～0.72 之间，说明其基本上具备可靠而稳定的信度；经效度评估，构成各因子题目的负荷取值在 0.35 或以上，说明具有良好的效度。[1]

（四）结果与讨论

1. 强戒人员应付方式总体特点。从表 5 - 8 可以看出，强戒人员六种应付方式平均分由大到小分别是：解决问题、逃避、幻想、合理化、求助、自责。

表 5 - 8　强戒人员应付方式各维度得分情况（N = 472）

	平均数	众数	标准差	最小值	最大值	百分位			
						20	40	60	80
解决问题	0.67	0.75	0.21	0.00	1.00	0.50	0.67	0.75	0.83

---

〔1〕　肖计划、许秀峰："应对方式问卷效度与信度研究"，载《中国心理卫生杂志》1996 年第 4 期，第 164～168 页。

续表

	平均数	众数	标准差	最小值	最大值	百分位			
						20	40	60	80
自责	0.41	0.30	0.23	0.00	1.00	0.20	0.30	0.40	0.60
求助	0.43	0.30	0.23	0.00	1.00	0.20	0.30	0.50	0.60
幻想	0.50	0.50	0.25	0.00	1.00	0.30	0.40	0.60	0.70
逃避	0.55	0.50	0.26	0.00	1.00	0.30	0.50	0.60	0.80
合理化	0.48	0.36(a)	0.24	0.00	1.00	0.27	0.36	0.55	0.73

注：a 有多个众数，所列的为最小的一个。

以20%、40%、60%、80%分位数将各维度得分划分为低、中低、中、中高、高五个等级。各维度在五个等级上的人数分布和比例，见表5-9。

表5-9　强戒人员应付方式各维度得分等级分布（N=472）

	低	中低	中	中高	高
解决问题	120 (25.4%)	119 (25.2%)	78 (16.5%)	0 (0%)	155 (32.8%)
自责	141 (29.9%)	83 (17.6%)	73 (15.5%)	85 (18.0%)	90 (19.1%)
求助	102 (21.6%)	89 (18.9%)	131 (27.8%)	63 (13.3%)	87 (18.4%)
幻想	139 (29.4%)	59 (12.5%)	132 (28.0%)	53 (11.2%)	89 (18.9%)
逃避	109 (23.1%)	129 (27.3%)	60 (12.7%)	116 (24.6%)	58 (12.3%)
合理化	80 (16.9%)	60 (12.7%)	126 (26.7%)	104 (22.0%)	102 (21.6%)

按应付方式的成熟度分类，解决问题和求助为成熟应对方式，自责、幻想和逃避为不成熟应对方式，合理化为混合型应对方式。从人数分布表 5 - 10 中可以看到，处于中间得分者占大多数。

表 5 - 10　强戒人员三种应付方式得分情况（N = 472）

	平均数	众数	标准差	最小值	最大值
成熟型	0.56	0.50	0.18	0.09	1.00
未成熟型	0.49	0.53	0.22	0.03	1.00
混合型	0.48	0.36（a）	0.24	0.00	1.00

下面将强戒人员的应付方式从人口统计因素（年龄、婚姻、文化程度、工作）和吸毒及违法行为因素（第一次吸毒年龄、违法记录、毒品使用种类数、强戒次数）两个方面，分析有关差异和影响因素。

2. 应付方式与人口统计变量。研究主要探讨年龄、婚姻、文化程度和工作情况四个因素。为更详细讨论以 5 岁为年龄段将年龄分为 20 ~ 24 岁、25 ~ 29 岁、30 ~ 34 岁、35 ~ 39 岁、40 ~ 44 岁、45 岁以上六个组；婚姻状况分为单身者、已婚有小孩、独居（包括分居、离婚、丧偶者）、未婚同居、已婚无小孩者五类；文化程度根据强戒人员学历偏低的特点分为小学、初中、高中、大专及以上四种；工作状态分无工作、部分时间工作、有固定工作三类。分别以年龄、婚姻、教育水平和工作情况为因素，做应付方式各维度的单因素多元方差分析，结果见表 5 - 11。

表 5 - 11　应付方式各维度与人口统计变量的单因素
　　　　　多元方差分析（F 值，N = 455）

	年龄	文化程度	婚姻	工作
解决问题	0.31	0.95	0.48	5.07*
自责	1.73	0.74	2.85*	1.62
求助	3.10*	0.30	1.89	2.76

续表

	年龄	文化程度	婚姻	工作
幻想	1.59	0.82	1.62	0.20
逃避	1.57	1.02	1.86	0.82
合理化	2.53*	1.53	0.78	2.15
成熟型方式	0.63	0.75	0.20	5.84*
不成熟型方式	1.27	1.64	1.67	0.11

注:*: $p < 0.05$。

（1）年龄。从表中可以看出，求助（F = 3.10，$p < 0.05$）和合理化(F = 2.53，$p < 0.05$)存在组间差异，其余维度上的年龄段组间未见显著性差异。经事后检验发现：

第一，在求助维度上，25～29岁组得分显著高于35岁以上组；30～34岁高于40～44岁组。这可能是由于25～34岁处于人生的中年早期，事业、家庭各方面都需要发展，他们面临众多问题，而且这些问题都难以解决，更多地求助于父母、长辈、朋友等他人的指点和帮助。

第二，在合理化维度上，40岁以上各组得分显著高于30～34岁组（$p < 0.01$）。40岁以上属于人生的成年期，逐步走向成熟和理性，面对应激和压力能够承受和面对，因此在合理化维度得分较突出。

（2）婚姻。研究显示，强戒人员中五类不同婚姻状态者在应付方式的自责维度有显著差异（F = 2.85，$p < 0.05$）。经事后检验发现，主要是未婚同居者在自责维度的得分高于其他几类人（$p < 0.05$）。自责主要表现为将失败、失意归因于自己的过去或自己的客观环境，但是又不因此而振作。虽然随着时代的前进，中国人的婚姻观也发生了很大的变化，开始逐步接受未婚同居、试婚、丁克等婚恋模式，但未婚同居毕竟与传统的婚姻模式相违背。未婚同居者需要面对社会舆论和传统社会规范的压力，由此而产生负罪感，

进而出现自责、自暴自弃的状态。但也有可能是那些常用自责方式
应对压力的群体中更容易出现未婚同居者。

（3）文化程度。强戒人员的受教育水平普遍偏低，大多是初中
或高中文化。研究中，不同受教育水平组间的应付方式在各维度均
未发现显著差异。这说明应付方式的学习和使用，更多的是在生活
中习得的。

（4）工作状态。从表中可以看到，不同工作状态者在解决问题
维度存在明显差异（$F = 5.07$，$p < 0.05$）。经事后检验发现，有固
定工作者解决问题维度得分显著高于无工作者（$p < 0.01$）。研究还
发现，无工作者在成熟型应对方式上的得分显著低于有固定工作者
（$p < 0.01$）和部分时间工作者（$p < 0.05$）。这说明工作对使用成熟
合理的应对方式有重要的作用。

3. 应付方式与吸毒及犯罪行为。强戒人员与普通人的不同之处
就在于他们的吸毒及犯罪行为。本书将探讨应付方式与吸毒及犯罪
行为五个因素之间的关系。其中，前科记录分为无其他犯罪、有 1
种犯罪、有 2 种犯罪、有 2 种以上犯罪四组；初次吸毒年龄分为 19
岁以下、20～29 岁、30～39 岁、40 岁以上四组；吸毒年限分为 5
年以下、6～10 年、11～15 年、16 年以上四组；合并用药情况分为
1 种、2～3 种、4～5 种、6 种以上四组；强戒次数分为 1 次、2 次、
3 次、4 次及以上四组。分别以这五个吸毒行为特征为因素，对应付
方式各维度作单因素多元方差分析，结果见表 5 - 12。

表 5 - 12　应付方式与吸毒及犯罪行为特征因素的
多元方差分析（F 值，N = 455）

	前科	初吸毒年龄	吸毒年限	合并用药	强戒次数
解决问题	0.35	0.58	0.29	1.54	0.74
自责	1.18	1.16	1.16	0.71	0.94
求助	0.54	2.57	1.22	4.15*	0.82
幻想	2.62*	0.53	1.80	0.52	0.50

	前科	初吸毒年龄	吸毒年限	合并用药	强戒次数
逃避	1.35	1.92	1.53	1.50	0.69
合理化	6.78*	0.98	1.69	0.93	1.36
成熟型	0.39	1.22	0.83	2.71*	0.43
未成熟型	2.05	0.78	1.70	0.75	0.81

注：*：$p < 0.05$。

（1）犯罪前科。犯罪前科记录是指强戒人员除吸毒外，是否有其他犯罪记录，如偷窃、抢劫、贩毒等犯罪行为。从表 5 - 12 可见，不同犯罪前科记录者在幻想（$F = 2.62$，$p < 0.05$）和合理化（$F = 6.78$，$p < 0.05$）维度有显著差异。经事后检验发现：

第一，在幻想维度上，无其他犯罪前科者得分比有 1 种犯罪记录者低（$p < 0.05$），也比有 3 种以上犯罪记录者低（$p < 0.05$）。

第二，在合理化维度上，无其他犯罪前科者得分比有两种犯罪记录者低（$p < 0.05$），也比有 3 种以上犯罪记录者低（$p < 0.05$）。

（2）初次吸毒年龄。研究中未发现不同初次吸毒年龄层次的人在应付方式上有显著差异。

（3）吸毒年限。研究中未发现不同吸毒年限水平的人在应付方式上有显著差异。

（4）是否合并用药。从表 5 - 12 中可见，不同程度的合并用药行为者在求助维度上具有显著性差异（$F = 4.15$，$p < 0.05$）。从应付方式的成熟类型看，成熟型得分在不同程度的合并用药者之间有显著差异（$F = 2.71$，$p < 0.05$）。经事后检验发现：

第一，在求助维度上，使用过 4～5 种毒品组比只使用过 1 种组（$p < 0.05$）和 2～3 种组（$p < 0.01$）得分高，使用 6 种以上毒品组高于使用过 2～3 种组（$p < 0.01$）。

第二，使用过 4～5 种毒品组的成熟型应付方式得分显著高于 1 种（$p < 0.05$）和 2～3 种组（$p < 0.05$）。

（5）强戒次数。研究中未发现不同强戒次数的人在应付方式上有显著差异。

（五）小结

从以上调查中我们可以看到：

1. 总体上看，此次调查的大多数对象在解决问题、自责、求助、幻想、逃避和合理化各维度得分均处在中间位置。

2. 解决问题：在不同工作状况的强戒人员中存在差异，其中有固定工作者得分显著高于无工作者。

3. 自责：在不同婚姻状况的被访问者中存在差异，其中未婚同居者在自责维度的得分高于其他婚姻状况者。

4. 求助：在不同年龄组间存在差异，25～29岁组得分显著高于35岁以上组，30～34岁组高于40～44岁组。不同合并用药组间也存在差异，使用过4～5种毒品组比只使用过1种组和使用过2～3种毒品组得分高；使用6种以上毒品组高于使用过2～3种组。

5. 幻想：在不同前科记录强戒人员中存在差异，无其他犯罪前科者得分比有一种犯罪记录者低，也比有三种以上犯罪记录者低。

6. 合理化：在不同年龄和不同前科记录强戒人员中存在差异。40岁以上各组得分显著高于30～34岁组；无其他犯罪前科者得分比有两种犯罪记录者低，也比有三种以上犯罪记录者得分低。

7. 以上结果提示我们在帮助强戒人员形成良好的应付方式时，应当注意他们的基本特征。

三、强制隔离戒毒人员自我控制测量

（一）研究背景

1. 自我控制。Kopp（1982）认为，自我控制（self-control）是个体自我意识发展到一定程度所具有的功能，是个体的一种内在能力，外在表现为一组相关行为，是个体自主调节行为、使其与个人价值和社会期望相匹配的能力。[1] Block等人认为自我控制由自我控制（ego-control）和自我弹性（ego-resilience）组成。控制指个体认

---

〔1〕　但菲："儿童自我控制能力研究综述"，载《沈阳师院学报（社会科学版）》2001年第1期。

知、情绪冲动、行为和动机表达阈限；弹性指个体能动的调节控制水平，以适应环境的限制与可能性，或为了取得能量并达到长期目标的能力。[1]

自我控制是自我意识的重要成分，是个体对自身心理和行为的主动掌握，是个体自觉地选择目标，在没有外界监督的情况下，适时地监督调节自己的行为，抑制冲动，抵制诱惑，延迟满足，坚持不懈地保证目标实现的一种综合能力，表现在认知、情感、行为等方面。[2]

张灵聪在研究中国古代思想家著作的基础上提出，中国强调社会价值取向，因此个体对社会的影响也属于自控范畴，比如古代思想家颜之推所说的诚效、慎言、检迹以及立身和扬名都在自控的涵义之中。[3]

可以看出，多数研究者是从亲社会行为的角度对自我控制的概念进行了阐述，国内学者主要强调在没有外界监督下，个体遵守道德规范的亲社会行为能力，即自我控制的内控方面；而国外学者还强调了自我控制对适应环境或社会期望的调节，包括自我控制的内控和外控两个方面。

综合中外心理学家的观点，自我控制应该定义为：属于意志研究范畴，在没有外界监督情况下，个体调节行为、抵制诱惑、抑制冲动、确保目标完成的能力。

2. 研究自我控制的意义。从个体发展的角度看，自我控制策略的运用纵贯了个体的生命全程；同时，它又是个体进行社会化的关键，是自我心理结构的重要组成部分。自我控制不仅关系到个体的成功与否，还有研究表明，低自我控制与不良行为也有某种联系。

---

〔1〕　翟晟："男性未成年犯偏差行为—自我控制及其影响因素的研究"，华东师范大学 2006 年硕士学位论文。

〔2〕　宋辉、杨丽珠："儿童自我控制发展研究综述"，载《辽宁师范大学学报》1999 年第 6 期，第 35～38 页。

〔3〕　张灵聪："我国古代心理学思想家关于自我控制的论述"，载《心理科学》2001 年第 24 期。

不良行为即具有犯罪倾向、轻微违法但未构成犯罪的行为，包括赌博、吸毒和酗酒等。1990 年，Gottfredson 和 Hirsichi 提出了著名的"一般不良行为理论"。该理论认为：低自我控制是不良行为产生的心理机制，是解释犯罪的最重要、最关键的因素，其他因素都是通过自我控制间接地作用于个体的。高自我控制者在任何场合、任何时间发生不良行为的可能性都低于低自我控制者；低自我控制者通常用违反社会规范的手段来追求需要和利益的立即满足。[1]

对自我控制进行研究可以测量强戒人员的自我控制水平，有针对性地对其进行训练和辅导，帮助其提高自控水平和自我效能感，抵御毒品的诱惑。

3. 研究目的。

（1）了解强戒人员自我控制的基本情况；

（2）了解影响强戒人员自我控制的主要因素；

（3）为制定个性化的戒毒方案提供依据。

（二）研究对象

北京市教育矫治局在所男性吸毒人员。

（三）测量工具

采用自我控制量表对强戒人员的自我控制能力进行测量，量表共16 题，分为三个维度：冲动冒险性、自我情绪性和简单化倾向，分别计算受测强戒人员在三个维度上的得分以及总分。量表采用五点计分法：①完全不符合；②基本不符合；③一般；④基本符合；⑤完全符合。计分方式包括正向计分（得分顺序依次为 4，3，2，1）和反向计分（得分顺序依次为 1，2，3，4）。

自我控制总分高者，自我控制能力低，很少约束自己的行为，对需要满足的延迟能力差，容易采取不符合社会规范的手段满足自

---

〔1〕 徐宏图："关于低自我控制与不良行为研究概述"，载《中国特殊教育》2005年第 5 期。Gottfredson, M. R. and Hirsichi, T., *A General Theory of Crime*, Stanford University Press, 1990.

己的需要；自我控制总分低者，自控能力强，能够适当地抑制自我需求，实施合乎社会规范的行为。冲动冒险维度分数低意味着，受试者行事倾向于谨慎、保守、三思而后行；反之，分数高者易冲动，对行为和决定缺乏充分的思考。自我情绪性维度分数高者，其行为常受情感而非理智的控制；分数低者遇事冷静，善于理性地处理问题。简单化倾向维度的高分者，做事计划性不强，遇到问题倾向于使用简单、单一的方法处理；反之，得分低者善于思考，倾向于采用发散性思维解决问题。

量表数据分析使用平均分来进行计算，（分）量表平均分 =（分）量表原始分／（分）量表题目数。

（四）结果与讨论

1. 强戒人员自我控制能力的总体特点。本次调查发现，强戒人员自我控制量表总分基本呈正态分布，即得分高、中、低者比例均衡，得分居中者偏多。从自我控制的各维度看，冲动冒险性呈正偏态分布，虽然得分中等的人数居多，但处于低分的受试者多于高分者；自我情绪性呈正偏态但接近正态分布，得分居中者偏多，低分者稍多于高分者；简单化倾向基本呈正态分布，得分居中者偏多。

将强戒人员在自我控制量表各维度得分的平均数与普通中学生、工读学生和监狱犯人的平均数相比较，[1]发现除简单化倾向维度上，强戒人员得分低于普通中学生，监狱犯人低于工读学生之外，这四个对象团体在其他维度上分数的平均数由低至高排列为普通中学生、强戒人员、工读学生、监狱犯人（表5-13）。这说明不同犯罪程度者的自我控制能力确实有着差异：无犯罪行为的普通中学生自我控制力最好；强戒人员的吸毒行为属于违法行为但未构成犯罪，因此其自我控制能力强于工读学生；监狱犯人的犯罪行为多数属于严重的违法犯罪行为，因此其自我控制力最差。至于简单化倾向维度上的特殊情况，原因可能是与强戒人员和监狱犯人相比，

───────────

〔1〕　范大裕：“论吸毒心理及控制对策”，载《贵州民族学院学报（社会科学版）》2000年第3期，第15页。

普通中学生和工读学生的年龄较小，认知能力尚未成熟，在某些时候、某些情况下会出现处事简单化的倾向。

表 5 - 13   不同对象群体自我控制量表得分的平均数和
标准差的比较（平均分）

		普通中学生	强戒人员	工读学生	监狱犯人
平均数	冲动冒险性维度	2.63	2.75	3.01	3.47
	自我情绪性维度	2.76	2.78	3.01	3.19
	简单化倾向维度	2.95	2.83	2.90	2.87
标准差	冲动冒险性维度	0.78	0.80	0.97	0.98
	自我情绪性维度	0.64	0.65	0.80	0.87
	简单化倾向维度	0.57	0.66	0.61	0.66

从表 5 - 13 可以看出，强戒人员自我控制三维度的平均数接近，由大到小分别是简单化倾向、自我情绪性、冲动冒险性。

按 20%、40%、60%、80% 分位数将各维度得分划分为低、中低、中、中高、高五个等级。各维度在五个等级上的人数分布和比例如表 5 - 14。

表 5 - 14   强戒人员自我控制量表总分和各分量表得分
等级频数分布（N = 474）

	低	中低	中	中高	高
自我控制	106 (22.4%)	120 (25.3%)	71 (15.0%)	83 (17.5%)	94 (19.8%)
冲动冒险性维度	105 (22.2%)	96 (20.3%)	124 (26.2%)	93 (19.6%)	56 (11.8%)
自我情绪性维度	124 (26.2%)	49 (10.3%)	155 (32.7%)	78 (16.5%)	68 (14.3%)
简单化倾向维度	114 (24.1%)	33 (7.0%)	166 (35.0%)	93 (19.6%)	68 (14.3%)

从以上分组情况可以看到，自我控制量表总分呈现出前高后低式的分布，中低分组人数比例最大，其次是低分组，再次是高分组、中高分组，中分组人数最少；自我控制的分量表分数都表现出相同的趋势，得分处于中间位置者占大多数，即中分组的比例最大，其次为低分组，再次为中高分组、高分组，中低分组人数最少。

对于强戒人员的自我控制水平，下面从人口统计因素（年龄、婚姻、教育水平、工作）和吸毒及违法行为因素（第一次吸毒年龄、违法记录、毒品使用种类数、强戒次数）两个方面来分析有关差异和影响因素。将强戒人员的自我控制问卷与人口统计问卷、吸毒违法行为问卷合并，获得有效问卷 457 份。

2. 自我控制与人口统计变量。研究主要探讨年龄、婚姻、文化程度和工作情况四个因素。为更详细讨论以 5 岁为年龄段将年龄分为 20～24 岁、25～29 岁、30～34 岁、35～39 岁、40～44 岁、45 岁以上六个组；婚姻状况分为单身、已婚有小孩、独居（包括分居、离婚、丧偶）、未婚同居、已婚无小孩五类；文化程度根据强戒人员学历偏低的特点分为小学、初中、高中、大专及以上四种；工作状态分无工作、部分时间工作、有固定工作等三类。分别以年龄、婚姻、教育水平和工作情况为因素，做自我控制各维度的单因素多元方差分析，结果见表5－15。

表 5－15 自我控制与人口统计变量的单因素
多元方差分析（F 值，N＝457）

	年龄	文化程度	婚姻	工作
冲动冒险性	1.20	1.28	1.03	0.77
自我情绪性	2.72	1.13	1.67	0.70
简单化倾向	0.74	0.69	0.82	0.87
总分	1.56	0.97	0.99	0.58

注：* : $p < 0.05$。

（1）年龄。从表5－15中可以看出，自我情绪性在年龄上存在组间差异（F = 2.72，$p < 0.05$），自我控制总分和其他维度上的年龄段组间未见显著性差异。经事后检验发现：

第一，在自我情绪性维度上，40～44岁组和45岁以上组的成绩显著高于30～34岁组和35～39岁组；

第二，在自我控制量表的总分上，40～44岁组的成绩显著高于30～34岁组和35～39岁组。

总体上可以说，40岁以上强戒人员的自我控制水平，尤其是对自我情绪的控制能力显著低于30～39岁的强戒人员。可能的原因是30～39岁处于人生和事业的上升阶段，为社会和家庭承担的责任最多，责任感较强，也比较能够控制自己，尤其是自我情绪；40岁以上已步入中年阶段，事业的上升空间减小，对事业和生活的追求逐渐降低，对自己也丧失信心，因此对自己的控制有所减少。

（2）婚姻。强戒人员中单身者居多，单身者的自我情绪性分数显著低于独居者（包括分居、离婚、丧偶）（$p < 0.05$）。

（3）受教育水平。强戒人员的受教育水平普遍较低，大多是初中或高中文化。研究发现不同受教育水平组间的自我控制能力在各维度均未发现显著差异。这说明自我控制能力的获得可能多来自生活实践而非书本学习。

（4）工作状态。强戒人员不同工作状况组间的自我控制能力无显著差异。

（5）年龄、受教育水平、婚姻状况和工作状态的交互作用。对年龄、受教育水平、婚姻状况和工作状态进行多因素方差分析，结果显示仅"年龄×受教育水平×婚姻"的交互作用在自我控制的总分和自我情绪性、简单化倾向两维度上表现显著，见表5－16。可能的原因是自我控制总体上与个体的社会化因素密切相关，但冲动冒险性受个体的人格和生物学等因素影响较多。

表 5-16　年龄、受教育水平、婚姻状况和工作状态的交互作用

	冲动冒险性	自我情绪性	简单化倾向	总分
年龄 × 受教育水平 × 婚姻	1.57	1.73*	1.77*	1.84*

注:*:$p < 0.05$。

3. 自我控制与吸毒及犯罪行为。对自我控制与吸毒及犯罪行为进行相关分析发现,冲动冒险性与第一次被强戒的年龄成负相关,与每周吸毒花费和犯罪前科数目呈正相关;自我情绪性、简单化倾向和自我控制总分均与犯罪前科数目呈正相关,见表 5-17。

表 5-17　自我控制与吸毒及犯罪行为的相关分析
(仅列出相关显著的项目)

	第一次被强戒的年龄	每周吸毒花费	犯罪前科种类数
冲动冒险性	-0.10*	0.11*	0.10*
自我情绪性	0.03	0.04	0.10*
简单化倾向	-0.04	0.06	0.14**
总分	-0.04	0.08	0.14**

注:*:$p < 0.05$;**:$p < 0.01$。

强戒人员与普通人的不同之处就在于他们的吸毒及犯罪行为。本测量研究了自我控制与吸毒及犯罪行为六个因素之间的关系。其中,前科记录分为无其他犯罪、有一种犯罪、有两种犯罪、有两种以上犯罪四组;初次吸毒年龄分为 19 岁以下、20～29 岁、30～39 岁、40 岁以上四组;吸毒年限分为 5 年以下、6～10 年、11～15 年、16 年以上四组;合并用药情况分为 1 种、2～3 种、4～5 种、6 种以上四组;强戒次数分为 1 次、2 次、3 次、4 次及以上四组;两次吸毒间隔分为 0～2 小时、3～4 小时、5～6 小时、12～24 小时、24 小时以上五组。

分别以这六个吸毒行为特征为因素,对应付方式各维度作单因素多元方差分析,结果见表 5-18。

表5－18　自我控制与吸毒及犯罪行为特征因素的
多元方差分析（F值，N＝457）

	前科	初吸年龄	吸毒年限	合并用药	强戒次数	吸毒间隔
冲动冒险性	1.82	2.52	0.34	1.00	1.35	0.96
自我情绪性	2.75*	1.39	0.93	0.36	3.33*	0.64
简单化倾向	3.72	0.42	0.58	2.19	2.17	0.56
总分	3.18*	1.12	0.23	1.15	2.89*	0.51

注：*：$p < 0.05$。

（1）犯罪前科。犯罪前科记录是指强戒人员除吸毒外，是否还有其他犯罪记录，如偷窃、抢劫、贩毒等犯罪行为。从表5－18可见，不同犯罪前科记录者在自我控制总分（F＝3.18，$p < 0.05$）和自我情绪性（F＝2.75，$p < 0.05$）维度有显著差异。经事后检验发现：

第一，在自我控制总分上，无犯罪前科者分数显著低于有1种和两种犯罪前科者；

第二，在冲动冒险性维度上，无犯罪前科者分数显著低于有2种犯罪前科者；

第三，在自我情绪性维度上，无犯罪前科者分数显著低于有1种犯罪前科者的成绩；

第四，在简单化倾向维度上，无犯罪前科和有1种犯罪前科者分数显著低于有两种犯罪前科者的成绩。

可见，无犯罪前科者的自我控制能力总体高于有犯罪前科者。原因可能是有犯罪记录者常抱着"破罐子破摔"的心理，对自己的行为不加控制；或者是有、无犯罪前科者的生理和心理因素本就存在差异。

（2）初次吸毒年龄组。在自我情绪性维度上，19岁以下组与20～29岁组的成绩差异显著（$p < 0.05$），初次吸毒年龄小于19岁的人员自我情绪性显著高于在20～29岁年龄阶段初次吸毒的人员。可能的原因是年龄很小就开始吸毒的人本身组织性、纪律性较差，

加上没有学历或固定工作，交友范围局限于"毒友"之间，相互影响而使其对自己的行为和情绪不加约束；20～29 岁开始吸毒的人员可能已经有了工作和正常的人际关系，因此对自己与人交往时的情绪有所控制。

（3）合并用药数。在简单化倾向维度上，使用 1 种毒品者分数显著低于使用 4～5 种毒品者（$p < 0.05$）。

（4）强戒次数。不同强戒次数的强戒人员在自我控制总分（$F = 2.89$，$p < 0.05$）和自我情绪性（$F = 3.33$，$p < 0.05$）上均有显著差异，事后检验发现：

第一，在自我控制总分上，强戒 4 次以上者成绩显著低于强戒 3 次者；

第二，在自我情绪性维度上，强戒 4 次以上者分数显著低于强戒 1 次、2 次和 3 次者；

第三，在简单化倾向维度上，强戒 3 次者成绩显著高于强戒 1 次和 4 次以上者。

可见，多次"进宫"的强戒人员自我控制水平高于"进宫"次数少的人员。可能的原因是多次"进宫"者经历丰富，对强戒生活早已习惯了。

（5）吸毒年限。对不同吸毒年限的强戒人员的自我控制水平进行方差分析，结果无显著差异。

（6）两次吸毒间隔。对两次吸毒间隔时间不同的强戒人员的自我控制水平进行方差分析，结果无显著差异。

（7）吸毒及犯罪行为因素的交互作用。对吸毒及犯罪行为各因素进行多因素方差分析，结果显示均无显著的交互作用。

（五）小结

从以上调查中我们可以看到：

1. 自我控制的总体水平与强戒人员犯罪前科数目呈正相关。年龄因素中，30～39 岁强戒人员的自我控制水平高于 40～44 岁年龄阶段的人员；年龄×教育水平×婚姻对自我控制的交互作用显著；犯罪前科因素中，无犯罪前科者的自我控制水平高于有一种和两种犯罪前科者；强戒次数因素中，强戒 4 次以上者的自我控制力强于强戒 3 次者。

2. 冲动冒险维度，与被调查强戒人员第一次被强戒的年龄成负相关；与每周吸毒花费和犯罪前科数目呈正相关；犯罪前科因素中，无犯罪前科者的冲动冒险性低于有两种犯罪前科者。

3. 自我情绪维度，与被调查强戒人员犯罪前科数目呈正相关；年龄因素中，30～39 岁强戒人员的自我情绪性好于 40 岁以上者；婚姻因素中，单身者的自我情绪性好于分居、离婚、丧偶者；年龄×教育水平×婚姻对自我情绪性的交互作用显著；犯罪前科因素中，无犯罪前科者的自我情绪显著低于有一种犯罪前科者；初次吸毒年龄因素中，初次吸毒年龄小于 19 岁人员的自我情绪性高于在 20～29 岁年龄阶段初次吸毒的人员；强戒次数因素中，强戒 4 次以上者自我情绪性显著低于强戒 3 次以下者。

4. 简单化倾向维度，与犯罪前科数目呈正相关；年龄×教育水平×婚姻对简单化倾向的交互作用显著；犯罪前科因素中，无犯罪前科和有一种犯罪前科者的简单化倾向显著低于有两种犯罪前科者；合并用药数因素中，使用 1 种毒品的强戒人员，其简单化倾向低于使用过 4～5 种毒品者；强戒次数因素中，强戒 1 次者和强戒 4 次以上者简单化倾向低于强戒 3 次者。

综上所述，年龄×教育水平×婚姻对自我控制及其多数维度的交互作用都很显著；自我控制和自我情绪维度与人口统计因素和吸毒及违法行为因素关系均很密切；影响冲动冒险性的因素相对较少，仅发现犯罪前科一个因素对冲动冒险性的影响达到显著水平；简单化倾向与吸毒及违法行为因素关系密切。

四、强制隔离戒毒人员的自我效能感测量

（一）研究背景

1. 自我效能。自我效能（self-efficacy）是指个体在其所面临的情境里，对自己从事某种工作所需要具备的有效处理能力的知觉和评价。[1]自我效能包括结果预期和效能预期。前者是指人对自己的某一行为会导致某一结果的推测，后者是指个人对自己从事某项工作所具备的能力和可能做到的地步的一种主观评估。自我效能感通过影响个体的认知过程、动机过程、情感过程和选择过程，来影响成瘾行为的最初形成、发展改变以及保持，因而能够对成瘾行为的预防、戒断和改变做出合理性的说明和解释。[2]一些研究者把班杜拉的自我效能理论应用于成瘾行为的预防和治疗中，提出了五种类型的自我效能。在成瘾行为的初级和次级预防阶段包括：①抵抗型自我效能；②减少伤害型自我效能；③行为型自我效能；④应对型自我效能；⑤恢复型自我效能。[3]

2. 研究自我效能感的意义。

（1）根据五种类型的自我效能，我们可以在成瘾行为的临床治疗中根据不同的阶段、不同类型的自我效能来制定相应的方案。

（2）通过评估个体的自我效能水平，可以识别成瘾者是否处于高风险的困难之中，可以识别目前哪些人并不准备改变成瘾行为，哪些人最易旧病复发，也可以根据个体的自我效能感的水平来确定治疗的时间。

3. 研究目的。

（1）了解强戒人员自我效能感的水平；

（2）了解影响强戒人员自我效能的主要因素；

（3）为制定科学的、个性化的戒毒方案提供依据。

（二）研究对象

北京市教育矫治局在所男性强戒人员。

〔1〕 Clark M. M., Abrams D. B., Niaura R. S., et al., "Self-efficacy in weight management", *Journal of Consulting and Clinical Psychology*, 1991, 59 (5), p. 739.

〔2〕 马晓冬、郭本禹："成瘾行为研究中自我效能的几种类型"，载《心理科学》2001 年第 6 期，第 744~746 页。

〔3〕 G. A. Marlatt, J. S. Baer and L. A. Quigley, "Self-efficacy and addictive behavior", *Self-efficacy in Changing Societies*, 1997, p. 289.

（三）测量工具

自我效能量表由台湾学者林瑞钦教授根据 Reckless 的抑制理论和自我效能的概念加以编修。该量表包括问题解决、冲动性、自信心和情绪稳定性四个维度，共 37 题。量表采用 Likert 四点计分法：①完全不同意；②大部分不同意；③大部分同意；④完全同意。量表得分愈高表示受试者自我强度成分愈高；得分愈低表示受试者自我强度成分愈低。该量表内在一致性采用 Cronbach 的 α（Alpha）系数考验，得到全量表的 α 系数为 0.87。在建构效度方面，经预测后通过因素分析法，得到问题解决、慎思性、自信心与情绪稳定性四个因素，各维度间相关系数，介于 0.18～0.50 之间（$p < 0.01$），表明该量表具有可接受的建构效度。

（四）结果与讨论

1. 强戒人员自我效能感的总体特点。本次调查有效问卷 274份，强戒人员的自我效能总分基本呈正态分布，得分居中者偏多。从表 5 - 19 可以看出强戒人员在自我效能各维度的平均分从高到低依次为问题解决、冲动性、自信心、情绪稳定性。

表 5 - 19　强戒人员自我效能感总体特点（n = 274）

	平均数	标准差	百分位			
			20	40	60	80
问题解决	42.69	6.32	39	42	44	48
冲动性	33.13	6.15	28	32	35	38
自信心	15.04	3.24	12	14	16	18
情绪稳定性	10.55	2.23	9	10	11	12

以 20、40、60、80 百分位数将各维度得分划分为低、中低、中、中高、高五个等级。各维度在五个等级上的人数分布和比例，见表 5 - 20。

表 5 - 20   强戒人员自我效能感各维度等级频数分布

	低	中低	中	中高	高
问题解决	67 （24.5%）	61 （22.3%）	47 （17.2%）	20 （7.3%）	79 （28.8%）
冲动性	55 （20.1%）	69 （25.2%）	56 （20.4%）	41 （15.0%）	53 （19.3%）
自信心	58 （21.2%）	61 （22.3%）	65 （23.7%）	52 （19.0%）	38 （13.9%）
情绪稳定性	82 （29.9%）	58 （21.2%）	42 （15.3%）	41 （15.0%）	51 （18.6%）

对于强戒人员的自我效能感，下面从人口统计因素（年龄、婚姻、教育水平、工作）和吸毒及违法行为因素（第一次吸毒年龄、违法记录、毒品使用种类数、强戒次数）两个方面来分析有关差异和影响因素。将强戒人员的自我效能问卷与人口统计问卷、吸毒违法行为问卷合并，获得有效问卷 274 份。

2. 自我效能与人口统计变量。研究主要探讨年龄、婚姻、文化程度和工作情况四个因素。更详细讨论以 5 岁为年龄段将年龄分为 20～24 岁、25～29 岁、30～34 岁、35～39 岁、40～44 岁、45 岁以上六个组；婚姻状况分为单身、已婚有小孩、独居（包括分居、离婚、丧偶）、未婚同居、已婚无小孩五类；文化程度根据强戒人员学历偏低的特点分为小学、初中、高中、大专及以上四种；工作状态分无工作、部分时间工作、有固定工作三类。分别以年龄、婚姻、教育水平和工作情况为因素，做自我效能各维度多元方差分析，结果见表 5 - 21。

表 5 - 21   自我效能各维度与人口统计变量的
多元方差分析（F 值，N = 274）

	年龄	文化程度	婚姻	工作
问题解决	1.14	1.96	0.38	0.03

	年龄	文化程度	婚姻	工作
冲动性	1.29	2.91*	2.48*	0.25
自信心	1.04	3.15*	2.09	1.35
情绪稳定性	2.30*	2.47	0.88	1.83

注:*: $p < 0.05$。

（1）自我效能各维度在年龄上的差异比较。不同年龄阶段的强戒人员在情绪稳定性上存在显著差异，其他维度无显著差异。事后检验表明，20～24 岁的强戒人员在情绪稳定性维度上的得分显著高于 25～29 岁、30～34 岁、35～39 岁和 40～44 岁的强戒人员（$p < 0.05$）。45 岁以上的强戒人员在情绪稳定性上的得分显著高于 30～34 岁的强戒人员（$p < 0.05$）。

（2）自我效能各维度在受教育程度上的差异比较。不同受教育程度的强戒人员在冲动性和自信心上存在显著差异，在问题解决和情绪稳定性上的差异不显著。事后检验表明：

第一，在冲动维度上，初中文化程度的强戒人员得分显著高于高中文化程度的强戒人员（$p < 0.05$）。

第二，在自信心维度上，小学及小学以下文化程度和初中文化程度的强戒人员的得分显著高于大专及以上文化程度的强戒人员（$p < 0.05$）。

（3）自我效能各维度在不同婚姻状况上的差异比较。不同婚姻状况的强戒人员在冲动性上有显著的差异。事后检验表明：未婚但与人同居的强戒人员在冲动性上的得分显著高于单身的和已婚有小孩的强戒人员（$p < 0.05$）。

（4）自我效能各维度在不同工作状况上的差异比较。不同工作状况的强戒人员在自我效能各维度上都不存在显著差异。

3. 自我效能与吸毒及犯罪行为。强戒人员与普通人的不同之处就在于他们的吸毒及犯罪行为。本测量研究了自我效能与吸毒及犯罪行为六个因素的关系。其中，前科记录分为无其他犯罪、有一种犯罪、有两种犯罪、有两种以上犯罪；初次吸毒年龄分为 19 岁以下、20～29 岁、30～39 岁、40 岁以上四组；吸毒年限分为 5 年以下、6～10 年、11～15 年、16 年以上四组；合并用药情况分为 1种、2～3 种、4～5 种、6 种以上；强戒次数分为 1 次、2 次、3 次、4 次及以上四组；两次吸毒间隔分为0～2 小时、3～4 小时、5～6 小时、12～24 小时、24 小时以上五组。

分别以这六个吸毒行为特征为因素，对自我效能各维度作多元方差分析，结果见表 5 – 22。

表 5 – 22　自我效能与吸毒及犯罪行为特征因素的多元方差分析（F 值，N = 274）

	前科	初次吸毒年龄	吸毒年限	合并用药	强戒次数	吸毒间隔
问题解决	0.95	1.87	1.00	0.22	0.93	0.37
冲动性	1.66	1.16	3.99**	0.32	2.00	1.17
自信心	0.50	0.74	0.98	0.77	0.52	0.61
情绪稳定性	3.42*	0.65	0.89	0.87	1.31	0.75

注：*：$p < 0.05$；**：$p < 0.01$。

（1）自我效能各维度在犯罪前科上的差异比较。不同犯罪前科的强戒人员在情绪稳定性上存在显著差异，在其他维度上差异不显著。事后检验表明：有两种犯罪前科的强戒人员在情绪稳定性上的得分高于无其他犯罪、有一种犯罪和有三种以上犯罪的强戒人员（$p < 0.05$）。

（2）自我效能各维度在初次吸毒年龄上的差异比较。初次吸毒年龄不同的强戒人员在自我效能各维度上都不存在显著差异。

（3）自我效能各维度在吸毒年限上的差异比较。不同吸毒年限的强戒人员在冲动性上存在显著差异，在其他维度上无显著差异。事后检验表明：吸毒年限在 5 年以下的强戒人员在冲动性维度上的得分都显著低于 6～10 年（$p < 0.01$）、11～15 年（$p < 0.01$）、16

年以上（$p<0.05$）的强戒人员。

（4）自我效能各维度在合并用药上的差异比较。不同程度的合并用药者在自我效能各维度上的差异并不显著。

（5）自我效能各维度在强戒次数上的差异比较。强戒次数1次、2次、3次、4次及以上的强戒人员在自我效能各维度上都不存在显著差异。

（6）自我效能各维度在吸毒间隔上的差异比较。不同吸毒间隔的强戒人员在自我效能各维度上都不存在显著差异。

（五）结论

1. 总体上强戒人员的自我效能水平比较低。

2. 情绪稳定性维度：不同年龄阶段的强戒人员在情绪稳定性维度上存在显著差异，20～24岁的强戒人员在情绪稳定性维度上的得分比25～29岁、30～34岁、35～39岁和40～44岁的强戒人员要高，45岁以上的强戒人员在情绪稳定性上的得分比30～34岁的强戒人员要高；不同犯罪前科的强戒人员在情绪稳定性上存在显著差异。有两种犯罪前科的强戒人员在情绪稳定性上的得分要高于无其他犯罪、有1种犯罪和有3种以上犯罪的强戒人员。

3. 在冲动维度上，初中文化程度的强戒人员得分要高于高中文化程度的强戒人员；未婚同居的强戒人员在冲动性上的得分要高于单身的强戒人员和已婚有小孩的强戒人员；吸毒年限在5年以下的强戒人员在冲动性维度上的得分要低于6～10年、11～15年、16年以上的强戒人员。

4. 在自信心维度上，小学及小学以下文化程度和初中文化程度的强戒人员的得分要高于大专及以上文化程度的强戒人员。

5. 其他人口与吸毒特征因素未见显著差异。

五、强制隔离戒毒人员的非理性信念测量

（一）研究背景

人们的信念是在实践认识活动中不断发展和形成的，Ellis认为每个人的信念系统由两套信念子集构成——理性信念和非理性信念。[1]

1. 理性信念。理性信念是人们在实践认识活动中，通过感觉、知觉、表象、概念和判断的认识模式，对获得的原材料进行分析、综合、比较、抽象和概括而形成的符合客观规律的科学结论、观点和看法。[2]

2. 非理性信念。非理性信念是相对于理性信念而言的，一般指主体未经分析、综合、比较、推理和判断，而凭直觉、情绪状态和潜意识中已形成的片面观念，对事物所作的结论、定性以及形成的看法和观点。美国心理学家 Ellis 认为非理性信念主要指的是引起情绪、行为失调的信念，多表现为对自己、对他人和对环境的不合理要求。

3. 研究非理性信念的意义。詹德杰（2003）对吸毒者访谈研究所得出的成瘾概念认为，吸毒者对毒品的信念是非理性的，他们高估毒品的功效而低估毒品成瘾的危险。[3]因此对非理性信念的研究有助于为强戒人员制定个性化戒毒方案，减少其对海洛因功效高估的迷思，并协助他们深切了解吸食海洛因成瘾之危险性。

4. 研究目的。

（1）了解强戒人员对吸食毒品所持有的非理性信念；

（2）了解影响强戒人员非理性信念的主要因素；

（3）为制定科学的、个性化的戒毒方案提供依据。

（二）研究对象

北京市教育矫治局在所男性吸毒人员。

（三）测量工具

研究采用的非理性信念量表由台湾林瑞钦教授编制，旨在测量

---

〔1〕 杨清艳、徐子燕、李占江：“非理性信念及其评估方法的研究现状”，载《中国临床心理学杂志》2006 年第 14 期。

〔2〕 王维勋：“大学生非理性信念的成因及其戒治”，载《中国临床康复》2005 年第 9 期，第 172 ~ 173 页。

〔3〕 林瑞钦、黄秀瑄：“海洛因吸食者吸食海洛因信念探析”（未发表）。

滥用药物者对使用药物的非理性信念程度。量表分为吸毒功效、毒品依赖、侥幸心理、过度自信四个维度，共计 29 题。量表采用 Likert 四点计分方式：①完全不同意；②大部分不同意；③大部分同意；④完全同意。文句叙述以负向内言方式陈述，得分依序为 1、2、3、4。

量表数据分析使用平均分进行计算，（分）量表的得分 =（分）量表原始分数/（分）量表条目数。量表的内在一致性采用 Cronbach α（Alpha）系数考验，全量表之 α 系数为 0.95；在建构效度方面，各分量表间得分相关系数介于 0.20 ~ 0.65 之间（$p < 0.01$），具有可接受的建构效度。[1]

（四）结果与讨论

1. 强戒人员非理性信念的总体特点。本次调查有效问卷 427份，强戒人员的非理性信念量表总分基本呈正态分布，得分居中者偏多，但低分者稍多于高分者，平均分 0.59（见表 5 - 23）。吸毒功效维度的分数呈负偏态分布，高分者偏多，说明受试的强戒人员中相信吸毒功效者偏多。毒品依赖维度的分数呈正偏态分布，低分者偏多，说明受试的强戒人员中对毒品深度依赖者只占小部分。侥幸心理维度的分数基本呈正态分布，高、中、低分者分布比较均匀，分数居中者偏多。过度自信维度的分数呈正偏态分布，低分者偏多，多数受试的强戒人员没有过高估计自己对毒品的控制力。

表 5 - 23　强戒人员非理性信念量表得分情况（N = 427）

	平均数	众数	标准差	最小值	最大值	百分位			
						20	40	60	80
吸毒功效	0.68	0.75	0.17	0.25	1.00	0.56	0.65	0.73	0.83
毒品依赖	0.48	0.25	0.18	0.25	1.00	0.31	0.39	0.50	0.64
侥幸心理	0.62	0.67	0.17	0.25	1.00	0.46	0.58	0.67	0.75

---

[1]　林瑞钦、黄秀瑄："海洛因吸食者吸食海洛因信念探析"（未发表）。

	平均数	众数	标准差	最小值	最大值	百分位			
						20	40	60	80
过度自信	0.46	0.25	0.20	0.25	1.00	0.25	0.38	0.50	0.63
总分	0.59	0.55	0.14	0.25	0.97	0.48	0.56	0.63	0.71

从表5-23可以看出，强戒人员在非理性信念四维度的平均分有很大差异，由大到小分别是吸毒功效、侥幸心理、毒品依赖、过度自信。按20%、40%、60%、80%分位数将各维度得分划分为低、中低、中、中高、高五个等级。各维度在五个等级上的人数分布和比例如表5-24。

表5-24　强戒人员非理性信念量表总分和各分量表得分
等级频数分布（N=427）

	低	中低	中	中高	高
吸毒功效	94 (22.0%)	57 (13.3%)	110 (25.8%)	78 (18.3%)	88 (20.6%)
毒品依赖	87 (20.4%)	90 (21.1%)	96 (22.5%)	84 (19.7%)	70 (16.4%)
侥幸心理	73 (17.1%)	88 (20.6%)	111 (26.0%)	77 (18.0%)	78 (18.3%)
过分自信	143 (33.5%)	61 (14.3%)	99 (23.2%)	67 (15.7%)	57 (13.3%)
总分	85 (19.9%)	84 (19.7%)	82 (19.2%)	92 (21.5%)	84 (19.7%)

对于强戒人员的非理性信念程度，下面从人口统计因素（年龄、婚姻、教育水平、工作）和吸毒及违法行为因素（第一次吸毒年龄、违法记录、毒品使用种类数、强戒次数、吸毒间隔）两个方面来分析有关差异和影响因素。将强戒人员的非理性信念问卷与人

毒品成瘾与心理康复

口统计问卷、吸毒违法行为问卷合并，获得有效问卷 275 份。

2. 非理性信念与人口统计变量。研究主要探讨年龄、婚姻、文化程度和工作情况四个因素。为更详细讨论，以 5 岁为年龄段将年龄分为 20～24 岁、25～29 岁、30～34 岁、35～39 岁、40～44 岁、45 岁以上六个组；婚姻状况分为单身、已婚有小孩、独居（包括分居、离婚、丧偶）、未婚同居、已婚无小孩五类；文化程度根据强戒人员学历偏低的特点分为小学、初中、高中、大专及以上四种；工作状态分无工作、部分时间工作、有固定工作等三类。分别以年龄、婚姻、教育水平和工作情况为因素，对非理性信念各维度进行单因素多元方差分析，结果见表 5－25。

表 5－25　非理性信念与人口统计变量的单因素
多元方差分析（F 值，N＝275）

	年龄	文化程度	婚姻	工作
吸毒功效	0.64	2.01	1.58	2.33
毒品依赖	0.50	0.98	0.95	1.50
侥幸心理	1.37	1.25	2.43*	1.13
过分自信	1.32	0.29	1.37	0.60
总分	0.71	1.72	1.95	1.90

注：*：$p < 0.05$。

（1）年龄。各组分数在非理性信念总分和各维度上未见显著差异。可能的原因是非理性信念是相对固定的心理因素，并不随个体年龄的增长而有所变化。

（2）婚姻。在侥幸心理维度上，不同婚姻状况者分数差异显著；非理性信念的总分和其他维度分数均无显著差异。对不同婚姻状况者在非理性信念上的差异进行事后检验发现：

第一，在非理性信念的总分上，单身者分数显著低于未婚但与人同居者；

第二，在吸毒功效维度上，未婚但与人同居者分数显著高于单身者和独居者（包括分居、离婚、丧偶者）；

第三，在侥幸心理维度上，单身者分数显著低于未婚但与人同居者和已婚有小孩者；

第四，在过分自信维度上，单身者分数显著低于已婚有小孩者。

总体上可以说，单身者的非理性信念分数低于其他婚姻状况的强戒人员，说明单身者的理性信念强于其他人。

（3）受教育水平。在非理性信念的总分上，大专及以上学历者分数显著低于小学及以下学历者；在吸毒功效维度上，大专及以上学历者分数显著低于小学及以下学历和初中文化者。可能的原因是学校教育对理性信念的培养能起到一定作用，个体获得的知识越丰富，其理性信念也越强。

（4）工作状态。不同工作状况强戒人员的非理性信念无显著差异。

（5）年龄、受教育水平、婚姻状况和工作状态的交互作用。对年龄、受教育水平、婚姻状况和工作状态进行多因素方差分析，结果显示无显著交互作用。

3. 非理性信念与吸毒及犯罪行为。对非理性信念与吸毒及犯罪行为进行相关分析发现，非理性信念的总分，以及吸毒功效和毒品依赖两维度分数与被调查强戒人员第一次被强戒的年龄呈负相关；非理性信念的总分、吸毒功效维度分数与强戒次数呈正相关（表5－26）。

表5－26　非理性信念与吸毒及犯罪行为的相关分析
（仅列出相关显著的项目）

	第一次被强戒的年龄	强戒次数
吸毒功效	-0.20^{**}	0.15^{*}
毒品依赖	-0.19^{**}	0.06
总分	-0.20^{**}	0.12^{*}

注：*：$p<0.05$；**：$p<0.01$。

　　强戒人员与普通人的不同之处就在于他们的吸毒及犯罪行为。本次测量欲研究非理性信念与吸毒及犯罪行为六个因素的关系。其中，前科记录分为无其他犯罪、有 1 种犯罪、有 2 种犯罪、有 2 种以上犯罪四组；初次吸毒年龄分为 19 岁以下、20 ~ 29 岁、30 ~ 39 岁、40 岁以上四组；吸毒年限分为 5 年以下、6 ~ 10 年、11 ~ 15 年、16 年以上四组；合并用药情况分为 1 种、2 ~ 3 种、4 ~ 5 种、6 种以上四组；强戒次数分为 1 次、2 次、3 次、4 次及以上四组；两次吸毒间隔有五个等级，分别是 0 ~ 2 小时、3 ~ 4 小时、5 ~ 6 小时、12 ~ 24 小时、24 小时以上。分别以这六个吸毒行为特征为因素，对非理性信念作单因素多元方差分析，结果见表 5 - 27。

表 5 - 27　非理性信念与吸毒及犯罪行为特征因素的单因素多元方差分析（F 值，N = 275）

	前科	初吸毒年龄	吸毒年限	合并用药	强戒次数	吸毒间隔
吸毒功效	2.23	0.51	3.67*	1.74	3.54*	1.46
毒品依赖	3.10*	0.07	2.51	0.04	3.05*	4.45**
侥幸心理	0.34	0.66	1.47	1.18	1.03	1.52
过分自信	0.69	0.60	0.64	0.12	0.69	0.59
总分	2.05	0.04	3.42*	0.82	3.08*	2.81*

　　注：*：$p < 0.05$；**：$p < 0.01$。

　　（1）犯罪前科。不同犯罪前科的强戒人员在毒品依赖维度的分数有显著差异（$F = 3.10$，$p < 0.05$）。对方差分析的结果进行事后检验，结果发现：

　　第一，在非理性信念的总分上，有 2 种犯罪前科者分数高于无犯罪前科和有 1 种犯罪前科者；

　　第二，在吸毒功效维度上，有 2 种犯罪前科者分数高于无犯罪前科和有 1 种犯罪前科者；

　　第三，在毒品依赖维度上，有 2 种犯罪前科者分数高于无犯罪前科、有 1 种犯罪前科和有 3 种以上犯罪者。

总体来看，有 2 种犯罪前科者的非理性信念强于没有或有 1 种犯罪前科者，理性信念比没有或有 1 种犯罪前科者要差。可能的原因是吸毒者的非理性信念导致其多次复吸，多次复吸反过来又强化了吸毒者的非理性信念。

（2）初次吸毒年龄。初次吸毒年龄不同者在非理性信念的总分和各维度分数均无显著差异。

（3）合并用药数。使用 1 种毒品者对吸毒功效的理性信念显著高于使用 6 种以上毒品的人员（$p < 0.05$）。可能的原因是高估吸毒功效者会去尝试其他种类的毒品，以满足其需求。

（4）强戒次数。不同强戒次数的强戒人员在非理性信念的总分（$F = 3.08$，$p < 0.05$）和吸毒功效（$F = 3.54$，$p < 0.05$）、毒品依赖（$F = 3.05$，$p < 0.05$）两维度上均有显著差异，事后检验发现：

第一，在非理性信念的总分上，强戒 1 次者分数显著低于强戒 2 次和 3 次者；

第二，在吸毒功效维度上，强戒 1 次者分数显著低于强戒 2 次、3 次和强戒 4 次以上者；

第三，在毒品依赖维度上，强戒 1 次者分数显著低于强戒 2 次和 3 次者。

总体来看，初次"进宫"的强戒人员，其理性信念显著强于多次"进宫"者，理性信念是影响复吸的重要原因，因此增强强戒人员的理性信念可能会降低复吸率。

（5）吸毒年限。对不同吸毒年限者的非理性信念总分（$F = 3.67$，$p < 0.05$）和吸毒功效维度（$F = 3.42$，$p < 0.05$）分数显著差异。对方差分析的结果进行事后检验发现：

第一，在非理性信念的总分上，吸毒年限在 5 年以下者分数显著低于 6~10 年、11~15 年和 16 年以上者；

第二，在吸毒功效维度上，吸毒年限在 5 年以下者分数显著低于 6~10 年、11~15 年和 16 年以上者；

第三，在毒品依赖维度上，吸毒年限在 5 年以下者分数显著低于 11~15 年和 16 年以上者。

总之，吸毒年限在 5 年以下者的理性程度高于多年吸毒者。

（6）两次吸毒间隔。两次吸毒间隔时间不同者在非理性信念的总分（$F = 4.45$，$p < 0.01$）和毒品依赖维度（$F = 2.81$，$p < 0.05$）分数上有显著差异。

对方差分析的结果进行事后检验发现：

第一，在非理性信念的总分上，间隔 3～4 小时者分数显著高于间隔时间在半天或一天以上者；

第二，在吸毒功效维度上，间隔 3～4 小时者分数显著高于间隔时间在半天以上、未满一天者；

第三，毒品依赖维度上，间隔 3～4 小时和 5～6 小时者分数显著高于间隔时间在半天或一天以上者；

第四，在侥幸心理维度上，间隔 3～4 小时者分数显著高于间隔时间在半天以上、未满一天者。

可见，吸毒时间间隔短的人员的理性程度显著低于时间间隔长的人员，因此对毒品和吸毒的理性认识能够帮助吸毒者降低对毒品的渴求，延缓满足。

（7）吸毒及犯罪行为因素的交互作用。对吸毒及犯罪行为各因素进行多因素方差分析，结果显示"犯罪前科×吸毒年限×合并用药数"对毒品依赖维度的交互作用在 0.05 水平上显著；"犯罪前科×两次吸毒间隔"对过分自信维度的交互作用在 0.05 水平上显著（表 5 – 28）。

表 5 – 28　吸毒及犯罪行为因素的交互作用
（仅列出交互作用显著的因素）

交互作用	因变量	F	df	p	R^2
犯罪前科×吸毒年限×合并用药数	毒品依赖	4.15	1	0.045	0.71
犯罪前科×两次吸毒间隔	过分自信	2.97	4	0.024	0.65

（五）小结

从以上调查中我们可以看到：

1. 非理性信念总体水平与强戒人员第一次被强戒的年龄呈负相关，与强戒次数呈正相关；婚姻因素中，单身者理性信念强于未婚但与人同居者；学历因素中，大专及以上学历者理性信念强于小学及以下学历的人员；犯罪前科因素中，有 2 种犯罪前科者理性信念低于无犯罪前科和有 1 种犯罪前科者；强戒次数因素中，强戒 1 次者理性信念强于强戒 2 次和 3 次的人员；间隔时间因素中，间隔 3 ~ 4 小时者理性信念低于半天以上和一天以上的人员。

2. 吸毒功效维度与被调查强戒人员第一次被强戒的年龄呈负相关；与强戒次数呈正相关；婚姻因素中，未婚但与人同居者对吸毒功效的信念强于单身者和分居、离婚、丧偶者；学历因素中，小学以下学历和初中文化者对吸毒功效的信念强于大专及以上学历者；犯罪前科因素中，有 2 种犯罪前科者对吸毒功效的信念强于无犯罪前科和有 1 种犯罪前科者；合并使用毒品数的因素中，使用 6 种以上毒品者对吸毒功效的信念强于使用 1 种毒品者；强戒次数因素中，强戒 2 次、3 次和 4 次以上者对吸毒功效的信念强于强戒 1 次者；间隔时间因素中，间隔 3 ~ 4 小时者对吸毒功效的信念强于半天以上、未满一天的人员。

3. 毒品依赖维度与被调查强戒人员第一次被强戒的年龄呈负相关；犯罪前科因素中，有两种犯罪前科者对毒品的依赖性高于无犯罪前科、有 1 种和有 3 种以上犯罪前科者；强戒次数因素中，强戒 2 次和 3 次者对毒品的依赖性高于强戒 1 次者；间隔时间因素中，间隔 3 ~ 4 小时和 5 ~ 6 小时者对毒品的依赖性高于间隔半天或一天以上者；"犯罪前科×吸毒年限×合并用药数"的交互作用显著。

4. 对于侥幸心理维度，婚姻因素中单身者的侥幸心理低于未婚但与人同居者和已婚有小孩者；间隔时间因素中，间隔 3 ~ 4 小时者的侥幸心理强于间隔时间在半天以上、未满一天者。

5. 对于过分自信维度，婚姻因素中单身者过分自信程度低于已婚有小孩者；"犯罪前科×两次吸毒间隔"的交互作用显著。

综上所述，非理性信念及其吸毒功效和毒品依赖维度与人口统计因素和吸毒及违法行为因素关系密切，而侥幸心理和过分自信维度与这两类因素的关系相对较弱。

六、强制隔离戒毒人员的戒毒动机测量

（一）研究背景

1. 动机。对于吸毒者来讲，无论是吸毒还是戒毒，都是由相应的行为动机所决定的。所谓动机是指能引起、维持一个人活动的原因，是行为的内在过程，行为则是内在过程的外在表现，它将该活动导向某一目标，以满足个体某种需要的念头、愿望和理想。动机是由两种条件所引起的，即内在条件和外在条件。所谓内在条件即需要，是指个体对某种东西的缺失而引起的内部紧张状态和不舒服感；所谓外在条件即诱因，是指凡能引起个体动机并能满足个体需求的外在刺激。行为可由需要引起，也可由环境因素诱发，但是动机往往是前两者共同作用的结果。动机在其功能、类型以及运作机制上都表现出多样性和复杂性。从功能上讲，动机具有引发功能、指向功能和激励功能；从类型上讲，存在多种划分方法，常见的划分法是将动机划分为生理性动机和社会性动机。所谓生理性动机，是指与身体的生理需要有关的动机，包括饥饿、渴、性、睡眠等；所谓社会性动机，是指与心理和社会有关的动机，包括交往动机、成就动机、亲和动机等。此外，还可以将动机分为高尚动机和低级动机、主导动机和辅助动机、意识动机和无意识动机等。从运作机制上讲，行为与动机之间并非一对一的关系，同一种行为可能由不同的动机所引起，同一动机可能引发不同的行为。行为可能是由单一动机引发的，也可能是由多种动机引发的。值得注意的是，当存在两种或两种以上不同方向的动机、欲望和目标时，会造成一种紧张情绪即心理冲突，它包括双趋冲突、双避冲突和趋避冲突三种，其中，以趋避冲突引起的心理冲突最为强烈。

2. 戒毒动机的相关研究。由于毒品的本质属性以及吸毒者自身的身心状况所致，诱发人吸毒的动机主要来自于生理、心理和社会三方面。相应地，促使人戒毒的动机也颇具多样性和复杂性。经过

多年的研究，国内外学者已证明戒毒动机的有无以及强烈与否是影响吸毒人员成功戒毒的关键因素之一。狄克礼门提和普罗契卡针对处于懵懂期的成瘾患者提出了四种动机：推三阻四型、反抗型、放弃型和强词夺理型。[1]高志勤等人对 102 例自愿戒毒者的戒毒动机进行调查，并于一年后随访了解复吸情况，结果表明，自愿戒毒人员的戒毒动机分为主动戒毒型、严打强迫型、重获快感型、家人强迫型、经济拮据型和自行戒毒失望型六种，除第一种之外，其他五种可被归为被动戒毒型。而且，真心真意戒毒者只占 30%，其中已婚和年龄越大的人占主动戒毒型的比例越高。[2]张建军和曹长安对海洛因依赖自愿戒毒者的入所动机进行了调查，归纳出六种戒毒动机，包括：①真心戒毒型，约占 40%～50%；②被迫戒毒型，30%～35%；③寻求快感型；④自身保护型；⑤缓解拮据型；⑥谋求获利型。除真心戒毒型外，其他类型者均可谓"动机不纯"，对操守有着不良的影响，是复吸的潜在根源，尤其操守时间极短者，不良的戒毒动机构成了他们复吸的直接原因。[3]赵敏等对 178 名解教 6 个月的劳教海洛因依赖者进行随访的结果表明，海洛因依赖者解教后的复吸率较高，复吸与家庭生活环境、戒毒愿望、既往海洛因依赖程度、反社会人格障碍等有关。[4]章震宇采用自编《复吸倾向量表》对劳教海洛因依赖者进行测量的结果表明，戒毒意愿、将来环境、身心状态、物质替代以及社会支持是影响复吸的五个因素，其中戒毒意愿是影响复吸的最重要的因素。[5]

---

〔1〕 〔美〕William R. Miller、〔美〕Stephen Rollnick 著，杨筱华译：《动机式晤谈法——如何克服成瘾行为戒除前的心理冲突》，台湾心理出版社 1995 年版，第 158 页。

〔2〕 高志勤、张书友、周翠琴："海洛因依赖者戒毒动机与复吸的关系"，载《中国药物滥用防治杂志》2002 年第 5 期，第 24～25 页。

〔3〕 张建军、曹长安："海洛因依赖者戒毒动机及其对复吸的影响分析"，载《中国药物滥用防治杂志》2000 年第 1 期，第 22～24 页。

〔4〕 赵敏等："海洛因依赖者复吸相关因素的前瞻性研究"，载《中国临床心理学杂志》2001 年第 2 期，第 81～83 页。

〔5〕 章震宇："海洛因成瘾者复吸倾向的研究"，载《心理科学》2004 年第 3 期，第 270～271 页。

3. 研究戒毒动机的意义。综上所述，是否具有戒毒动机、持有何种戒毒动机以及动机水平强烈与否是影响戒毒者戒毒成功的决定性因素之一。因此，评估并诊断强戒人员的戒毒动机，是帮助其制订戒治计划，成功戒毒并保持操守的前提之一。

4. 研究目的。

（1）了解强戒人员戒毒动机的基本情况；

（2）了解强戒人员戒毒动机与人口统计学变量之间的关系；

（3）了解强戒人员戒毒动机对其吸毒及犯罪行为的影响。

（二）研究对象

北京市教育矫治局421名在所男性强戒人员。

（三）测量工具

研究采用《戒毒动机评估量表》（第8版）对强戒人员的戒毒动机进行了测量。《戒毒动机评估量表》是一种旨在获取酗酒者改变准确度的实验工具，经过多年的发展和完善，该量表已经广泛用于评定各类物质滥用者的改变动机，为帮助个别物质滥用者指定戒治计划提供依据。该量表根据析因方法推导出三个维度：认知（7个题目）、矛盾情绪（4个题目）和采取措施（8个题目）。

根据该量表的常模，可将原始分数确定在不同的等级中，用以评定酒精成瘾者或是药物成瘾者的分数是低的、一般还是高的。该量表的各因子的重测信度系数分别在0.82~0.93之间，克伦巴赫α系数在0.60~0.96之间，说明该量表具有良好的信效度。

（四）结果与讨论

1. 强戒人员戒毒动机总体特点。调查发现，北京市强戒人员在认知、矛盾情绪以及行为三个维度上的平均分分别为29.95、16.10、33.32。与《戒毒动机评估量表》的常模相比，北京市强戒人员在认知维度上的平均得分处于偏低水平，在矛盾情绪维度上的平均得分处于中偏高水平，在行动维度上的平均得分处于中等水平。结果表明，北京市强戒人员对于戒毒的认知不足，对于戒毒有较强烈的情绪冲突，在戒毒的实际行动方面，已采取过一定的措施。如下表5-29所示：

表5-29 强戒人员戒毒动机各维度得分情况

	平均数	标准差
认知	29.95	5.02
矛盾情绪	16.10	3.01
行动	33.32	5.40

根据常模提供的分组依据，将不同得分的强戒人员分为五组，下表列出了各组的人员分布情况。

表5-30 强戒人员戒毒动机各维度分组人员分布情况（N=421）

	低	偏低	中	偏高	高
认知	76	45	190	46	64
矛盾情绪	8	66	150	95	102
行动	31	71	152	103	64

由于强戒人员基本情况复杂，因此，在这三个维度的不同组中的人数均有分布。但是从总体上来看，在认知维度上，处于中等认知水平的强戒人员偏多，同时，处于两极的人数也较多；在矛盾情绪上，处于中等水平和高水平的强戒人员最多，同时，从整体上看，强戒人员的矛盾情绪更多地集中在中等水平以上；在行动上，处于低水平的强戒人员最少，处于中等和偏高水平的强戒人员居多，同时，从整体上看，强戒人员在行动维度上集中在中等水平以上。

对于强戒人员在《戒毒动机评估量表》各维度上所表现出来的特征，下面将从人口统计因素（年龄、婚姻、教育水平和工作）和吸毒以及违法行为因素（初次吸毒年龄、犯罪前科、吸毒年限、是否合并用药、强戒次数、第一次吸毒方式、最主要的吸毒方式和两次吸毒间隔）两个方面来分析有关差异和影响因素。将强戒人员的《戒毒动机评估量表》与人口统计问卷、吸毒违法行为问卷合并，得到有效问卷274份。

2. 戒毒动机各维度与人口统计变量。研究主要探讨年龄、婚姻、文化程度和工作情况对强戒人员人格特征的影响。为了得到细致精确的结果，首先对上述四个因素分别进行了分组。然后，分别以年龄、婚姻、教育水平和工作情况为因素，做《戒毒动机评估量表》各维度的单因素多元方差分析，结果表明：不同年龄组的强戒人员在认知维度（$F = 3.79$，$p < 0.01$）和行为维度（$F = 4.48$，$p < 0.01$）上有显著差异；不同婚姻状况的强戒人员在认知（$F = 4.72$，$p < 0.01$）和矛盾情绪维度（$F = 6.14$，$p < 0.01$）上有显著差异；不同教育水平和工作情况的强戒人员在这三个维度上无显著差别。结果如下：

表 5 – 31　不同人口特征的强戒人员戒毒动机各维度上的
方差分析（F 值）

	年龄	婚姻	教育水平	工作情况
认知	3.79*	4.72*	2.36	2.80
矛盾情绪	1.55	6.14*	1.76	2.93
行动	4.48*	2.18	2.63	0.88

注：*：$p < 0.05$。

（1）年龄。以 5 岁为年龄段，将年龄分为 20 ~ 24 岁、25 ~ 29 岁、30 ~ 34 岁、35 ~ 39 岁、40 ~ 44 岁和 45 岁以上六组，经事后检验发现：在认知维度上，20 ~ 24 岁的强戒人员的得分明显低于 24 ~ 29 岁（$p < 0.01$）、30 ~ 34 岁（$p < 0.01$）、35 ~ 39 岁（$p < 0.01$）和 40 ~ 44 岁组（$p < 0.05$）。25 ~ 29 岁的强戒人员的得分明显高于 20 ~ 24 岁（$p < 0.01$）、40 ~ 44 岁（$p < 0.05$）以及 45 岁以上组（$p < 0.05$）。35 ~ 39 岁强戒人员的得分明显高于 40 岁以上各组（$p < 0.05$）；在情绪维度上，20 ~ 24 岁组的得分明显低于 35 ~ 39 岁组（$p < 0.05$）；在行为维度上，20 ~ 24 岁组低于所有年龄组（$p < 0.05$），30 ~ 34 岁组明显高于 20 ~ 24 岁、40 岁以上各组（$p < 0.05$）。

20 ~ 24 岁者由于接触毒品的时间相对较短，毒品对其带来的影响还没有扩散到更广的层面，另外，对于这一年龄阶段的强戒人员，尚未承受很大的压力和责任，因此，对戒毒抱有可戒可不戒的态度，这必然影响其戒毒动机。

（2）婚姻。婚姻状况分单身，已婚有小孩，已婚无小孩，未婚同居和分居、离婚、丧偶五类。经事后检验发现：在认知维度上，已婚无小孩者的得分明显低于单身者（$p < 0.05$）、已婚有小孩（$p < 0.01$）、未婚同居（$p < 0.05$）和分居、离婚、丧偶者（$p < 0.01$）。分居、离婚、丧偶者的得分明显高于单身者（$p < 0.05$）、已婚有小孩者（$p < 0.01$）、已婚无小孩者（$p < 0.05$）。未婚同居者的得分明显高于单身者（$p < 0.05$）、已婚有小孩者（$p < 0.01$）、已婚无小孩者（$p < 0.01$）；在矛盾情绪上，已婚无小孩者的得分明显低于其他四种情况（$p < 0.01$），已婚有小孩者的得分明显高于已婚无小孩者（$p < 0.01$）。分居、离婚、丧偶者的得分则明显高于单身者（$p < 0.01$）、已婚有小孩者（$p < 0.01$）、已婚无小孩者（$p < 0.05$）；在行为维度上，单身者的得分明显低于未婚同居者（$p < 0.05$）和分居、离婚、丧偶者（$p < 0.05$），已婚无小孩者的得分明显低于未婚同居者（$p < 0.05$）和分居、离婚、丧偶者（$p < 0.05$）。

对于已婚无小孩者，相对于其他情况，由于有较稳定的家庭支持系统，又暂时没有小孩，这为其减轻了责任感和负担，因此，在某些维度上低于某一种或几种婚姻状况；对于未婚同居者，建立家庭的想法极有可能给其带来一定的压力，使其增强戒毒动机；对于分居、离婚及丧偶者来说，由于似乎已经承受了毒品带来的后果，或是经历了一些创伤性事件，使得其在某些维度上得分高于某一种或是几种婚姻状况。

（3）文化程度。教育水平分为小学及以下、初中、高中、大专及以上四种。研究中，不同受教育水平的强戒人员的《戒毒动机评估量表》各维度上无显著差异。经事后检验发现：在认知维度上，小学及以下文化程度者的得分明显低于初中（$p < 0.05$）和高中文化水平者（$p < 0.05$）；在矛盾情绪维度上，小学及以下文化程度者的得分明显低于初中文化水平者（$p < 0.05$）；在行为维度上，小学及以下文化

水平者的得分明显低于初高中文化水平者（$p < 0.05$）。由于参与本次调查的强戒人员的受教育水平普遍较低，大多数处于初中文化水平。所以，在高中或是更高文化程度上，没有显示出差异。

（4）工作状态。工作情况分为无工作、部分时间工作和有固定工作三种。数据显示，大多数强戒人员处于无工作的状态中。经事后检验发现：在认知维度上，部分时间工作者的得分明显高于有固定工作者（$p < 0.05$）；在矛盾情绪维度上，无工作者的得分明显高于有固定工作者（$p < 0.05$）。

3. 戒毒动机各维度与吸毒及犯罪行为。探讨戒毒动机水平与吸毒及犯罪行为八个因素间的关系。这八个因素包括犯罪前科、初次吸毒年龄、吸毒年限、合并用药情况、强戒次数、第一次吸毒方式、最主要的吸毒方式和两次吸毒间隔。首先对各个因素按照具体情况分别进行了分类。然后，分别以这八个吸毒行为特征为因素，对《戒毒动机评估量表》各维度作单因素多元方差分析。结果表明只有不同的初次吸毒年龄在认知、矛盾情绪以及行为三个维度上存在显著差异，其他因素均无显著差异。如表 5 - 32 所示：

表 5 - 32 戒毒动机各维度与吸毒及犯罪行为的方差分析（F 值）

	认知	矛盾情绪	行动
犯罪前科	2.18	2.25	1.34
初吸年龄	7.40*	5.68*	6.64*
吸毒年限	1.29	0.82	1.62
是否合并用药	3.26	0.11	2.08
强戒次数	1.60	0.50	1.03
两次吸毒间隔	2.00	1.53	1.32
第一次吸毒方式	0.19	0.60	0.40
最主要的吸毒方式	0.86	0.47	1.05

注：*：$p < 0.05$。

（1）犯罪前科。对强戒人员的犯罪前科情况进行分类：无其他犯罪、有1种犯罪、有2种犯罪和有3种以上犯罪。经事后检验发现：在认知维度上，有2种犯罪前科者的得分显著低于没有犯罪前科（$p < 0.05$）和有1次犯罪前科者（$p < 0.05$）；在矛盾情绪上，2种犯罪前科者的得分明显高于没有或是有1种犯罪前科者（$p < 0.05$）。这一结果表明，初犯和再犯可能具有本质性的差别，或者说，对于吸毒者来说，第一次犯罪很可能是情境所迫，偶然为之，而第二次犯罪则可能变成一种习得性的行为。

（2）初次吸毒年龄。初次吸毒年龄分为四组：19岁以下、20～29岁、30～39岁和40岁以上。经事后检验发现：在认知维度上，初次吸毒在19岁以下者的得分明显高于40岁以上者（$p < 0.01$），初次吸毒在20～29岁之间者的得分明显高于30岁以上各组（$p < 0.01$），30～39岁组高于40岁以上组（$p < 0.01$），40岁以上组的得分均明显低于其他各组（$p < 0.01$）；在矛盾情绪上，19岁以下组的得分明显低于20～29岁组（$p < 0.05$）和30～39岁组（$p < 0.05$），低于40岁以上组（$p < 0.05$），40岁以上组的得分明显低于19岁以下组（$p < 0.05$）、20～29岁组（$p < 0.01$）和30～39岁组（$p < 0.01$）；在行为维度上，20～29岁组的得分明显高于19岁以下组（$p < 0.05$）和40～49岁组（$p < 0.01$），40～49岁组明显低于其他组（$p < 0.05$）。从上述结果可得出，初次吸毒年龄越大，其戒毒动机呈下降趋势。这可能是因为已有多次失败戒毒的经历而导致的自我效能感降低引起的。

（3）吸毒年限。吸毒年限分为5年以下、6～20年、11～15年、16年以上四组。结果表明不同吸毒年限的强戒人员的戒毒动机各维度不存在显著差异。

（4）是否合并用药。合并用药变量分为1种、2～3种、4～5种和6种以上4种情况。结果表明不同用药情况的强戒人员的戒毒动机各维度不存在显著差异。

（5）强戒次数。强戒次数分成四组，包括强戒1次、强戒2次、强戒3次、强戒4次以及以上。结果表明不同强戒次数的强戒人员的戒毒动机各维度不存在显著差异。这说明以前或是现有的戒毒模式在帮助强戒人员提高戒毒动机方面成效不大。

（6）两次吸毒间隔。两次吸毒时间间隔分成五组，包括0~2小时、3~4小时、5~6小时、半天以上、未满一天、一天以上。经事后检验发现：在认知维度上，两次吸毒间隔时间在 0~2 小时内者的得分明显低于 3~4 小时者（$p < 0.05$）、半天以上未满一天者（$p < 0.05$）和一天以上者（$p < 0.05$）；在行为维度上，两次吸毒间隔时间在 0~2 小时内者的得分明显低于 3~4 小时者（$p < 0.05$）和半天以上未满一天者（$p < 0.05$）。

（7）第一次吸毒方式。第一次吸毒方式分为五组，包括鼻吸、烫吸、口服、静脉注射和其他。经事后检验发现：在行为维度上，第一次吸毒方式采用烫吸的吸毒者的得分明显高于采用其他方式吸毒者（$p = 0.05$）。

（8）最主要的吸毒方式。最主要的吸毒方式分为五组，包括鼻吸、烫吸、口服、静脉注射和其他。结果表明采用不同吸毒方式的强戒人员在戒毒动机各维度上不存在显著差异。

（五）小结

从以上调查结果我们可以看到：

1. 从总体上来看，在《戒毒动机评估量表》的三个维度上，参加本次调查的强戒人员在认知维度上，其平均分与常模相比，处于偏低水平，从整体的分布态势来看，处于中等水平者偏多，处于低水平和高水平两极上的强戒人员也占有一定数量。这说明，强戒人员在认知上，一方面，对于毒品的危害认识不足，对于戒毒缺乏正确的信念，在改变的意图上，动机不强；另一方面，强戒人员在认知的不同水平上，表现出明显的个别差异性和复杂性；在情绪维度上，其均分与常模相比，处于偏高水平，从整体态势来看，处于低水平的人最少，大多数强戒人员都处于中等偏上的水平。这说明，大多数强戒人员都处于改变与否、戒毒与否的矛盾期，对于吸毒的危害已有一定的认识，并有一些改变的意图，但是，吸毒带来的好处仍是他们停止不前的阻力。戒毒与不戒的意图，使强戒人员处于较高水平的情绪冲突中；在行动方面，其平均分与常模相比，处于中等水平，从整体态势来看，处于低水平者最少，大多数强戒人员处于中等水平以上。这说明，大多数强戒人员已经采取了一定的措施去戒毒，并且取得了一定的成效，在戒毒中，更易采取具体措施和实际行动。

综合上述三个维度上强戒人员表现出的特点，我们不难发现，强戒人员已有一定的戒毒经历，在认知维度上，处于偏低水平、居中者偏多。在情绪和行动维度上，处于低水平者最少，中等偏上水平者较多。这说明，强戒人员已在一定程度上认识到吸毒的危害，具备改变的意图，并且已经付诸行动。从这一点来讲，改变的可能性是较大的。但是，可能由于戒毒的失败经历，使其自我效能感和自我价值感降低，产生"毒是根本戒不掉的"、"我离不开毒品"等错误观念和想法，使强戒人员完全放弃戒毒或是长期处于戒毒与否的冲突中，从这一点来说，这是阻碍改变的不利条件之一。此外，数据表明，强戒人员之间有明显的个人差异，因此，以人为本、区别对待，使强戒人员对毒品、戒毒以及自我价值感形成正确的认知，消除情绪上的冲突，提供具体的改变计划和策略以帮助强戒人员戒除毒品。

2. 戒毒动机各维度与人口统计变量、吸毒以及违法行为变量方差分析结论。通过将戒毒动机各维度与人口统计变量（年龄、婚姻、教育水平和工作）、吸毒以及违法行为变量（初次吸毒年龄、犯罪前科、吸毒年限、是否合并用药、强戒次数、第一次吸毒方式、最主要的吸毒方式和两次吸毒间隔）两个方面各自进行方差分析，得出下列结论：从总体上来说，强戒人员在认知维度上，在不同年龄的强戒人员和不同初吸年龄的强戒人员中存在差异；在矛盾情绪维度上，在不同初吸年龄的强戒人员中存在差异；在行为维度上，在不同年龄的强戒人员和不同初吸年龄的强戒人员中存在差异。

具体来说，在不同的年龄组中，24～29岁的强戒人员在认知、情绪以及行动三个维度上，其得分均明显低于某一个或几个年龄组。这可能是由于处于该年龄段的吸毒者接触毒品的时间相对较短，毒品对其带来的影响还没有扩散到更广的层面，另外，这一年龄阶段的强戒人员，尚未承受很大的压力和责任，因此，对于毒品的认识不够、对戒毒持反对或是可戒可不戒的态度，这必然导致其戒毒动机的缺乏和不足。另外，在认知维度上，25～29岁的强戒人员的得分明显高于20～24岁、40～44岁以及45岁以上组。在行为维度上，30～34岁组明显高于20～24岁、40岁以上各组。这说明，随着吸毒时间的增加、年龄的增长以及责任感和压力的增大，强戒人员在戒毒认知和行动上都有了较大水平的提高。从某一角度上来说，处于25～34岁的强戒人员改变的可能性更大，戒毒动机更强，戒毒成功率更高。

从不同的婚姻状况来看，已婚无小孩者在认知、情绪和行动维度上，其得分均明显低于某一种或几种婚姻状况者。这说明，对于已婚无小孩者，相对于其他情况，由于有较稳定的家庭支持系统，又暂时没有小孩，这为其减轻了责任感和负担，因此，在某些维度上低于某一种或几种婚姻状况。另外，在认知和情绪维度上，分居、离婚、丧偶者的得分明显低于某一种或几种婚姻状况。这说明，分居、离婚、丧偶者，由于似乎已经承受了毒品带来的后果，或是经历了一些创伤性事件，使得其在某些维度上得分高于某一种或是几种婚姻状况。

从不同的文化程度上来看，小学文化程度者在认知、情绪和行动三个维度上，其得分明显低于初中或是高中文化水平者。这说明，认知水平与文化程度密切相关，并且认知水平的高低会影响到情绪和行为两个维度，因此提高和改善认知是树立戒毒动机的首要前提。从某一角度上来说，文化水平较高者，其改变的可能性更大。

从不同的工作情况上来看，在认知维度上，有固定工作者的得分明显低于部分工作者，在情绪维度上，则低于无工作者。这说明，对于有固定工作的吸毒者来说，可能由于有固定经济来源，其生活还能正常运行，所以在认知和情绪维度上的得分，低于部分工作者和失业者。

从有无犯罪前科、有几种犯罪前科上来说，在认知和情绪维度上，有 2 种犯罪前科者的得分显著低于没有犯罪前科和有 1 次犯罪前科者。这说明，初犯和再犯可能具有本质性的差别，或者说，对于吸毒者来说，第一次犯罪很可能是情境所迫，偶然为之，而第二次犯罪则可能变成一种习得性的行为。

从初次吸毒年龄来说，初次吸毒在 19 岁以下者，在认知维度上，其得分明显高于 40 岁以上者；在情绪维度上，其得分明显低于 20～29 岁组和 30～39 岁组、高于 40 岁以上组。这说明，初次吸毒年龄越小，戒毒动机越弱。这可能是由于年龄尚小或者多次戒毒失败经历所导致的。初次吸毒在 20～29 岁之间者，在认知维度上，其得分明显高于 30 岁以上各组；在行动上，其得分明显高于 19 岁以下组和 40～49 岁组。这说明，初次吸毒年龄在 20～29 岁者，由于其身体大脑发展已健全以及该时期所担负的责任，其戒毒动机较强，改变的可能性最大。40～49 岁组明显低于其他组。初次吸毒年龄在 40～49 岁者，其得分在三个维度上，均明显低于某一组或某几组。

在两次吸毒间隔时间上，两次吸毒间隔时间在 0～2 小时内者的得分在认知和情绪维度上，均明显低于 3～4 小时者、半天以上未满一天者和一天以上者。

从第一次吸毒方式上来说，采用烫吸的吸毒者的得分，在行为维度上明显高于采用其他方式的吸毒者。

3. 综上所述，通过与常模的对比以及与人口统计变量以及吸毒及犯罪行为变量分别进行方差分析，研究发现，强戒人员在戒毒动机上具有差异性和复杂性，这要求在帮助强戒人员戒除毒品过程中，应重视强戒人员的戒毒动机，并掌握与影响戒毒动机的诸多因素，针对个人情况制订戒治计划，从而有的放矢地提高强戒人员的戒毒动机。

七、强制隔离戒毒人员的自我价值感测量

（一）研究背景

自我价值感（self-worth 或 self-esteem）是个人在社会生活中，认知和评价作为客体的自我（me）对社会主体（包括群体和他人）

以及对作为主体的自我（I）的正向的自我情感体验。它包含多种心理成分，涉及情感、态度、评价等多种因素，其核心是自我价值判断与体验。[1]自我价值感是一个多维度、多层次的心理模型。该模型包括总体自我价值感、一般自我价值感和特殊自我价值感三个层次。就抽象程度而言，总体自我价值感抽象程度最高；其次是一般自我价值感，包括社会取向和个人取向；抽象程度最低的是特殊自我价值感，具体表现为人际的、心理的、道德的、生理的和家庭的自我价值感五个具体方面，同样反映出社会取向和个人取向两种。黄希庭、杨雄基于此假设编制出一个具有良好信效度的自我价值感量表。[2]研究拟采用该量表，对强戒人员作调查研究，以探讨他们自我价值感的总体特征及在性别、职业等方面的差异，从而为有效开展强制隔离戒毒工作提供心理学依据。

（二）研究方法

1. 被试。研究的被试均为强戒人员，均是一批其他戒毒方法无效，已有多年吸毒史的强戒人员，共有 160 名被试参加了问卷调查，收回有效问卷 160 份（男 110 人，女 50 人），其中，151 名是海洛因成瘾者，9 名为其他药物成瘾者。根据吸毒者的年龄、性别、职业和文化程度选择对照组，以确保对比的准确、客观。在北京市昌平区选取 185 名成人为对照组被试，男 95 名，女 90 名。

2. 测验工具。

（1）自编强戒人员基本情况调查表。研究者自编问卷，对强戒人员的毒品使用情况及人群特点作调查。包括对其吸毒年限、戒毒次数、性别、年龄、职业和婚姻状况等特点的调查。

（2）自我价值感量表。该量表由黄希庭等人于 1998 年编制，经验证具有较好的信度和效度，并已建立全国常模。该量表包括总

---

〔1〕 Campbell J. D. , "Self-esteem and Clarity of the Self-concept", *Journal of Personality and Social Psychology*, 1990, 59, pp. 538 ~ 549.

〔2〕 黄希庭、杨雄："青年学生自我价值感量表的编制"，载《心理科学》1998 年第 4 期，第 289 ~ 292 页。

体自我价值感（tse）、一般自我价值感（gse）和特殊自我价值感（sse）。量表的 Cronbach α = 0.70，具有较好的内部一致性信度。

3. 研究程序。团体施测，由研究者担当主试，在施测前讲解指导语，所有问题一次完成。

4. 数据的统计处理。所有数据均采用 SPSS10.0 软件进行统计分析。

（三）研究结果

1. 强戒人员的人群特点。被试的基本情况见表 5-33。

表 5-33　被试情况

	年龄	强戒次数	吸毒年限	戒毒次数
平均数	33.62	1.94	6.73	4.12
最小值	21	1	1	0
最大值	49	7	13	30
标准差	6.52	1.09	2.77	4.20

其他的信息还包括，被试文化程度：小学文化 14 人（8.7%），初中文化 87 人（54.4%），高中文化 50 人（31.2%），大专以上 9 人（5.6%）；婚姻状况：未婚 57 人（35.6%），已婚 82 人（51.2%），离婚 21 人（13.1%）；职业：有固定职业的 89 人（55.6%），无固定职业的 71 人（44.4%）。

2. 自我价值感测试的总体结果。160 名被试在自我价值感三个分量表得分的平均数及标准差列于表 5-34。

表 5-34　160 名被试自我价值感的总体结果（平均数与标准差）

统计量	T	GS	GI	SS1	SS2	SS3	SS4	SS5	SI1	SI2	SI3	SI4	SI5
M	21.70	18.20	18.20	12.30	15.60	13.10	14.70	10.60	14.70	15.50	13.60	13.10	15.40
S	4.60	3.40	3.50	3.10	2.60	3.10	2.80	2.50	2.70	3.00	2.80	2.60	2.40

各分量表依次是：总体自我价值感（T），社会取向一般自我价值感（GS），个人取向一般自我价值感（GI），社会取向特殊人际

自我价值感（SS1），社会取向特殊道德自我价值感（SS2），社会取向特殊生理自我价值感（SS3），社会取向特殊心理自我价值感（SS4），社会取向特殊家庭自我价值感（SS5），个人取向特殊心理自我价值感（SI1），个人取向特殊家庭自我价值感（SI2），个人取向特殊人际自我价值感（SI3），个人取向特殊生理自我价值感（SI4），个人取向特殊道德自我价值感（SI5）。

3. 强戒人员自我价值感与正常成人自我价值感的比较。把对照组自我价值感的总体结果与强戒人员自我价值感的总体结果作比较，其结果见表 5 - 35。结果表明，强戒组在 T、GS、SS1、SS5、SI4 分量表的得分显著低于正常成人组，在 SI5 分量表的得分显著高于正常成人组。在 GI、SS2、SS3、SS4、SI1、SI2、SI3 分量表的得分上两者之间无显著性差异。

表 5 - 35 强戒组与对照组自我价值感各内容量表的 T 分比较

	统计量	T	GS	GI	SS1	SS2	SS3	SS4	SS5	SI1	SI2	SI3	SI4	SI5
吸毒组	M	21.70	18.10	18.10	12.30	15.60	13.00	14.70	10.60	14.70	15.50	13.60	13.12	15.40
	S	4.60	3.40	3.50	3.10	2.60	3.10	2.80	2.50	2.70	3.00	2.80	2.60	2.40
对照组	M	24.80	21.10	18.50	14.20	15.30	12.60	13.40	16.50	15.20	14.30	12.90	15.70	12.60
	S	5.10	3.60	3.00	3.30	3.30	3.20	3.10	3.00	2.90	3.80	2.10	3.10	6.00

4. 性别、职业及婚姻状况在自我价值感上的多元方差分析。多元方差分析的结果如表 5 - 36 所示，被试在总体自我价值感、社会取向的一般自我价值感以及大多数特殊自我价值感的分量表上，性别、职业及婚姻状况的主效应都不显著。在社会取向的一般自我价值感上，性别存在着显著差异，女性显著高于男性。在社会取向的特殊家庭自我价值感，个人取向的特殊人际自我价值感，个人取向的特殊道德自我价值感上，性别存在着显著差异，均是男性高于女性。在社会取向的特殊人际自我价值感、社会取向的特殊道德自我价值感及个人取向的特殊心理自我价值感上，职业存在着显著的差异，均是有固定职业者高于无固定职业者。在社会取向的特殊家庭

自我价值感上，婚姻状况存在着显著差异，已婚显著高于未婚。此外，除了性别与职业在社会取向的特殊心理自我价值感上存在交互作用外，在自我价值感的各个分量表上，性别、职业、婚姻状况变量间的交互作用效应均不显著。

表5－36　性别、职业及婚姻状况在自我价值感上的多元方差分析

SS	主要作用			交互作用			
	性别	职业	婚姻状况	性别×职业	性别×婚姻	职业×婚姻	性别×职业×婚姻
T	0.52	0.16	0.08	2.75	0.22	0.09	0.53
GS	7.29*	0.30	0.21	0.01	0.10	0.79	0.60
GI	1.56	2.70	0.14	0.04	0.34	0.08	0.15
SS1	1.50	6.12*	0.78	1.47	2.24	1.80	0.32
SS2	0.66	6.49*	0.00	1.40	1.74	0.36	0.18
SS3	0.07	0.10	0.39	3.04	0.08	1.48	0.08
SS4	0.02	0.07	0.00	4.10*	0.10	1.65	3.02
SS5	8.29*	1.88	5.19*	0.20	0.89	0.01	0.26
SI1	0.68	11.99**	2.50	0.20	0.48	0.05	0.24
SI2	0.23	0.93	0.55	0.61	0.01	0.17	0.45
SI3	3.89*	0.20	0.04	0.12	0.22	0.05	0.71
SI4	0.24	0.01	0.74	0.23	0.37	0.10	0.03
SI5	3.76*	0.47	0.11	0.10	0.32	0.02	0.37

注：*：$p < 0.05$；**：$p < 0.01$。

（四）讨论与结论

1. 强戒人群特点与毒品成瘾的关系。研究发现，性别、年龄、文化程度、婚姻状况、职业等人群因素与毒品成瘾存在一定的关系。

　　大多数研究都发现，男性使用各种成瘾物质的比例高于女性。[1]对北京市强戒人员的调查研究表明，强戒人员的男女之比约为4：1。目前，从生物医学的角度尚不能对成瘾物质使用的性别差异作出解释。从心理学模型的角度看，男性比女性更具感觉寻求特质，更喜欢追求刺激和富有冒险精神。从社会学模型来看，在男权占优势地位的社会中，男性的经济收入和经济自主权都较女性高，参加社会活动的机会也比女性多，在中国文化背景下尤其如此，这些都可能是导致成瘾物质使用具有性别差异的重要原因。[2]

　　调查表明，强戒人员的平均年龄为33.6岁，他们大都有多年的吸毒史并多次尝试戒毒，他们的毒品使用率在20～29岁年龄段最高，而40岁以上年龄段的人群就很少。原因是青年期是物质成瘾行为的高危人群，处于易受外界不良环境影响的阶段，且喜好追求新异刺激，加之侥幸心理，便不惜冒险尝试。而随着年龄增大、心理成熟和社会阅历的丰富，毒品成瘾的可能性就比较小。

　　调查研究表明，文化程度在初中及以下人群的使用率高于高中及以上人群，毒品成瘾者的文化程度较低。原因是受教育较少的人群接受的社会规范教育较少，较难充分认识毒品成瘾的危害；此外，由于吸毒而辍学，也是造成使用者文化程度较低的另一原因。

　　调查表明，无固定婚姻关系者毒品使用率高，其原因有三：一是吸毒者年纪较轻，尚未形成婚姻关系；二是吸毒减少了形成婚姻关系的可能；三是吸毒破坏了固定的婚姻关系。

　　研究表明，无固定职业是毒品成瘾的危险因素之一。一方面，无固定职业者易受社会影响而使用毒品；另一方面，毒品成瘾对职业功能造成明显的损害，使成瘾者找不到工作或者停业、失业。

　　2. 强戒人员自我价值感的基本特点。研究表明，强戒人员表现

---

〔1〕　郝伟等："我国部分高发区非法成瘾物质使用第二次流行病学调查"，载《中国心理卫生杂志》2002年第4期，第227～229页。

〔2〕　郝伟等："我国部分高发区非法成瘾物质使用第二次流行病学调查"，载《中国心理卫生杂志》2002年第4期，第227～229页。

出低的自我价值感。这与国内外其他研究结论是一致的，正常成人更倾向于肯定自己对社会的作用与贡献，更多地体验到自我潜能的发挥。值得注意的是，在个人取向的一般自我价值感上，强戒组与正常成人组之间并未存在显著差异。这可能表明，在个人层面和内心深处，强戒人员对个人的价值取向和情绪体验并没有持完全否定的态度，只是因为在社会教化和舆论压力的作用下，使其表现出低的自我价值感。此外，在特殊自我价值感方面，强戒组与正常成人组在一些分量表上的得分不存在显著性差异，而在另一些内容量表上存在显著差异，这一结果是难以解释的。这说明特殊自我价值感是不断变化、有所起伏的，符合我们将特殊自我价值感看作是一种状态性、情境性自我价值感的理论构想。

研究发现，自我价值感是与毒品成瘾相关的心理变量。但值得注意的是，很难澄清低自我价值感是毒品成瘾的易感因素，还是毒品成瘾后再逐渐形成低自我价值感。所以，许多人对是否存在成瘾的易感心理特征提出质疑，他们认为成瘾者心理特征的相似性极有可能是他们成瘾的结果，而不是其成瘾的最初原因。[1]

在总体价值感及自我价值感的多数分量表上，基本上未表现出性别、职业及婚姻状况上的差异，这与对正常成年人的研究结果不完全一致。[2]对此可能的解释是前面所讨论的原因，即不同性别、不同职业、不同婚姻状况的个人，当其吸毒成瘾后，他们的身心特征会表现出一定的相似性，而自我价值感的性别、职业及婚姻状况的特点却变得模糊不清。

自我价值感在性别、职业及婚姻状况上表现出来的差异仅有：在社会取向的一般自我价值感上，女性显著高于男性。也即是说，

〔1〕 Shaffer H. J., Burglass M. E., eds., *Classic contributions in the addiction*, New York: Brunner/Mazel, 1981.

〔2〕 黄希庭、凤四海、王卫红："青少年学生自我价值感全国常模的制定"，载《心理科学》2003年第2期，第194~198页。Fleming J. S., Watts W. A., "The Dimensionality of self-esteem: some results for a college sample", *Journal of Personality and Social Psychology*, 1980, 60 (5), pp. 921~929.

相对男性而言，女性强戒人员更注重人际关系的和谐，更在乎他人的评价和看法，认为自己更能得到社会和他人的认可和接纳。这一结果与王登峰的一项研究结果相似，即在吸毒者中，女性比男性拥有更多的积极心理特征。[1] 在社会取向的特殊家庭自我价值感、个人取向的特殊人际自我价值感、个人取向的特殊道德自我价值感上，男性均显著高于女性。这可能表明，男性吸毒者比女性吸毒者更多得到父母的关爱和帮助；人际关系上更强调以个人意愿为原动力；道德评判上更多以自己的标准来衡量做事的好坏。在社会取向的特殊人际自我价值感、社会取向的特殊道德自我价值感及个人取向的特殊心理自我价值感上，职业存在着显著的差异，均是有固定职业者高于无固定职业者。这一结果说明曾经有固定职业比无固定职业的强戒人员更能遵循社会道德标准，得到他人的好评；在心理上更能体验到自我的价值。在社会取向的特殊家庭自我价值感上，婚姻状况存在着显著差异，已婚显著高于未婚。这一结果很好理解，已婚强戒人员比未婚强戒人员更能得到家庭的关怀和帮助从而产生较好的家庭价值感。

总之，通过对 160 名强戒人员自我价值感特点的调查研究，初步得出强戒人员具有低自我价值感的总体结论，探讨了强戒人员自我价值感在性别、职业及婚姻状况上所表现出的一些差异，以及强戒人员的人群特点与其吸毒成瘾的关系。在后续研究中，重点要做的工作是修订或创构对吸毒者更具鉴别力的自我价值感量表，并以多元化的研究方法考察吸毒者的自我价值感特点。

---

〔1〕 王登峰、崔红："吸毒者的人格特点分析"，载《中国药物依赖性杂志》2003年第 3 期，第 215～218 页。

第六章

强制隔离戒毒人员的神经心理机制

第一节　海洛因成瘾者抑制控制加工异常的电生理证据

一、研究背景和研究现状

抑制控制（inhibitory control）是指抑制或压抑与当前任务无关但具有支配性的想法或行为的能力。[1]抑制控制障碍（impaired inhibition control）会使得个体不能控制自己，表现出冲动行为。成瘾个体的药物寻求行为和复吸行为都是强烈的冲动行为，是药物成瘾的核心症状。[2]在药物及相关线索的诱因作用下，即使是那些已经生理脱毒一段时间的个体，也会由于无法控制用药的冲动而出现复吸行为。因此抑制控制障碍被认为是理解药物成瘾的关键。

实验室中对成瘾者抑制控制的测量可分为反应抑制和认知抑

---

〔1〕　Garavan H., Ross T. J., Stein E. A., "Right hemispheric dominance of inhibitory control: an event-related functional MRI study", *Proc Natl Acad Sci USA*, 1999, 96（14）, pp. 8301～8306.

〔2〕　American Psychiatric Association, *Diagnostic and Statistical Manual of Mental Disorders*, Washington DC: American Psychiatric Association, 1994.

制。[1]反应抑制，又称为行为抑制或运动反应抑制，是指停止一个将要做出的动作反应。[2]在反应抑制任务中，个体完成任务的时间（如反应时）和准确率（如命中率和误报率）等行为指标是衡量抑制控制功能的关键指标。目前，对于海洛因成瘾者反应抑制的研究结论并不一致。在抑制加工需要大量认知资源的任务中，海洛因成瘾者与控制组差异显著，如鲍德斯迷津测验成绩（Porteus Maze Test)[3]、Stop-Signal 任务[4]，而在需要较少认知资源的任务中与控制组差异不明显，如 Go/Nogo 任务[5]和 Stop-Change 任务[6]。

反应抑制涉及额叶及其他脑区的活动，如腹外侧前额叶、背外侧前额叶、眶额叶、顶叶、颞叶、前扣带回和纹状体等。[7]脑结构成像的研究发现，长期使用海洛因成瘾者前额叶和颞叶皮层的体积减小，[8]双侧额叶皮层神经细胞出现损害和丧失。[9]此外，功能性

〔1〕 Ersche K. D., Sahakian B. J., "The neuropsychology of amphetamine and opiate dependence: implications for treatment", *Neuropsychol Review*, 2007, 17 (3), pp. 317 ~ 336.

〔2〕 Aron A. R., "The neural basis of inhibition in cognitive control", *Neuroscientist*, 2007, 13 (3), pp. 214 ~ 228.

〔3〕 Pau C. W. H., Lee T. M. C., Chan S. F., "The impact of heroin on frontal executive functions", *Arch of Clin Neuropsych*, 2002, 17, pp. 663 ~ 670.

〔4〕 吕椽：“海洛因戒除者的行为抑制功能及其动态特征”，云南师范大学 2006 年硕士学位论文。

〔5〕 Verdejo-Garacia A. J., Perales J. C., Perez-Garcia M., "Cognitive impulsivity in cocaine and heroin polysubstance abuses", *Addict Behav*, 2007, 32, pp. 950 ~ 966.

〔6〕 Fishbein D. H., Krupitsky E., Flannery B. A., et al., "Neurocognitive characterizations of Russian heroin addicts without a significant history of other drug use", *Drug Alcohol Depen*, 2007, 90, pp. 25 ~ 38.

〔7〕 Rubia K., Russell T., Overmeyer S., et al., "Mapping motor inhibition: conjunctive brain activations across different versions of Go/No-Go and stop tasks", *NeuroImage*, 2001, 13 (2), pp. 250 ~ 261.

〔8〕 Lyoo I. K., Pollack M. H., Silveri M. M., et al., "Prefrontal and temporal gray matter density decreases in opiate dependence", *Psychopharmacology*, 2006, 184 (2), pp. 139 ~ 144.

〔9〕 Haselhorst R., Dürsteler-MacFarland K. M., Scheffler M. A. K., et al., "Frontocortical N-acetylaspartate reduction associated with long-term IV heroin use", *Neurology*, 2002, 58, pp. 305 ~ 307.

磁共振成像（Functional Magnetic Resonance Imaging，fMRI）的研究表明，相比于健康对照组，海洛因成瘾者无论处于吸毒期还是戒断期，在反应抑制任务中他们的额叶和顶叶的激活明显降低。[1]这些都可以作为海洛因成瘾者抑制控制功能异常的神经生理方面的证据，但其时间进程还有待研究。

事件相关电位（event-related potentials，ERPs）具有较高的时间分辨率（毫秒级）和一定的空间分辨率，已有研究将 ERP 用于揭示成瘾物质对认知活动时间进程的影响。例如，Bauer（2001）在短时记忆任务中发现，海洛因成瘾者的 P3 成分减弱，由此提出 P3 是研究中枢神经恢复的指标。[2]实验室中在评估抑制和冲动性时通常使用 Stop-Signal 任务和 Go/Nogo 任务。Stop 任务中 ERP 的反应信号和停止信号可能发生重叠，而 Go/Nogo 任务所产生的 ERP 成分相对简单，更适合对不同人群进行比较。[3]

在 Go/Nogo 任务中，刺激快速呈现，要求被试对某一类刺激做出反应（按键，Go），对另一类刺激不做反应（不按键，Nogo）。这一任务虽然简单，但是涉及多个次级认知加工过程，包括刺激的辨别、运动准备、反应抑制和行为监控。[4]在完成任务的过程中会出

〔1〕　Lee T. M. C., Zhou W. H., Lou X. J., et al., "Neural activity associated with cognitive regulation in heroin users: a fMRI study", *Neurosci Lett*, 2005, 382, pp. 211 ~ 216. Fu L. P., Bi G. H., Zou Z. T., et al, "Impaired response inhibition function in abstinent heroin dependents: an fMRI study", *Neurosci Lett*, 2008, 438 (3), pp. 322 ~326.

〔2〕　Bauer L. O., "CNS recovery from cocaine, cocaine and alcohol, or opioid dependence: a P300 study", *Clin Neurophysiol*, 2001, 112, pp. 1508 ~1515. Papageorgiou C. C., Liappas I. A., Ventouras E. M., et al., "Long-term abstinence syndrome in heroin addicts: indices of P300 alterations associated with a short memory task", *Prog Neuropsychopharmacol Biol Psychiatry*, 2004, 28 (7), pp. 1109 ~1115.

〔3〕　Ruchsow M., Groen G., Kiefer M., "Response inhibition in borderline personality disorder: event-related potentials in a Go/Nogo task", *Neural Transm*, 2008, 115, pp. 127 ~ 133.

〔4〕　Goldstein M., Brendel G., Tuescher O., et al., "Neural substrates of the interaction of emotional stimulus processing and motor inhibitory control: an emotional linguistic go/no-go fMRI study", *Neuro Image*, 2007, 36 (3), pp. 1026 ~1040.

现两个主要的 ERP 成分：N2（或 Nogo-N2）和 Nogo-P3 成分。前者是 Nogo 刺激呈现后 200～300ms 诱发出的比 Go 刺激下更明显的负波，其最大值出现在前额区；后者是 Nogo 刺激呈现后 300～600ms 诱发出的正电位，它在前额区比 Go-P3 幅值更大，即 Nogo-P3 的前部化效应。[1]Nogo-N2 波幅明显大于 Go-N2 的现象称为 N2 的 Nogo 效应，Nogo-N2 波幅减去 Go-N2 波幅的差异波 N2d 常被用作该效应大小的指标。[2]目前对于这两个 ERP 成分具体所代表的认知过程还存有争论。有研究者认为 Nogo-N2 反映的是一种自上而下的抑制机制，即在运动执行前抑制不适当的反应倾向。[3]但也有研究认为 Nogo-N2 反映的是对冲突的监控。[4]对于 Nogo-P3 与反应抑制的关系，有的研究者支持 Nogo-P3 反映了对外显 Go 反应的抑制的观点，[5]但也有研究者认为 Nogo 反应时没有做按键反应，没有运动电位的影响，所以 Nogo-P3 的波幅会大于 Go-P3 的波幅。[6]溯源分析

〔1〕 Falkenstein M., Hoormann J., Hohnsbein J., "ERP components in Go/Nogo tasks and their relation to inhibition", *Acta Psychol*, 1999, 101, pp. 267～291. Kopp B., Mattler U., Goertz R., et al., "N2, P3 and the lateralized readiness potential in a nogo task involving selective response priming", *Electroencephalogr Clin Neurophysiol*, 1996, 99, pp. 19～27.

〔2〕 Bokura H., Yamaguchi S., Kobayashi S., "Electrophsiological correlates for response inhibition in a Go/Nogo task", *Clin Neurophysiol*, 2001, 113, pp. 2224～2232.

〔3〕 Kim M. S., Kim Y. Y., Yoo S. Y., et al., "Electrophysiological correlates of behavioral response inhibition in patients with obsessive-compulsive disorder", *Depress Anxiety*, 2007, 24, pp. 22～31.

〔4〕 Nieuwenhuis S., Yeung N., Van den Wildenberg, et al., "Electrophysiological correlates of anterior cingulated function in a go/nogo task: effects of response conflict and trial type frequency", *Cognit Affect Behav Neurosci*, 2003, 3, pp. 17～26. Donkers F. C., Van Boxtel G. J., "The N2 in go/no-go tasks reflects conflict monitoring not response inhibition", *Brain Cogn*, 2004, 56 (2), pp. 165～176.

〔5〕 Bruin K. J., Wijers A. A., "Inhibition, response mode, and stimulus probability: a comparative event-related potential study", *Clin Neurophysiol*, 2002, 113, pp. 1172～1182. Burle B., Vidal F., Bonnet M., "Electroencephalographic nogo potentials in a no-movement context: the case of motor imagery in humans", *Neurosci Lett*, 2004, 360, pp. 77～80.

〔6〕 Salisbury D. F., Griggs C. B., Shenton M. E., et al., "The NoGo P300 'anteriorization' effect and response inhibition", *Clin Neurophysiol*, 2004, 115 (7), pp. 1550～1558.

的结果表明，Nogo-N2 主要定位于前扣带回[1]和右侧眶额叶;[2]Nogo-P3 定位于眶额叶。[3]综上所述，Nogo-N2 和 Nogo-P3 可能分别代表了与抑制控制相关的两个加工过程，即冲突监控和反应抑制。

目前探讨成瘾者抑制控制的 ERP 研究相对较少。有研究发现，酒精成瘾组的 Nogo-P3 波幅显著小于对照组，但两组在 P3 潜伏期及 N2 等其他 ERP 成分上未发现显著差异;[4]"摇头丸（ecstasy）"多药滥用组的 Nogo-P3 波幅显著小于对照组（该研究未考察 N2 成分）。[5]以往研究中尚未有使用 ERP 技术考察海洛因成瘾者抑制控制的神经心理机制。

研究拟通过比较海洛因成瘾者和对照组在视觉等概率 Go/Nogo 任务中的 ERPs（N2 和 P3）差异，来考察海洛因成瘾者抑制控制加工的时间进程。反应抑制任务中的 ERP 成分对 Nogo 刺激的概率敏感，所以研究中使用等概率任务消除小概率刺激对 Go/Nogo 效应的影响。根据以往的研究结果，研究假设海洛因成瘾者在额中央区 ERP 的 Go/Nogo 效应低于对照组。

二、研究方法

（一）被试

成瘾组为 14 名长期海洛因成瘾者，均为男性，来自北京市某强

---

〔1〕 Dimoska A., Johnstone S. J., Barry R. J., "The auditory-evoked N2 and P3 components in the stop-signal task: indices of inhibition, response-conflict or error-detection?", *Brain Cogn*, 2006, 62, pp. 98~112. Bekker E. M., Kenemans J. L., Verbaten M. N., "Source analysis of the N2 in a cued Go/NoGo task", *Brain Res Cogn Brain Res*, 2005, 22, pp. 221~231.

〔2〕 Strik W. K., Fallgatter A. J., Brandeis D., et al., "Three-dimensional tomography of event-related potentials during response inhibition: evidence for phasic frontal lobe activation", *Electroencephalogr Clin Neurophysiol*, 1998, 108, pp. 406~413.

〔3〕 Bokura H., Yamaguchi S., Kobayashi S., "Electrophsiological correlates for response inhibition in a Go/Nogo task", *Clin Neurophysiol*, 2001, 113, pp. 2224~2232.

〔4〕 Kamarajan C., Porjesz B., Jones K. A., et al., "Alcoholism is a disinhibitory disorder: neurophysiological evidence from a Go/No-Go task", *Biol Psychol*, 2005, 69, pp. 353~373.

〔5〕 Gamma A., Brandeis D., Brandeis R., et al., "The P3 in 'ecstasy' polydrug users during response inhibition and execution", *Psychopharmacol*, 2005, 19, pp. 504~512.

制隔离戒毒所的非药物戒毒中心，均符合 DSM-V 的阿片依赖诊断标准，无其他非法药物（如大麻、冰毒、摇头丸等）滥用史。年龄 41 ± 7.11 岁（平均数 ± 标准差），受教育程度为 8.92 ± 1.89 年，平均每天使用海洛因 1.46 ± 1.27 克，使用海洛因年限 13.54 ± 5.71 年，戒断期 4.67 ± 6.44 月。阿片成瘾严重程度量表[1]的评定结果是，3 人为中度（10 ~ 25 分），其余均为重度（> 25 分）。Beck 焦虑量表（Beck Anxiety Inventory，BAI)[2]自评平均分为 12.21 ± 14.39，其中 1 名焦虑阳性（> 45 分）。对照组为 14 名无海洛因等非法药物滥用史的健康男性，均为某高校的后勤工作人员，年龄 41 ± 10.50 岁，受教育程度 9.69 ± 2.18 年，BAI 自评平均分为 4.57 ± 5.69。所有被试均为右利手，视力或矫正视力正常，排除其他严重精神疾病（如抑郁症、精神分裂症）和严重大脑及躯体的器质性疾病。所有被试在参与之前均签署知情同意书并获得一定的经济报酬。两组被试的年龄和受教育程度均匹配（$t_{(26)}$ 检验，所有 $p > 0.05$）。BAI 自评焦虑程度的组间差异具有统计学显著性（$t_{(26)} = 1.85$，$p < 0.05$）。

（二）刺激材料与实验过程

研究采用 Neuroscan STIM - 2 系统呈现刺激。刺激为同样大小（底 7cm，高 6.06cm）的等边三角形，以灰色背景呈现于显示器中央（亮度 60 cd/ m^2），视距 100cm，水平和垂直视角均约 4 度。

刺激逐一呈现，要求被试看到倒立的三角形（Go 刺激）时在尽量准确的前提下尽快地按键反应，看到正立的三角形（Nogo 刺激）时不按键。每组有一半被试做出 Go 反应的刺激图片与另一半被试相反，从而平衡刺激差异的影响。实验共有 200 个刺激，Nogo 刺激和 Go 刺激伪随机呈现，并且出现的概率相同（各 100 次），每种刺激连续出现的次数不超过 4 次。刺激呈现时间 50ms，刺激时间

---

〔1〕 连智、刘志民：“阿片成瘾严重程度量表的初步编制与信度测试”，载《药物流行病学杂志》2003 年第 2 期，第 85 ~ 88 页。

〔2〕 Cheng K. S., Wong C., Wong K., et al., "A study of psychometric properties, normative scores and factor structure of beck anxiety inventory chinese version", *Chin J Clin Psychol*, 2002, 1, pp. 4 ~ 6.

间隔（ISI）在 1000～2000ms 的范围内随机设置，平均间隔约为
1500ms。完成整个任务需要 5 分钟左右。拇指按键，左右手在不同
被试中交叉平衡。

正式实验之前让被试进行两组练习（20 次 × 2 组），保证被试
掌握正确的按键操作。整个实验过程中，要求被试尽量减少眼动和
眨眼，双眼平视屏幕中心，并保持身体放松不动。

（三）数据记录和离线分析

研究采用 Neuroscan NuAmps40 导系统记录脑电信号，被试戴
10 - 20 系统 32 导 Ag/AgCl 电极帽。双侧乳突连线作参考电极，前
额接地，双眼外侧安置电极记录水平眼电（HEOG），左眼眶额上下
安置电极记录垂直眼电（VEOG）。头皮阻抗小于 5kΩ，AC 采集，
滤波带宽 0.05～100Hz，采样率 1000Hz/导。同步记录连续 EEG 与
行为学数据。

采用 SCAN4.3 软件对脑电数据进行离线分析。平均伪迹逆行分
析法去除眼电伪迹，[1] 分析时程（epoch）为刺激前200ms至刺激后
800ms。刺激前 200ms 平均电压用于基线矫正。基线校正后波幅超
过 ±100μV 者视为伪迹，在叠加中被自动剔出。对反应正确的 EEG
进行分类叠加，得到 Go 和 Nogo 刺激产生的两类 ERP 数据。叠加后
的 EEG 进行 0～17Hz（24dB/oct）低通无相移数字滤波。

（四）数据分析与统计

采用 t 检验对行为学数据（Go 反应时、命中率、误报率）进行
组间（海洛因成瘾组和对照组）差异比较。剔除 2 个标准差之外的
反应时，每位被试在极端反应时剔除量均小于 7%。

主要考察的成分为 N2 和 P3，前者为刺激出现后 200～300ms 时
间窗内最大负波峰值，后者为 300～500ms 时间窗内最大正波峰值。
为了强调 Go/Nogo 效应便于组间比较，还要计算 N2 和 P3 的差异波

〔1〕 Semlitsch H. V., Anderer P., Schuster P., et al., "solution for reliable and valid re-
duction of ocular artifacts, applied to the P300 ERP", *Psychophysiology*, 1986, 23 (6), pp. 695～
703.

（Nogo 波幅减去 Go 波幅）。分别以 Fz 和 Fcz（中线位置该成分波幅最大）位置 N2 和 P3 峰值出现的时间为潜伏期。

由于 N2 和 P3 主要集中在中线区，因此选取中线区 5 个记录点（Fz、Fcz、Cz、Cpz、Pz）进行分析。分别对 N2 和 P3 的波幅作组间（海洛因成瘾组、对照组）×条件（Nogo、Go）×电极位置三因素重复测量方差分析，其中组间为被试间变量，条件和电极位置为被试内变量。分别对 N2d 和 P3d 的波幅进行组间×电极位置两因素方差分析，以及潜伏期的组间×条件两因素重复测量方差分析。采用 Greenhouse-Geisser 法对重复测量方差分析的 p 值进行校正。[1] $p < 0.05$ 为统计显著性标准，并进一步报告相应的主因素效应和交互作用效应值的大小（η^2），方便读者进行跨研究比较。采用 SPSS13.0 软件进行数据统计。

三、研究结果

（一）行为学结果

两组被试的 Go 刺激平均反应时（海洛因组 = 359.42 ± 59.59 ms，对照组 = 360.72 ± 26.57 ms，$t_{(26)} = -0.07$；$p > 0.05$）、命中率（成瘾组 = 0.98 ± 0.03，对照组 = 0.96 ± 0.06，$t_{(26)} = 0.85$；$p > 0.05$）和误报率（成瘾组 = 0.04 ± 0.04，对照组 = 0.05 ± 0.07，$t_{(26)} = -0.34$；$p > 0.05$）都未达到统计学显著性。

（二）ERP 结果

两组被试均成功诱发出 N2 和 P3。从总平均图 6 - 1 和脑电地形图 6 - 2 中可以看到各 ERP 成分的时间和空间分布情况。

1. N2。从 ERP 总平均图可以看出，Go 和 Nogo 条件两组被试在 200 ~ 300ms 内都有负向漂移，但 N2 波幅都为正值。在地形图中可以看到，Nogo 条件下前额区和中央区的波幅比 Go 条件下要小（200 ~ 300ms），且正常组 Nogo-N2 与 Go-N2 的差异更加明显。统计分析发现，条件×组间交互作用显著（$F_{(1,26)} = 13.71$，$p < 0.05$，η^2

〔1〕 Geisser S., Greenhouse S. W., "An extension of Box's results on the use of the F distribution in multivariate analysis", *Ann Math Stat*, 1958, 29, pp. 885 ~ 891.

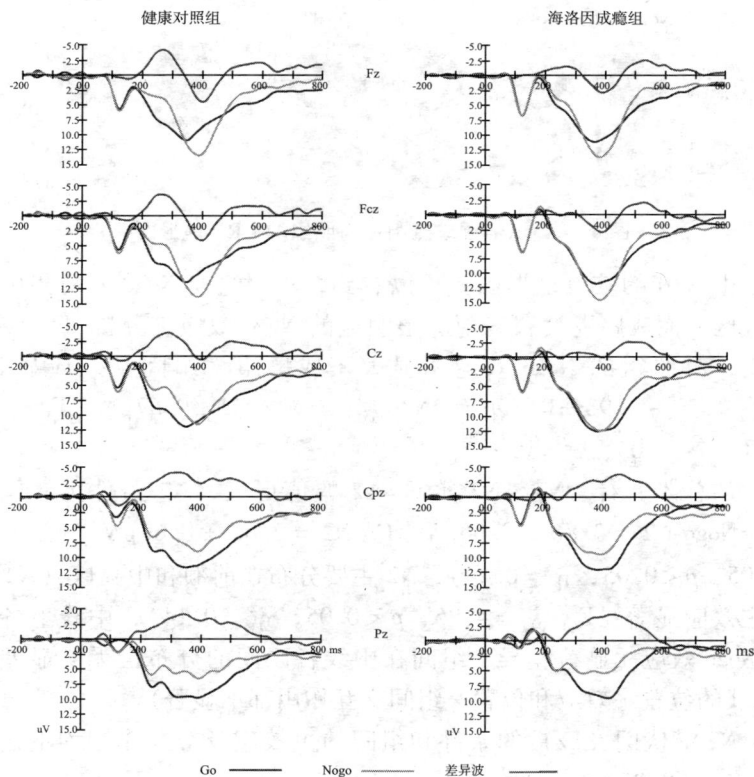

图 6 - 1　海洛因成瘾组和对照组的 ERP 总平均波形图

=0.35），进一步作简单效应分析发现：对照组有显著的 Nogo 效应
（Nogo-N2$_{对照组}$ = 3.67 ± 0.93μV；Go-N2$_{对照组}$ = 7.31 ± 0.94μV，F$_{(1,26)}$
= 33.46，$p < 0.05$），但是成瘾组的 Nogo 效应不显著（Nogo-N2$_{成瘾组}$
= 4.05 ± 0.92μV，Go-N2$_{成瘾组}$ = 4.39 ± 0.94μV，F$_{(1,26)}$ = 0.30，$p >$
0.05）；两组被试的差异出现在 Go 条件下而不是 Nogo 条件下（在
Go 水平组间效应显著：Go-N2$_{对照组}$ = 7.31 ± 0.94μV，Go-N2$_{成瘾组}$ =
4.39 ± 0.94μV，F$_{(1,26)}$ = 4.84，$p < 0.05$；在 Nogo 水平组间效应不
显著，$p > 0.05$）。

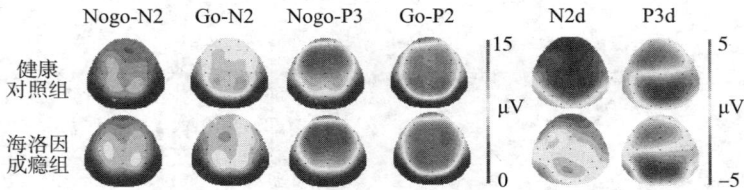

图 6 – 2　海洛因成瘾组和对照组的 ERP 地形图

由 N2d 的脑电地形图上可以看到，对照组的 Nogo 效应集中在中线区，而成瘾组没有表现出很明显的 Nogo 效应。分析 N2d 波幅发现，对照组的 Nogo 效应明显大于成瘾组（组间主效应显著：$N2d_{对照组} = -4.98 \pm 0.57\mu V$，$N2d_{成瘾组} = -2.72 \pm 0.57\mu V$，$F_{(1,26)} = 7.81$，$p < 0.05$，$\eta^2 = 0.23$）。

从总体上看，Nogo-N2 比 Go-N2 幅值更大（N2 条件主效应显著：Nogo-N2 $= 3.86 \pm 0.66\mu V$，Go-N2 $= 5.85 \pm 0.66\mu V$，$F_{(1,26)} = 20.05$，$p < 0.05$，$\eta^2 = 0.44$），N2 主要分布在前额和中央区（N2 位置主效应显著：$F_{(4,104)} = 4.35$，$p < 0.05$，$\eta^2 = 0.14$），中线上各区的 Nogo 效应无显著差异，组间在中线各区间的分布也无明显差异（N2d 的位置主效应和位置×组间交互作用都不显著）。

N2 潜伏期（Fz）的条件和组间的主效应及交互作用均不显著（所有 $p > 0.05$）。

2. P3。从总平均图中可以看到明显的 P3 成分，Nogo-P3 幅值比 Go-P3 更大，出现也更晚。从地形图中可以看到，相对于 Go-P3 而言，Nogo-P3 更加前部化。对 P3 波幅的统计分析表明，Nogo-P3 和 Go-P3 在中线上的分布有差异（条件×位置交互效应显著：$F_{(4,104)} = 45.00$，$p < 0.05$，$\eta^2 = 0.63$），进一步简单效应分析发现前部电极（Fz、Fcz）的 Nogo-P3 显著大于 Go-P3（$p < 0.05$），相反，后部电极（Cpz、Cz）的 Go-P3 显著大于 Nogo-P3（$p < 0.05$），表明 Nogo-P3 具有前部化现象。从总体上看，P3 具有显著的位置效应（位置：$F_{(4,104)} = 31.85$，$p < 0.05$，$\eta^2 = 0.55$），但条件和组间主效应以及其他交互作用不显著（$p > 0.05$）。分析 P3d 幅值发现，位置主效应显著（$F_{(4,104)}=63.84$，$p<0.05$，$\eta^2=0.71$），进一步事后检验发现其中 Fcz 位置最大，由前向后逐渐减小，未发现显著的组间主效应和交互效应。

P3 潜伏期（Fcz）的条件和组间的主效应及交互作用均不显著（所有 $p>0.05$）。

四、讨论

从行为学数据来看，两组被试的 Go/Nogo 任务行为反应没有显著差异，这是因为 Go/Nogo 任务比较简单。从 ERP 数据来看，等概率 Go/Nogo 任务在对照组诱发了明显的 Go/Nogo 效应，即更大的 Nogo-N2 波和前部化的 Nogo-P3，这与过去的 ERP 研究是一致的。在海洛因成瘾者的额中区观察到减弱的 Nogo 效应，结果符合研究预期。海洛因成瘾者的 N2 成分 Go/Nogo 效应消失，同时体现在 N2 差异波小于对照组。更重要的发现是，成瘾者 Go/Nogo 效应的减弱源于 Go 条件下的 N2 幅值增大（相对于非成瘾者的 Go-N2）。尽管我们观察到 Nogo-P3 的前部化效应，但是无论 P3 的波幅还是头皮分布都没有表现出显著的组间差异。这些结果表明，海洛因成瘾者在反应抑制任务中存在异常的早期加工（200～300 ms）。在以往阿片类成瘾以及其他物质成瘾的研究中尚未报告过这种异常的反应抑制加工模式。因此，下面将对这种异常加工产生的原因和意义展开讨论。

（一）海洛因成瘾者抑制控制的时间进程

如前所述，尽管 Go/Nogo 任务诱发的 N2 和 P3 成分都与抑制控制有关，但是它们各自代表的心理过程还未能确定。

Nogo-N2 或 N2 的 Nogo 效应可能反映了冲突监控加工，但也可能是自上而下的抑制加工。抑制假说不能解释在小概率 Go 的条件下也可以观察到类似 N2 成分，同样不能解释海洛因成瘾者 Go-N2 增大导致 N2 的 Nogo 效应（N2d 幅值减小）的结果。因为如果 N2 与抑制本身有关的话，在没有抑制加工的 Go 反应中就不出现 N2，而 N2 的 Nogo 效应改变只应该由 Nogo-N2 引起。此外，抑制假说认为，N2d 的增大与更有效的抑制有关。但是，研究中控制组的 N2d 显著大于成瘾组，但是两者的行为学数据（反应时、命中率、误报率）未见显著差异。当然，这也可能是行为任务的天花板效应造成的。

偶极子溯源定位分析发现 Nogo-N2 与错误相关负波（ERN）都定位于负责冲突监控的前扣带回。N2 代表了一种普遍的冲突监控机制，因此无论是 Go 还是 Nogo 条件下都存在对冲突的监控。一般来说，ERP 的早期成分反映了任务需求激发的注意加工。[1] 增大的 Go-N2 可能反映的是海洛因成瘾者对于 Go 刺激投入了更多的认知资源。根据冲突监控假设，我们推测海洛因成瘾者可能把执行反应的 Go 刺激也作为一种高冲突信息来加工，因此导致 Go-N2 波幅增大（相对于对照组）甚至与 Nogo-N2 接近，从而使得反映 Go 和 Nogo 冲突的 Nogo 效应减小（以 N2d 为指标）。fMRI 证据表明海洛因成瘾者在反应抑制任务中 ACC 激活比对照组弱。由于 fMRI 研究中代表反应抑制活动的神经激活是以 Nogo 条件减去 Go 条件获得的，因此海洛因成瘾者 ACC 激活的减弱既有可能是由于 Nogo 时的激活减小，也有可能是 Go 时的激活增大所致。研究结果不仅从电生理的角度支持了 fMRI 的研究发现，更提示我们，海洛因成瘾者反应抑制（Nogo）过程中额中央区激活的降低很可能是反应执行（Go）中的脑区激活过度所致。

Go/Nogo 任务中另一个与抑制相关的成分是 Nogo-P3，海洛因成瘾组与对照组在 P3 成分（Go-P3、Nogo-P3、P3d）的幅值、潜伏期和头皮分布上差异不显著，这表明海洛因成瘾者的一般抑制（即反应抑制或运动抑制）功能没有明显受损。研究中海洛因成瘾者在反应抑制任务中的行为学表现与对照组相近，这与先前的研究结果一致。[2]

〔1〕 Fabiani F., Gratton G., Federmeier K. D., "Event-related brain potentials: methods, theory, and applications", in Cacioppo J. T., Tassinary L. G., Berntson G. G., eds., *Handbook of Psychophysiology* (3rd), Cambridge: Cambridge University Press, 2007, pp. 85~119.

〔2〕 Verdejo-Garacia A. J., Perales J. C., Perez-Garcia M., "Cognitive impulsivity in cocaine and heroin polysubstance abuses", *Addict Behav*, 2007, 32, pp. 950~966. Fishbein D. H., Krupitsky E., Flannery B. A., et al., "Neurocognitive characterizations of Russian heroin addicts without a significant history of other drug use", *Drug Alcohol Depen*, 2007, 90, pp. 25~38.

综上所述，研究表明：①额中央区 N2 Nogo 效应消失和 N2 差异波减弱的结果提示海洛因成瘾者的反应抑制早期加工存在异常，很可能是冲突监控异常；②Go-N2 幅值增大的结果提示海洛因成瘾者对反应刺激投入了更多的认知资源。另外，在 N2 差异波上发现组间差异，而在 Nogo-N2 上没有发现，表明 N2 差异波是测量海洛因成瘾者异常加工的良好指标。

（二）海洛因成瘾者反应抑制加工异常的可能原因

导致海洛因成瘾者反应抑制早期加工异常的可能原因有两种。

一种可能是长期使用海洛因导致的大脑损伤。在局部解剖水平，长期阿片药物依赖者的前额叶和颞叶的灰质密度降低；[1] 在细胞水平，长期阿片药物依赖者的双侧额叶皮层神经细胞的损害和丧失。[2] 因此，无论是功能成像研究中发现额叶和颞叶等脑区的反应抑制激活减弱，还是 ERP 研究中发现的额中央区 N2 Nogo 效应消失和 N2 差异波的减弱，都可能是大脑器质性损伤的结果。

另一种可能是遗传所导致的人格差异。成瘾者的一个重要人格特质是冲动性，[3] 是一种未经认真思考就迅速行动的倾向。正常人群中，Eysenck 冲动问卷（EIQ）得分高者（即高冲动性）[4] 或 Go/Nogo 任务反应时快的人[5]，在反应抑制任务中表现出 Nogo-P3 的降

〔1〕 Lyoo I. K., Pollack M. H., Silveri M. M., et al., "Prefrontal and temporal gray matter density decreases in opiate dependence", *Psychopharmacology*, 2006, 184（2），pp. 139~144.

〔2〕 Haselhorst R., Dursteler-MacFarland K. M., Scheffler K. M., et al., "Frontocortical N-acetylaspartate reduction associated with long-term IV heroin use", *Neurology*, 2002, 58（2），pp. 305~307. 夏军等："海洛因中毒性脑损害的磁共振质子波谱研究"，载《华中医学杂志》2004 年第 4 期。

〔3〕 Dawe S., Gullo M. J., Loxton N. J., et al., "Reward drive and rash impulsiveness as dimensions of impulsivity: implications for substance misuse", *Addict Behav*, 2004, 29（7），pp. 1389~1405.

〔4〕 Dimoska A., Johnstone S. J., "Neural mechanisms underlying trait impulsivity in non-clinical adults: stop-signal performance and event-related potentials", *Prog Neuro-Psychoph*, 2007, 31（2），pp. 443~454.

〔5〕 Ruchsow M., Groen G., Kiefer M., et al., "Impulsiveness and ERP components in a Go/Nogo task", *Neural Transm*, 2008, 115（6），pp. 909~915.

低而不是 N2 成分的改变。而在具有冲动行为的异常人群，如冲动性暴力犯[1]和海洛因成瘾者中却出现 N2 差异波的减弱而不是 P3 成分的改变。由于 Nogo-P3 代表了反应抑制或运动抑制本身，我们推测以 EIQ 和反应时为指标的冲动性评估可能只反映了冲动性的某一方面，即反应抑制减弱。行为异常个体中发现的减弱的 N2 效应可能反映了冲动性的另一方面，即过度冲突监控。

研究者利用候选基因法发现，冲动性人格特质与多巴胺受体（dopamine receptor D4）中的一个基因存在等位联结，[2]而长重复段多巴胺受体等位基因在海洛因成瘾者的检出率显著高于正常人。[3]双生子研究发现，Go/Nogo 任务中的前额区 N2（N2d）和 P3（Go-P3，Nogo-P3）幅值的 60% 变异可以由遗传因素解释。[4]这些研究结果提示，海洛因成瘾者的异常 ERP 可能是遗传的结果。

简单地推断存在着易于成瘾的人格是不准确的，[5]海洛因成瘾者的异常 ERP 所反映的抑制控制障碍很可能是先天因素和药物因素交互作用的结果。

（三）局限和未来研究展望

由于这是首次报告使用 ERP 研究海洛因成瘾者的抑制控制功能，因此难免有许多不足之处，同时这些不足也成了我们将来研究的方向。

---

〔1〕 Chen C. Y. , Tien Y. M. , Juan C. H. , et al. , "Neural correlates of impulsive-violent behavior: an event-related potential study", *Neuroreport*, 2005, 16（11）, pp. 1213 ~ 1216.

〔2〕 Cloninger C. R. , Adolfsson R. , Sverakic D. M. , "Mapping genes for human personality", *Nature Genetics*, 1996, 12, pp. 3 ~ 4.

〔3〕 Kotler M. , Cohen H. , Segman R. , et al. , "Excess dopamine D4 receptor（D4DR）exonⅢseven repeat allele in opioid-dependent subjects", *Mol Psychiatry*, 1997, 2（3）, pp. 251 ~ 254.

〔4〕 Anokhin A. P. , Heath A. C. , Myers E. , "Genetics, prefrontal cortex, and cognitive control: a twin study of event-related brain potentials in a response inhibition task", *Neurosci Lett*, 2004, 368（3）, pp. 314 ~ 318.

〔5〕 杨波、秦启文："成瘾的生物心理社会模型"，载《心理科学》2005 年第 1 期，第 32 ~ 35 页。

1. 研究所招募的海洛因成瘾者被试均处于戒断期（平均戒断 4. 67 ±6. 44 月），没有比较处于吸毒期的成瘾者。Papageorgiou 等（2004）发现与戒断期成瘾者相比，吸毒期成瘾者在短时记忆任务中的 P3 波幅更大，并且与对照组没有显著差异。[1]吸毒期成瘾者在反应抑制任务中的 ERP 是否也会增大需要以后的研究对其加以证实。

2. 研究使用简单的反应抑制任务诱发 ERP 来估计成瘾者的抑制控制功能。尽管反应抑制加工可能反映或部分反映了抑制控制的一般机制，但是其他抑制过程，如记忆抑制、情绪抑制，是否也有相同的机制还需要进一步探讨。海洛因成瘾者在这些抑制加工过程中的认知神经机制还有待考察。

3. 成瘾者的冲动性觅药行为通常与情境有关，如情绪压力。[2] Go/Nogo 任务诱发的 N2 成分对时间压力和情绪敏感。[3]所以，今后的研究可通过操纵 Go/Nogo 任务中的情绪压力变量来研究情绪压力、抑制控制和成瘾之间的关系。[4]

五、结论

研究采用 Go/Nogo 实验范式对海洛因成瘾者的抑制控制功能进行分析，ERP 数据表明，海洛因成瘾者在反应抑制加工200 ~ 300ms 阶段的 Go/Nogo 效应消失，而该效应的消失是对反应刺激的过度加

---

〔1〕 Papageorgiou C. C. , Liappas I. A. , Ventouras E. M. , et al. , "Long-term abstinence syndrome in heroin addicts: indices of P300 alterations associated with a short memory task", *Prog Neuropsychopharmacol Biol Psychiatry*, 2004, 28 （7）, pp. 1109 ~ 1115.

〔2〕 Sinha R. , "The role of stress in addiction relapse", *Curr Psychiatry Rep*, 2007, 9 （5）, pp. 388 ~ 395.

〔3〕 Jodo E. , Kayama Y. , "Relation of a negative ERP component to response inhibition in a Go/No-go task", *Electroencephalogr Clin Neurophysiol*, 1992, 82 （6）, pp. 477 ~ 482. Chiu P. H. , Holmes A. J. , Pizzagalli D. A. , "Dissociable recruitment of rostral anterior cingulate and inferior frontal cortex in emotional response inhibition", *NeuroImage*, 2008, 42 （2）, pp. 988 ~997.

〔4〕 Li C. R. , Sinha R. , "Inhibitory control and emotional stress regulation: neuroimaging evidence for frontal-limbic dysfunction in psycho-stimulant addiction", *Neurosci Biobehav Rev*, 2008, 32 （3）, pp. 581 ~597.

工引起的。结果显示，海洛因成瘾者对执行反应的过度投入，导致其在抑制控制的冲突监控阶段存在障碍。这些 ERP 结果为海洛因成瘾者的抑制控制障碍提供了神经生理学的证据，但是，海洛因成瘾者异常 ERP 表现的原因还有待进一步明确。

第二节　海洛因成瘾者对毒品相关线索的注意偏向

一、研究背景和研究现状

物质依赖者在长期使用物质的过程中，对周围与物质相关的线索会比较敏感，其中一个原因就是在个体的认知加工过程中，他们对于周围与物质相关的线索可能存在着注意偏向。对物质相关线索的注意偏向使得相关线索在个体的注意认知加工过程中处于优势地位，而对于其他线索则难以分配或者分配极少的注意资源，再加上无法控制的冲动，个体便极有可能产生主动寻求物质的行为。研究者认为，通过经典性条件反射，个体对于获得成瘾物质产生了某种期待，这种期待导致个体出现对物质相关刺激的注意偏向和主观渴求，并且注意偏向与主观渴求之间是一种相互的刺激关系，对物质相关刺激的高度注意偏向会引发主观渴求感的增强，反之亦然，这一相互的刺激过程导致了个体的自我用药行为。因此，研究成瘾者对于周围线索的注意偏向十分必要。

（一）注意偏向的概念界定

相比于中性刺激，某种特定的刺激更能占用个体的注意资源或吸引个体的注意，引起个体对特定刺激的高敏感性并伴随选择性注意，即注意偏向。[1] 注意偏向本质上是选择性注意的一种表现形式。人类在自然选择的进化过程中保留了一些有利于自身生存和提高行为效率的信息加工模式，选择性注意便是其中一种。选择性注意使

---

〔1〕　范成路、赵敏、杜江："药物相关线索的注意偏向与渴求"，载《中国药物依赖性杂志》2008 年第 6 期，第 406~409 页。

得个体忽略与自身行为无关的信息内容而对有关的信息进行加工，但是对于物质滥用和物质依赖的研究表明选择性注意有时候也会带来问题。

物质滥用和物质依赖通常与个体对物质相关刺激的反应有关系，例如，当酒精成瘾者暴露于有酒存在的环境中时，或者吸烟者手拿香烟时，个体会产生相应的生理唤醒和主观渴求。Ryan 认为，个体对周围线索的反应和物质渴求与个体暴露在线索条件前、中、后所发生的感知觉和认知加工过程有密切的关系，对于物质成瘾者来讲，物质相关刺激优先进入了注意加工的过程。[1]除了生理唤醒和主观渴求之外，注意偏向在成瘾行为的维持和复吸行为的发生过程中也发挥着非常重要的作用，尤其是在那些放弃戒断成瘾物质的人当中表现得更为明显，注意偏向也是个体对物质相关刺激的一种反应形式。由于与物质相关的线索多是通过经验确定下来的，所以对相关线索的注意偏向在很大程度上是经典性条件作用的结果。

关于注意偏向的理论已在第二章第三节"有关成瘾的其他理论"中进行了阐述，此外，Ryan 还提出了这样一种观点：注意偏向可能存在两个过程。第一个过程具有这样的特点，显著的刺激属性能够攫取个体前意识的、自动的、不随意的注意，它会引发第二个过程——对物质的思考，这就使得个体处于意识状态，前意识注意会表现为前注意偏向，而对物质的思考可能会引发物质的过度使用。所以在今后的研究中，从意识状态和前意识状态两个角度对药物依赖者的注意偏向进行研究可能会更为全面。

（二）注意偏向的实验范式

注意偏向的实验范式主要有三种：Stroop 范式（Stroop paradigm）、视觉搜索范式（visual search paradigm）和视觉探针任务范式（visual probe detection task paradigm）。

1. Stroop 范式。Stroop 任务范式是通过呈现给被试具有不同特征

---

[1] Ryan F., "Detected, selected, and sometimes neglected: Cognitive processing of cues in addiction", *Experimental and Clinical Psychopharmacology*, 2002, 10 (2), p.67.

的同一刺激，不同特征会引起个体不同的认知加工过程，从而产生注意资源上的竞争，主要涉及个体的注意分配能力。[1]早在 1935 年就有研究者发现，当要求个体判断用不同于颜色词汇本身的颜色写出的颜色词汇和无意义词汇的颜色时，前者所用的时间要显著长于后者，例如在判断用红色笔写成的"绿"字和无意义字词"＊"的颜色时，要求被试忽略字本身的含义，对其外部属性颜色进行命名，结果被试做出正确回答"红色"所需要的时间，"绿"字比"＊"字要长得多。红色"绿"字对于被试来讲，这一刺激同时具备两个特征，颜色信息（红）和词义信息（绿），在对其进行加工时就会出现二者互相干扰的效应，即语义加工与刺激属性的知觉过程相互影响，这种现象即为 Stroop 效应。[2]其原理是，个体的注意资源是有限的，优势的干扰信息能够剥夺对于当前主要任务的认知资源。根据这一效应形成了经典的 Stroop 实验范式。[3]Stroop 效应的存在表明，语义加工可能是自动的或者无意识的。

对于 Stroop 效应的解释一度成为知觉和认知心理学的研究重心，其无意识成分也吸引了相当多研究者的注意，并发展出了改良后的 Stroop 实验范式。在改版后的范式中，任务要求没有发生变化，同样是对词汇的颜色进行命名，但是分心词汇的语义内容可能与研究者所研究的某种属性有关。所以，在 Stroop 任务范式中，一般将干扰信息的特征作为考察个体对干扰信息是否存在注意偏向的变量，主任务为颜色命名任务。例如，以物质依赖者注意偏向为研究内容的 Stroop 任务范式中，若考察被试对情绪信息是否存在注意偏向，就可以给被试呈现具有情绪含义和不具有情绪含义的色词，要求被

〔1〕 Mogg K., Bradley B. P., "Selective processing of smoking-related cues in smokers: Manipulation of deprivation level and comparison of three measures of processing bias", *Journal of Psychopharmacology*, 2002, 16 (4), pp. 385～392.

〔2〕 朱海燕、沈模卫、殷素梅："不同康复时相戒除者对海洛因相关线索的注意偏向"，载《应用心理学》2005 年第 4 期，第 297～301 页。

〔3〕 王才康："Stroop 其人和 stroop 效应"，载《心理科学》1994 年第 4 期，第 232～236 页。

试对词本身的颜色做出判断，比较被试对两种条件的色词进行颜色命名的时间。如果对情绪词汇的反应时间更长，则说明被试对于情绪信息存在注意偏向，反应时间的长短标志着被试对情绪信息的注意偏向的程度。若想进一步考察哪一种情绪信息更能够吸引被试的注意，还可以给被试呈现具有不同情绪含义的色词，比较被试对不同情绪含义的色词进行颜色命名的时间。

2. 视觉搜索范式。视觉搜索范式是一种涉及注意的知觉任务范式，要求被试在视觉范围内有分心刺激存在的情况下搜索出某一特定目标（靶刺激）并对其进行定位，类似于现实生活中去商店找到自己想买的物品的过程，一般以反应时为指标。视觉搜索的方式分为两种：特征搜索和联合搜索，二者都是由 Treisman 和 Gelade 引入的。[1] 其中，在特征搜索的方式下，靶刺激和目标刺激通常有显著的不同特征，如不同的颜色、形状、方向和大小，所以特征搜索是一个平行加工的过程，靶刺激和目标刺激的不同特征使得在特征搜索中会出现"弹出"效应，所以该搜索方式下的知觉任务比较简单。而在联合搜索过程中，靶刺激和目标刺激具有颜色、形状、方向和大小等其中之一的相同属性，或者完全具有相同的外部特征，这样就不会出现"弹出"效应。特征整合理论（feature integration theory，FIT）指出对于视觉特征的知觉是一个早期的、自动的、快速的平行加工过程，是一个前注意的加工过程。而个体在对周围线索进行知觉时首先启用特征搜索，当特征搜索不能搜索到目标时，就启用联合搜索。在注意偏向的研究中，常用的是联合搜索的视觉搜索范式，以被试在不同性质的分心刺激的干扰下对靶刺激进行定位判断的反应时间为指标，旨在考察被试对分心刺激的注意偏向，所以分心刺激常具有研究者想要考察的属性，如反映不同情绪效价或与某类线索相关。

3. 视觉探针任务范式。视觉探针任务范式是以 Posner 的选择性

---

〔1〕 Treisman A. M., Gelade G., "A feature-integration theory of attention", *Cognitive psychology*, 1980, 12（1），pp. 97～136.

注意研究的空间线索技术范式为基础发展出来的。在视觉探针任务中，通常给予被试多个刺激或者任务，主要涉及个体的注意转移能力。该范式在给被试呈现一组刺激后，在其中一个刺激出现的位置呈现靶刺激，要求被试对靶刺激做出相应的反应。如给被试同时呈现两张图片，左右并列，之后在其中一张图片呈现的位置出现一个探针"："或".."，即为靶刺激，要求被试判断探针出现在左边还是右边，按相应的键反应；或者在呈现图片刺激之后，在其中一张图片呈现的位置出现一个旋转为某一角度的探测符"T"或"L"，即为靶刺激，要求被试判断探测符是"T"还是"L"。视觉探针任务范式中采用的成对图片刺激往往具有不同的属性，只有其中一张具备研究者想要考察的属性，那么这张图片就具备了线索的作用，即为线索刺激；另一张图片则为中性或者与前者相反的属性，即为非线索刺激。当然线索刺激和非线索刺激也可以是词汇。该范式包含两种线索条件，有效提示线索和无效提示线索，如果靶刺激出现的位置与线索提示的位置相同，视为有效提示线索，如果不同则视为无效提示线索。此外，视觉探针任务范式还可用于研究阈下刺激的认知加工，如 Holender 将线索词汇和非线索词汇仅呈现 14ms，使得词汇处于个体知觉的阈下水平，然后呈现掩蔽刺激 14ms，再出现探针，要求被试做出相应的反应。[1]

如果在有效提示线索条件下，被试对线索图片之后的靶刺激的反应时间比较短，或者无效提示线索条件下，被试对非线索图片之后的靶刺激的反应时间延长，则说明被试对线索图片的刺激存在注意偏向。这是因为，在有效提示线索条件下，如果线索图片的信息处于个体的注意范围内，并且得到了知觉分析，那么就会对其后出现的靶刺激的反应起到易化的作用，从而使得反应时间缩短；在无效提示线索条件下，如果同样线索图片的信息处于个体的注意范围内并

〔1〕 Holender D. , "Semantic activation without conscious identification in dichotic listening, parafoveal vision, and visual masking: A survey and appraisal", *Behavioral and Brain Sciences*, 1986, 9 (1), pp. 1~23.

加以分析，个体在对其进行加工时同样也包含了对位置信息的注意，在对非线索图片后的靶刺激做出反应之前，个体需要从当前注意的线索图片的位置转移到非线索图片的位置，从而使得反应时间延长。但是，在视觉探针任务范式中，有一种现象非常值得关注，即"返回抑制"（inhibition of return，IOR）。Posner 和 Cohen 的研究表明，在有效提示线索条件下，注意除了在早期会出现易化作用，在晚期还有可能出现一个抑制过程。[1]如果线索刺激和靶刺激之间的时间间隔比较长的话（一般长于300ms），那么被试对线索图片之后出现的靶刺激的反应时反而会延长，即出现了返回抑制的现象。目前研究者普遍认为，返回抑制标志着注意的空间搜索效率的改善。

（三）物质使用障碍者注意偏向的相关研究

对于物质依赖的注意偏向的研究是从烟酒等合法成瘾物质开始的，后来有关毒品等非法成瘾物质注意偏向的研究逐渐增多。现有研究中，行为学实验所采用的范式以 Stroop 范式与视觉探测任务范式为主。有研究发现，在情绪 Stroop 任务中，海洛因依赖者对吸毒相关的汉字线索和图片线索都存在着注意偏向。[2]Garland，Froeliger，Passik 和 Howard 采用视觉探测范式考察了阿片依赖个体的注意偏向，结果发现，该群体存在对阿片线索的注意偏向，而对照组没有表现出这一特点。[3]

对物质使用障碍者的神经心理学和成像学研究也获得了大量注意偏向的证据。有研究者采用事件相关电位技术对青少年大麻依赖者进行了研究，结果表明，大麻图片引发的 P300 波幅显著大于对照图片引发的 P300 波幅，提示大麻依赖者存在对大麻相关刺激的注意

〔1〕　Posner M. I. , Cohen Y. , "Components of visual orienting", *Attention and Performance X: Control of Language Processes*, 1984, 32, pp. 531~556.

〔2〕　刘光雄等："海洛因依赖者对吸毒相关汉字线索的注意偏向"，载《中国药物依赖性杂志》2011年第3期，第187~189页。刘光雄等："海洛因依赖者对吸毒相关图片线索的注意偏向"，载《中国心理卫生杂志》2009年第9期，第677~679页。

〔3〕　Garland E. L. , et al. , "Attentional bias for prescription opioid cues among opioid dependent chronic pain patients", *Journal of Behavioral Medicine*, 2013, 36 (6), pp. 611~620.

偏向。[1]Dunning 等人的事件相关电位研究以可卡因依赖者为被试，结果支持该群体存在对可卡因相关刺激的早期注意偏向。[2]对可卡因依赖者的功能磁共振成像研究也发现，与注意偏向有关的背侧前扣带回的激活可以作为复吸易感性的生物标记。[3]

　　此外，还有研究考察了注意偏向与物质使用情况之间的关系。Field 等人的研究以大麻使用者为被试，发现他们对大麻相关线索的注意偏向与其大麻的使用量和使用频率有关。[4]Bearre 等人也报告，海洛因依赖者对于海洛因相关线索的注意偏向与其使用海洛因的频率存在着正相关。[5]需要注意的是，在以吸烟者为被试的研究中，有关注意偏向与吸烟量和吸烟频率之间的研究结果比较复杂，有正相关、[6]负相关[7]和零相关[8]三种结果出现。所以对于注意偏向与物质使用情况之间的关系的解释需要慎重，并且要注意区分不同物质使用障碍者的注意偏向的特点。

〔1〕　Nickerson L. D. , et al. , "Cue reactivity in cannabis-dependent adolescents", *Psychology of Addictive Behaviors*, 2011, 25 (1), p. 168.

〔2〕　Dunning J. P. , et al. , "Motivated attention to cocaine and emotional cues in abstinent and current cocaine users—an ERP study", *European Journal of Neuroscience*, 2011, 33 (9), pp. 1716 ~ 1723.

〔3〕　Marhe R. , et al. , "Individual differences in anterior cingulate activation associated with attentional bias predict cocaine use after treatment", *Neuropsychopharmacology*, 2013, 38 (6), pp. 1085 ~ 1093.

〔4〕　Field M. , Mogg K. and Bradley B. P, "Cognitive bias and drug craving in recreational cannabis users", *Drug and Alcohol Dependence*, 2004, 74 (1), pp. 105 ~ 111.

〔5〕　Bearre L. , et al. , "Heroin-related attentional bias and monthly frequency of heroin use are positively associated in attenders of a harm reduction service", *Addictive Behaviors*, 2007, 32 (4), pp. 784 ~ 792.

〔6〕　Vollstädt-Klein S. , et al. , "A ttention shift towards smoking cues relates to severity of dependence, smoking behavior and breath carbon monoxide", *European Addiction Research*, 2011, 17 (4), pp. 217 ~ 224.

〔7〕　Hogarth L. C. , et al. , "Attentional orienting towards smoking-related stimuli", *Behavioural Pharmacology*, 2003, 14 (2), pp. 153 ~ 160.

〔8〕　Munafò M. , et al. , "Selective processing of smoking-related cues in current smokers, ex-smokers and never-smokers on the modified Stroop task", *Journal of Psychopharmacology*, 2003, 17 (3), pp. 310 ~ 316.

　　以上所述的大部分研究都支持物质使用障碍者在对周围线索的认知过程中存在对物质相关线索的注意偏向这一论点，但也有研究者对比了酒精依赖者和正常个体在 Stroop 任务上的表现，发现两组被试在对酒精相关词汇进行颜色命名时所用的时间都比较长，二者之间没有显著性差异，这说明酒精依赖组与控制组所表现出来的注意偏向之间没有差异。[1]

　　总体上，近年来国外关于物质使用障碍者对相关线索的注意偏向的研究越来越多，国内的相关研究也已经起步，但有关物质使用障碍者注意偏向的神经生理机制方面的研究还比较欠缺。

　　（四）物质使用障碍者注意偏向的影响因素

　　1. 主观渴求。大多数研究者认为注意偏向与主观渴求之间是一种相互促进的关系，注意偏向能够引发主观渴求，而主观渴求反过来又可以增强个体对物质相关线索的注意偏向。在已有研究中，研究者使用了各种不同的操作来引发个体的主观渴求，如香烟的剥夺、暴露在与香烟有关的线索条件下、酒精的启动作用等，研究结果表明当主观渴求增加时，个体对相关线索的注意也相应地增强。[2]所以降低主观渴求对于注意偏向的控制会起到一定的作用。反过来，Franken 认为，物质依赖者对物质相关线索的注意偏向，最终会引发渴求与复吸。Hyman 等人的一项研究表明当处于与物质相关的线索环境中时，海洛因依赖者的渴求度增加，并且伴随着生理活动和负性情绪的增加。[3]因此，注意偏向很可能通过与心理渴求的相互作用成为提示成瘾者复吸的一个预测指标，对二者之间作用机制的了解可以为发展有

　　[1]　Ryan F., "Attentional bias and alcohol dependence: A controlled study using the modified Stroop paradigm", *Addictive Behaviors*, 2002, 27 (4), pp. 471~482.

　　[2]　Franken I. H., "Drug craving and addiction: integrating psychological and neuropsychopharmacological approaches", *Progress in Neuro-Psychopharmacology and Biological Psychiatry*, 2003, 27 (4), pp. 563~579.

　　[3]　Hyman S. M., et al., "Stress and drug-cue-induced craving in opioid-dependent individuals in naltrexone treatment", *Experimental and Clinical Psychopharmacology*, 2007, 15 (2), p. 134.

效的临床干预提供帮助。

2. 冲动性和抑制控制能力受损。有成瘾理论指出，物质滥用者的认知执行功能是有障碍的，具体表现为冲动性增强和较差的抑制控制能力，抑制控制能力较差的物质使用者不能抑制其对物质相关刺激的反应。[1]成瘾者的复吸行为也可能出于强烈的冲动，表现出抑制控制功能异常。杨波等人的研究发现，海洛因依赖者即使是在戒断期间仍旧表现出在抑制控制的冲突监控阶段的异常脑电反应。[2]抑制控制能力通常被认为是前额叶的功能，个体出现抑制控制障碍会导致行为失控，当个体有用药的需求时，抑制控制能力差的个体往往不能控制自己对于物质相关线索的趋近倾向，从而表现出注意偏向。功能磁共振成像研究表明，兴奋剂依赖者对于相关词汇线索存在显著的注意偏向，并且伴随着左侧前额叶皮质的激活程度显著高于对照组，冲动性越高的兴奋剂依赖者注意偏向的程度越大。[3]但是关于物质使用障碍者的注意偏向与抑制控制能力以及冲动性之间的关系仍有待进一步的研究。

3. 情绪。对于物质使用障碍者来讲，成瘾物质一方面能够缓解戒断症状，消除负性情绪，另一方面也可以直接产生正性情绪，这些都使得个体产生对于成瘾物质的注意偏向，进而引发或维持成瘾行为。有研究者曾选取不同饮酒动机的大学生被试进行研究，被试饮酒或是为了加强愉快体验，或是为了缓解消极情绪。做任务前先对被试进行情绪诱导，然后要求被试完成与酒精相关的 Stroop 任务，结果发现饮酒是为了加强愉快体验的个体在引发积极情绪后表现出

〔1〕 Wiers R. W. , et al. , "Automatic and controlled processes and the development of addictive behaviors in adolescents: a review and a model", *Pharmacology Biochemistry and Behavior*, 2007, 86（2）, pp. 263~283.

〔2〕 杨波等: "海洛因成瘾者抑制控制加工异常的电生理证据", 载《中国科学（C辑: 生命科学）》2009 年第 6 期, 第 601~610 页。

〔3〕 Ersche K. D. , et al. , "Influence of compulsivity of drug abuse on dopaminergic modulation of attentional bias in stimulant dependence", *Archives of General Psychiatry*, 2010, 67（6）, p. 632.

对酒精目标词汇的注意偏向，而饮酒是为了消除消极情绪的个体在引发消极情绪后同样表现出对酒精目标词汇的注意偏向。[1]情绪对于成瘾个体做出用药决策发挥着一定的作用，但目前关于情绪对成瘾行为影响的研究以消极情绪为主。当个体处于消极情绪状态时，由于成瘾物质的强化作用，个体会倾向于通过用药来应对消极情绪，产生对物质的主观渴求，主观渴求与注意偏向之间又存在相互关系。因此，消极情绪可能增强个体对物质相关线索的注意偏向。Field 和 Quigley 发现，自我报告通过饮酒来应对消极情绪的被试在应激状态下表现出更多的对酒精线索的注意偏向。[2]Baker，Brandon 和 Chassin（2004）指出个体的消极情绪能够增强物质相关线索的诱因属性，从而引发注意偏向。[3]

二、研究流程

研究一为考察前注意偏向的行为学实验，记录其行为学数据；研究二为考察注意偏向的行为学实验，采用 e-prime 技术与眼动技术相结合的方式，同时记录其行为学数据和眼动数据。研究一任务完成以后，经过 5~10 分钟的休息时间开始进行研究二的实验任务。

三、前注意偏向

（一）研究目的

采用掩蔽 Stroop 任务范式，以被试在不同词汇线索条件下完成词汇颜色命名任务的反应时间为指标，考察海洛因依赖者对毒品相关线索是否存在前注意偏向，并通过相关研究探讨前注意偏向与成瘾严重程度的关系。

---

〔1〕 Grant V. V., Stewart S. H., Birch C. D., "Impact of positive and anxious mood on implicit alcohol-related cognitions in internally motivated undergraduate drinkers", *Addictive Behaviors*, 2007, 32（10）, pp. 2226~2237.

〔2〕 Field M. and Quigley M., "Mild stress increases attentional bias in social drinkers who drink to cope: a replication and extension", *Experimental and Clinical Psychopharmacology*, 2009, 17（5）, p. 312.

〔3〕 Baker T. B., Brandon T. H. and Chassin L., "Motivational influences on cigarette smoking", *Annu. Rev. Psychol.*, 2004, 55, pp. 463~491.

（二）研究程序

1. 被试选择。实验组被试是来自某市某美沙酮门诊参与日常治疗的海洛因依赖者，共 55 人（男 35 人，女 20 人），没有其他非法成瘾物质滥用史；对照组为某校后勤工作人员和保安，共 71 人（男 34 人，女 37 人）。所有被试视力或矫正视力均正常，都是右利手，均没有严重的身体疾病和精神疾病。被试在参与实验前都签署了知情同意书，实验结束后都获得了适当的报酬。

参与研究一的对照组 71 人（男 34 人，女 37 人），实验组 55 人（男 35 人，女 20 人），筛除反应时在 3D 之外的数据 3 份，故有效数据为对照组 68 人，平均年龄 39.59 岁，标准差 9.17；实验组 55 人，平均年龄 38.98 岁，标准差 6.44；两组的年龄和教育程度均匹配。

2. 实验设计。研究一的行为学实验采用的是 2（毒品词汇线索、中性词汇线索）＊2（实验组、对照组）混合设计，其中词汇线索为组内变量，组别为组间变量。

3. 实验程序。被试进入准备实验状态。实验开始后，屏幕中央会出现一个刺激词汇，刺激词汇可能以红黄蓝绿 4 种颜色出现，呈现 28ms 后出现掩蔽刺激"×××"或"××"，前人研究表明 28ms 一般被认为是被试在前意识状态下作出判断的呈现时间，[1]掩蔽刺激均为白色，要求被试在避免犯错的情况下在 3000ms 内对之前出现的刺激词汇的颜色按键做出反应，FGJK 键分别代表红黄蓝绿。被试做出反应后会呈现下一个刺激词汇，如果被试没有在 3000ms 内做出反应，实验程序会自动跳过，继续出现下一词汇，中间有 1000ms 的间隔。实验过程如图 6-3 所示。实验前会安排被试进行练习，当被试报告已经理解实验任务时结束练习进入正式实验。

实验材料是两种属性的词汇，即毒品相关词汇和中性词汇。采用的是张锋等人根据 Franken 相关研究的选词原则，经过一系列的

---

〔1〕 Bradley B. P. , Mogg K. , Millar N. , "Implicit memory bias in clinical and non-clinical depression", *Behaviour Research and Therapy*, 1996, 34（11）, pp. 865~879.

评定工作筛选出来的毒品相关词汇 8 个（海洛因、针管、白粉、注射、用药、锡纸、烫吸、上瘾）以及家用设备类词汇 8 个（电视机、阳台、冰箱、窗帘、桌子、沙发、椅子、彩电），以 5 个交通运输工具类词汇（摩托、火车、卡车、飞机、轿车）作为练习用材料。[1] 练习阶段每个词汇出现 4 次，共 20 个 trial；正式实验中每个词汇出现 10 次，共 160 个 trial，并且随机呈现。行为学数据由 e-prime 软件自动记录，数据统计通过统计软件 SPSS 17.0 完成。

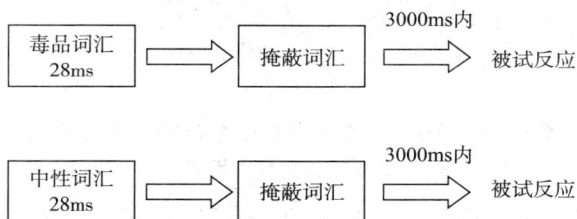

图 6 - 3　研究一　Stroop 范式实验过程图示

（三）结果与分析

以词汇线索为组内变量，组别为组间变量，对被试的颜色命名反应时进行重复测量方差分析，结果分别见表 6 - 1 和图 6 - 4。

表 6 - 1　实验组和对照组颜色命名反应时结果表

	毒品词汇线索下的反应时（ms）		中性词汇线索下的反应时（ms）	
	平均数（ms）	标准差	平均数（ms）	标准差
对照组（N = 68）	865.26	158.15	867.52	148.17
实验组（N = 55）	876.15	144.79	848.56	142.55

[1]　张锋等：“双线索竞争条件下海洛因戒除者的前注意偏向特性”，载《心理科学》2005 年第 5 期，第 1047～1051 页。

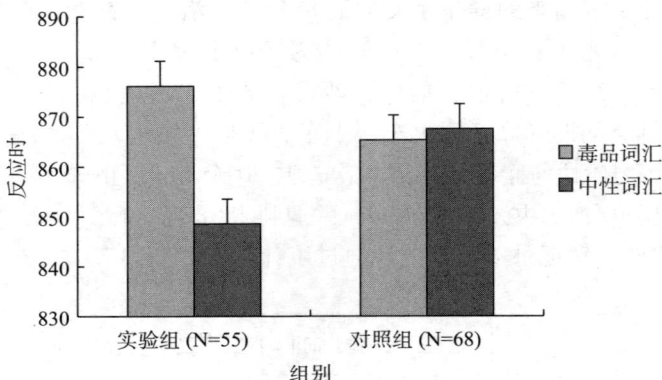

**图6-4 两组被试在不同词汇线索条件下颜色命名
反应时的交互作用图**

重复测量方差分析的结果表明，组别和词汇线索的交互作用显著，F（1，33）=4.42，p<0.05。主效应分析发现，两个独立变量的主效应都不显著。进一步的简单效应分析结果发现，实验组被试对毒品相关线索词汇条件下颜色命名的反应时间要显著长于中性词汇，F（1，17）=5.82，p<0.05；对照组被试对毒品相关词汇线索条件下的颜色命名反应时间与中性词汇线索条件下的反应时间没有差异，F（1，16）=0.78，p>0.05；并且实验组被试和对照组被试在毒品相关词汇的颜色命名反应时没有差异，在中性词汇线索条件下也没有差异。说明实验组被试对毒品相关线索词汇存在着前注意偏向。

（四）讨论

研究一采用改编后的情绪Stroop范式对海洛因依赖者的前注意偏向进行考察，结果发现实验组被试对毒品相关词汇线索条件下颜色命名的反应时间要显著长于中性词汇，而对照组则没有出现上述差异，说明在无意识状态下，海洛因依赖者在对周围线索进行加工时，对毒品相关线索的注意处于优势地位。

个体的注意资源是有限的，在双线索竞争条件下，海洛因依赖者在完成颜色命名任务时可能产生了干扰效应。对于海洛因依赖者来说，由于对毒品相关刺激的注意优势，毒品相关刺激占用了较多的注意资源，所以在 Stroop 颜色命名任务中会表现出对该类刺激反应时间较长的现象。海洛因依赖者对无关刺激的抗干扰能力比较弱，出现干扰刺激便无法集中注意完成当前任务。有研究表明，长期滥用可卡因可以使得可卡因依赖者对与当前任务的无关刺激产生过度激活，造成注意缺失[1]。所以，研究一的结果，一方面说明海洛因依赖者对于毒品相关词汇线索存在前注意偏向，另一方面也表明海洛因依赖者的抗干扰能力存在缺陷。

　　以往研究多是对物质依赖者在信息加工的解释阶段对物质相关线索的注意偏向，很少有研究关注其注意加工的早期阶段，即编码阶段的认知加工特点。有两项关于前注意偏向的研究使用了视觉点探测的任务范式，结果并没有得到前注意偏向存在的证据[2]，但是国内蒋毅等人采用双眼竞争的范式研究吸烟者的前注意偏向，结果表明吸烟者对于香烟线索存在着前注意偏向。所以对于物质依赖者前注意偏向的研究目前还没有得出统一的结论。研究一以海洛因依赖者为研究人群，提供了物质依赖者存在对物质相关线索的前注意偏向的证据。

　　一般认为，前注意偏向是一个自动化的加工过程。Tiffany 的自动行动图式理论认为，对某一物质的频繁使用会使个体在大脑内形成一种图式，这种图式与成瘾物质有着密切的关联，并且具有自动化的特点，该自动行动图式会使物质依赖者自动地产生对于物质相关刺激的加工倾向，在这种自动化的加工倾向的驱使下个体会无意识地寻求物质，这使得个体能够轻易地发现成瘾物质的存在并对相关刺激进行选择性注意，唤醒其记忆中的相关内容和体验，从而引发频繁而过度的用药行为。因此，海洛因依赖者对毒品相关线索的前注意偏向是诱发具有病理性吸毒倾向的认知机制。

────────────

　　〔1〕　Ardila A., Rosselli M., Strumwasser S., "Neuropsychological deficits in chronic cocaine abusers", *International Journal of Neuroscience*, 1991, 57（1~2）, pp. 73~79.

　　〔2〕　Bradley B., Field M., Mogg K., et al., "Attentional and evaluative biases for smoking cues in nicotine dependence: Component processes of biases in visual orienting", *Behavioural Pharmacology*, 2004, 15（1）, pp. 29~36.

四、注意偏向

（一）研究目的

采用视觉探针任务范式，以被试在不同图片线索条件下完成空间探测任务的反应时间以及对图片线索初始注视点的方位、初始注视点的潜伏期、初始注视点的持续时间为指标，探讨海洛因依赖者对毒品相关线索是否存在意识状态下的注意偏向，并通过相关研究考察注意偏向与成瘾严重程度的关系。

（二）研究程序

1. 被试选择。研究二的被试与研究一的被试为同一批，其中对照组 44 人（男 17 人，女 27 人），实验组 45 人（男 29 人，女 16 人），筛除反应时在 3D 之外的数据 1 份，故有效数据为对照组 43 人，平均年龄 41.58 岁，标准差 9.08；实验组 45 人，平均年龄 39.71 岁，标准差 6.51；两组的年龄和教育程度均匹配。

2. 实验设计。研究二采用的是 2（毒品图片线索、中性图片线索）＊2（实验组、对照组）混合设计，其中图片线索为组内变量，组别为组间变量，要求被试在线索图片消失后对探针出现的位置做出反应，以被试完成探针位置判断的反应时间为因变量来考察其是否对毒品图片线索存在注意偏向，并以被试在观察线索图片时初始注视点的位置、初始注视点的潜伏期和初始注视点的注视时间为因变量来考察其观察图片时的眼动特点。

3. 实验材料。研究二的实验材料包括两个图片组：20 张毒品相关图片与 20 张分别与其类似但与毒品无关的图片两两匹配成图片组一（如注射毒品的场景图片与刺青的场景图片），即为毒品—中性图片组，共 20 组图片；40 张与毒品无关的图片两两匹配成相似图片组二（如两张格局类似但摆设有所不同的房间图片），即为中性—中性图片组，共 20 组图片。配对图片的面积都相同。所有实验图片材料均为自己拍摄，共拍摄图片组一和图片组二各 30 组，由 6 名研究生对其进行了相似性评定，取其中得分最高的前 20 组图片作为本实验的实验材料。

4. 实验仪器。研究二中的行为学实验要同时记录行为学数据和眼动数据，行为学数据由 e-prime 软件自动记录，收集眼动数据采用的是德国 SensoMotoric Industries（SMI 公司）的 iView X Hi-Speed 眼动仪。采样率为 1250Hz，只记录右眼数据。实验时呈现刺激的显示器屏幕分辨率为 1280 * 768，与图片材料的图片大小一致。呈现图片所用的软件为 e-prime 2.0 软件，原始的眼动数据通过 SMI 公司的 BeGaze 3.2 软件来进行处理分析，数据统计通过统计软件 SPSS 17.0 完成。

5. 实验程序。由于在被试完成行为学实验的过程中要同时记录其眼动数据，所以整个实验过程需要在眼动仪的支架上完成。实验时，被试需要将下巴放在眼动仪的托架上，额头尽量贴在眼动仪支架的相应位置，以使头部正对屏幕，且实验过程中需要保持头部姿势不动。被试与屏幕之间的距离为 111cm。眼动仪的内置摄像头会记录分析被试的瞳孔位置、瞳孔大小等指标，追踪被试眼球的运动轨迹并形成相应的眼动数据。

被试准备好以后，先进行眼睛校准，校准标准为右眼追踪轨迹的 X 轴和 Y 轴偏差值均小于 1。达到标准后进入行为学实验，开始时，首先在屏幕中央出现"＋"注视点 1000ms，然后"＋"消失，出现一组图片（2 张）2000ms，图片消失后，会在之前图片出现的位置之一出现探针"："或者".."，要求被试判断探针出现的位置，没有时

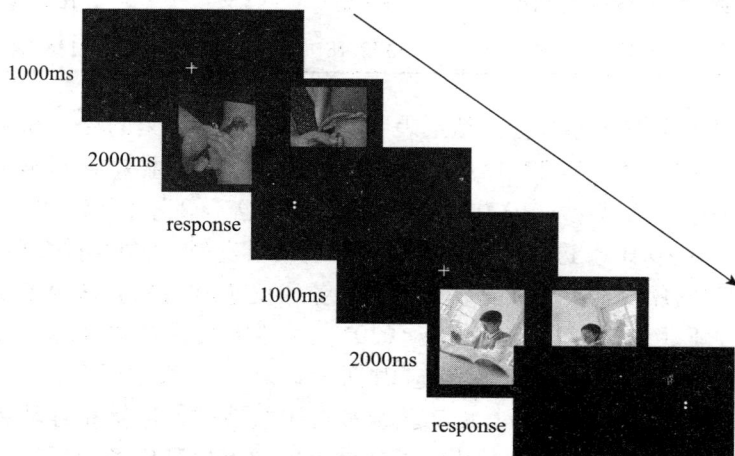

图 6-5　研究二　视觉探针任务范式实验过程图示

间限制，被试做出反应后进入下一个 trial，中间有 2000ms 的间隔。实验过程如图 6-5 所示。

实验程序共包含 16 个练习 trial，120 个正式 trial，其中主要 trial（毒品—中性组图片）80 个，填充 trial（中性—中性组图片）40 个。对于主要 trial，每张毒品—中性组的图片都在屏幕左侧和右侧各出现 2 次。探针出现在毒品图片或中性图片位置的概率是相同的，两种探针出现的次数也是相同的。图片组二作为填充 trial，每组图片出现 2 次。120 个 trial 的呈现顺序都是随机的。

（三）结果与分析

1. 反应时。以图片线索条件为组内变量，组别为组间变量，对被试完成探针的空间探测任务的反应时间进行重复测量方差分析，结果见表 6-2 和图 6-6。

表 6-2　实验组和对照组空间探测任务反应时结果表

	毒品图片线索下的反应时（ms）		中性图片线索下的反应时（ms）	
	标准差	平均数（ms）	标准差	平均数（ms）
对照组（N = 43）	578.31	95.01	562.51	102.94
实验组（N = 45）	599.05	132.18	608.86	138.44

重复测量方差分析的结果表明，组别和图片线索的交互作用显著，$F_{(1, 86)} = 22.47$，$p < 0.01$；图片线索的主效应不显著 $F_{(1, 86)} = 1.23$，$p > 0.05$；组别的主效应也不显著 $F_{(1, 86)} = 1.77$，$p > 0.05$。进一步的简单效应分析结果发现，实验组被试对毒品相关图片线索条件下完成点探测任务的反应时间要显著少于中性图片，$F_{(1, 44)} = 9.07$，$p < 0.01$；对照组被试对中性图片线索条件下完成点探测任务的反应时间要显著少于毒品图片，$F_{(1, 42)} = 13.19$，$p < 0.01$；而实验组和对照组被试无论是在毒品相关图片线索条件还是中性图片线索条件下完成点探测任务的反应时间都没有差异，前者 $t_{(1, 86)} = -0.85$，$p > 0.05$，后者 $t_{(1, 86)}$

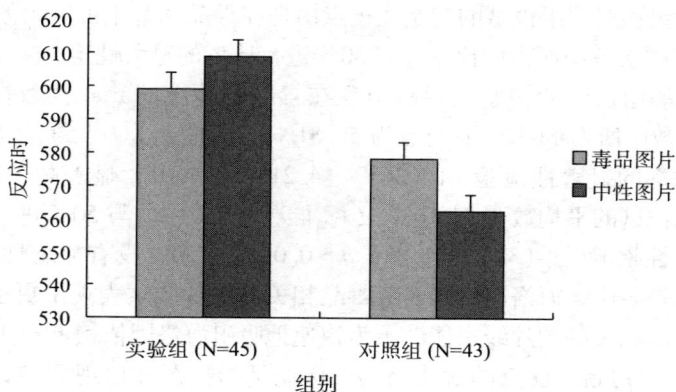

**图 6－6　两组被试在不同图片线索条件下颜色命名
反应时的交互作用图**

$= -1.79$，$p > 0.05$。这说明海洛因依赖者对毒品相关的图片线索存在着注意偏向。

2. 眼动数据。

（1）眼动指标的提取。参与研究二的对照组 44 人（男 19 人，女 25 人），实验组 45 人（男 29 人，女 16 人），筛除反应时在 3D 之外的数据 6 份，7 人因校准问题剔除出组，故有效数据为对照组 39 人，实验组 37 人。只对图片组一（毒品—中性组）图片线索下的眼动数据进行统计分析。研究二的眼动数据主要记录三个指标：初始注视点的位置、初始注视点的潜伏期和初始注视点的注视时间。初始注视点是指被试最先注视的位置，并且在某一位置最先停留 100ms 以上才被认为是初始注视点，后面的眼动过程中停留 100ms 的位置会被认为是一个注视点。初始注视点的潜伏期是指从图片开始呈现到第一个注视点开始出现之间的时间间隔。初始注视点的注视时间即为注视点停留在初始注视点位置的持续时间。

（2）初始注视点的位置。以初始注视点出现在毒品图片上的 trial 次数占全部 trial 次数的比率作为注意偏向的一个指标，若该比率大于 50%，则反映出个体对毒品相关图片线索存在注意偏向。所以分别计算实验组和对照组被试的初始注视点出现在毒品图片上的 trial 次数在全部 trial 次数中所占的比率，与 50% 进行比率的显著性检验。结果表明，实验组被试的初始注视点出现在毒品图片上的 trial 次数在全部 trial 次数中所占的比率平均数为 53.51%（标准差为 0.05），与 50% 进行比率的显著性检验，t（36）＝4.21，p＜0.01，显著高于 50%；控制组被试的平均数为 51.01%（标准差为 0.03），与 50% 进行比率的显著性检验，t（38）＝1.95，p＞0.05，与 50% 没有显著性差异。这一结果表明，海洛因依赖者对毒品相关的图片线索表现出更多的关注，毒品相关的图片线索能够更为快速地吸引海洛因依赖者的注意。

（3）初始注视点的潜伏期。潜伏期是指从图片出现到被试开始注意图片并出现第一个初始注视点的时间。以图片线索条件为组内变量，组别为组间变量，对初始注视点出现在不同图片线索位置上的潜伏期进行重复测量方差分析，结果如表 6-3 和表 6-4 所示。

表 6-3 初始注视点出现在不同图片线索位置上的潜伏期

	毒品图片线索下的潜伏期（ms）		中性图片线索下的潜伏期（ms）	
	标准差	平均数（ms）	标准差	平均数（ms）
对照组（N=39）	343.21	275.88	338.72	236.51
实验组（N=37）	375.98	221.02	390.93	255.42

表 6-4 初始注视点出现在不同图片线索位置上的潜伏期的多因素方差分析

变量来源	SS	df	MS	F	P
组别	68 574.86	1	68 574.86	0.61	0.44
图片线索	1038	1	1038	0.11	0.75
组别*图片线索	3589.53	1	3589.53	0.36	0.55
Error（组别）	8 390 924.11	74	113 390.87		
Error（图片线索）	734 014.21	74	9919.11		

重复测量方差分析的结果表明，组别和图片线索的交互作用不显著，$F_{(1, 74)} = 0.36$，$p > 0.05$；图片线索的主效应不显著 $F_{(1, 74)} = 0.11$，$p > 0.05$；组别的主效应也不显著 $F_{(1, 74)} = 0.61$，$p > 0.05$。这表明实验组被试和对照组被试在观察不同图片线索的早期加工阶段均没有表现出对毒品或者中性图片线索的注意偏向。

（4）初始注视点的注视时间。以图片线索条件为组内变量，组别为组间变量，对初始注视点在不同图片线索位置上的注视时间进行重复测量方差分析，结果如表 6 - 5 和图 6 - 7 所示。

表 6 - 5　初始注视点在不同图片线索位置上的注视时间

	以毒品图片为初始注视点的注视时间（ms）		以中性图片为初始注视点的注视时间（ms）	
	标准差	平均数（ms）	标准差	平均数（ms）
对照组（N = 39）	262.19	58.64	258.06	63.00
实验组（N = 37）	300.01	116.95	274.48	92.56

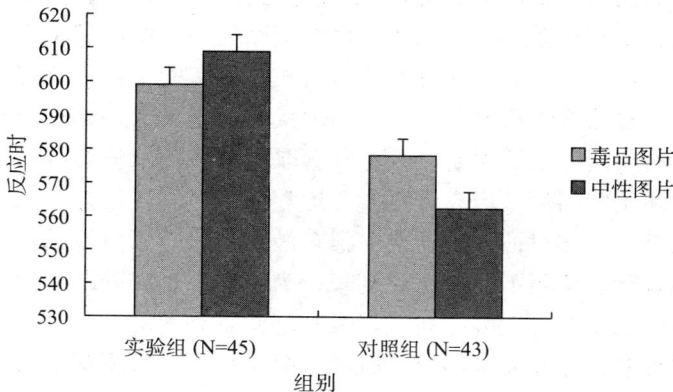

图 6 - 7　两组被试的初始注视点在不同图片线索上的
注视时间的交互作用图

重复测量方差分析的结果表明，组别和词汇线索的交互作用显著，$F_{(1, 47)} = 5.80$，$p < 0.05$。主效应分析发现，图片线索的

主效应显著，F（1，47）＝5.67，$p < 0.05$，但组别的主效应不显著。进一步的简单效应分析结果发现，实验组被试的初始注视点在毒品相关图片上的注视时间显著长于中性图片，F（1，26）＝7.98，$p < 0.05$；对照组被试的初始注视点在毒品图片和中性图片上的注视时间的差异不显著，F（1，21）＝0.001，$p > 0.05$；并且实验组被试初始注视点在毒品图片上的注视时间显著长于对照组，t（47）＝－2.30，$p < 0.05$；但两组被试的初始注视点在中性图片上的注视时间没有显著差异，t（47）＝－1.51，$p > 0.05$。这说明实验组被试对毒品相关图片线索能够保持较持久的注意。

（四）讨论

研究二的行为学数据和眼动数据结果都表明，海洛因依赖者对于毒品相关线索表现出一定的注意偏向。

从初始注视点的位置这一眼动指标来看，实验组被试对毒品相关的图片线索表现出更多的关注，而对照组被试并没有表现出这种关注倾向，毒品相关的图片线索更能吸引海洛因依赖者的注意。但是对初始注视点出现在不同图片线索位置上的潜伏期进行统计的结果表明，组别和图片线索之间不存在交互作用，所以实验组和对照组在潜伏期这一指标上是没有差别的，并且实验组被试的初始注视点出现在毒品线索和中性线索上的潜伏期也是没有差别的，这一结果并不符合研究二的预期。研究所选取的海洛因依赖者群体来自一个美沙酮治疗门诊，均为自愿参与治疗的个体，在戒毒的意愿上是非常强烈的，在对被试的访谈中很多被试都表达了戒毒的渴望，但是心瘾难除，从而不断地出现复吸行为。在眼动实验结束后主试询问被试的感受时，大多数被试都表示能注意到毒品图片，但是不愿意去看那些毒品和吸毒场景。而毒品图片对于对照组被试来讲本身也是一种新异刺激，与内容为日常场景或日常物品的中性图片相比，新异刺激对其更有吸引力。实验组被试的心理特异性和毒品图片对于对照组被试的新异性可能是导致这一结果的原因。从描述性统计结果来看，虽然没有达到显著性水平，但是不管实验组被试初始注视点出现在毒品图片还是中性图片上，其初始注视点的潜伏期都要长于对照组被试，这说明在观察图片的注意早期阶段，海洛因依赖者的知觉速度是比较慢的，这与主试在实验过程中对实验组被试的观察是一致的，长期用药的海洛因依赖者反应迟缓，所以长期滥用海洛因可能对其认知执行功能造成了损伤。

实验组被试的初始注视点在毒品图片线索位置上的注视时间显著长于中性图片，而对照组没有表现出这种差异。注视时间是指被试的初始注视点的持续时间，这一结果表明海洛因依赖者具有维持对毒品线索注意的倾向，说明海洛因依赖者一旦开始注视毒品图片，其在毒品图片上停留的时间会比较长，即便是抑制自己去注意毒品图片，但由于吸毒经历和对毒品及吸毒场景的熟悉，毒品图片还是吸引了海洛因依赖者更多的注意。这与 Mogg 等人以吸烟者为研究对象进行研究所得出的结论一致，吸烟人群表现出对香烟线索的注意维持，并且他们还认为通过注视时间来测量注意偏向可以提供个体用药行为动机的客观指标。另一项针对可卡因依赖者的眼动研究指出，渴求度的增强与个体对毒品相关线索的外显倾向有关，[1]并且结果也提示我们对毒品相关线索的外显倾向可以作为个体用药行为动机的强度指标。

五、总结与展望

（一）海洛因依赖者的前注意偏向与注意偏向

在以往的研究中，有的研究是为了证明物质依赖者对于物质相关刺激的注意偏向与意识状态相分离，如蒋毅等人对吸烟人群的前注意偏向的研究。有的研究则是直接基于物质依赖者对物质相关刺激的注意偏向是意识状态下的注意加工过程，如 Cox 等人关于酒精成瘾者以及 Goldstein 等人对于可卡因依赖人群对相关线索的注意偏向的研究。[2]但是根据 Ryan 关于注意偏向的解释，注意偏向可能存

---

〔1〕 Rosse R. B. , et al. , "Measures of visual scanning as a predictor of cocaine cravings and urges", *Biological Psychiatry*, 1993, 33（7）, pp. 554~556.

〔2〕 Cox W. M. , Fadardi J. S. , Pothos E. M. , "The addiction-stroop test: Theoretical considerations and procedural recommendations", *Psychological Bulletin*, 2006, 132（3）, p. 443. Goldstein R. , et al. , "Drug fluency: A potential marker for cocaine use disorders", *Drug and Alcohol Dependence*, 2007, 89（1）, pp. 97~101.

在两个过程，即无意识状态下的前注意偏向和意识状态下的注意偏向，两者可能都存在，它们之间并不是此有彼无的关系，可能分别通过不同的作用机制对周围环境中的物质相关线索进行加工。

研究一的行为学实验结果证明了前注意偏向的存在，研究二的行为学实验数据虽然没有发现意识状态下物质依赖者对物质相关线索存在注意偏向的证据，但是眼动数据表明，实验组被试对毒品相关的图片线索表现出更多的关注，实验组的初始注视点在毒品图片线索位置上的注视时间显著长于中性图片，并且显著长于对照组，眼动研究的结果支持海洛因依赖者在视觉知觉过程中对毒品相关线索存在注意偏向。所以未来的研究中，对于物质依赖者的注意偏向应该从无意识状态和意识状态两个角度去探讨。

首先，关于注意偏向问题争论的关键在于视觉注意与意识的复杂关系，目前有来自神经科学的证据证明，尽管二者存在相互交叉的大脑区域，但它们分别有独立的神经网络作为支持，[1]心理物理学方面的研究也表明视觉注意与意识是两个完全可以区分的现象。[2]早在1990年就有研究者指出测量无意识知觉的可能性，[3]后来还有研究者发展出了考察无意识知觉的实验范式。[4]目前常用于考察无意识知觉的实验方法有：通过掩蔽、变化盲视（change blindness）和注意瞬脱（attentional blink）等方式来破坏个体的视觉

〔1〕 Lamme V. A., "Why visual attention and awareness are different", *Trends in Cognitive Sciences*, 2003, 7 (1), pp. 12~18.

〔2〕 Koch C., Tsuchiya N., "Attention and consciousness: Two distinct brain processes", *Trends in Cognitive Sciences*, 2007, 11 (1), pp. 16~22.

〔3〕 Jacoby L. L., Lindsay D. S., Toth J. P., "Unconscious influences revealed: Attention, awareness, and control", *American Psychologist*, 1992, 47 (6), p. 802. Laberge D. Attention, "awareness, and the triangular circuit", *Consciousness and Cognition*, 1997, 6 (2), pp. 149~181.

〔4〕 Debner J. A., Jacoby L. L., "Unconscious perception: Attention, awareness, and control", *Journal of Experimental Psychology Learning Memory and Cognition*, 1994, 20, pp. 304~304. Mccormick P. A., "Orienting attention without awareness", *Journal of Experimental Psychology-Human Perception and Performance*, 1997, 23 (1), pp. 168~179.

注意，或者向被试的一只眼睛给予强噪音以抑制被试对于呈现在另一只眼睛的刺激的意识加工。[1]其次，大量研究表明，意识状态下的注意偏向是存在的，并且一般情况下，无意识状态下的前注意偏向是难以改变的，而意识状态下的注意偏向则是可以对其实施干预从而加以操作的，对其所进行的相关研究对于发展与注意操作相关的治疗方法是非常有意义的。

（二）研究的不足与展望

就研究本身来讲，研究一运用行为学实验研究海洛因依赖者的前注意偏向，研究二采用行为学实验与眼动技术相结合的方法来考察海洛因依赖者的注意偏向。整个研究是为了考察该群体是否存在对毒品相关线索的前注意偏向或注意偏向，并且考察其在观察毒品相关线索时所表现出来的注意特点，但是对毒品相关线索缺乏细化，比如如果该群体对毒品相关线索存在注意偏向，那么哪类线索更容易引起海洛因依赖者的注意偏向。

因此，在未来关于物质依赖的研究中，首先，要注意将物质相关线索具体化，考察物质依赖个体更倾向于关注哪类线索。其次，对物质依赖者本身进行划分，如将物质依赖者划分为高依赖水平和低依赖水平，考察不同依赖水平的成瘾个体在对物质相关线索的注意偏向上会出现什么异同；或者由于物质依赖者的注意偏向可能与其冲动性人格特质或抑制控制能力障碍有关，可以将物质依赖者划分为高冲动组和低冲动组，考察不同冲动性水平的成瘾个体在对物质相关刺激的注意偏向上有何不同。再次，在研究过程中还可以涉及前注意偏向以及注意偏向与其他影响个体形成成瘾行为或者维持复吸行为的因素的关系。比如，前注意偏向以及注意偏向与主观渴求的关系，蒋毅等人的研究表明，吸烟者的前注意偏向与其对香烟的依赖水平呈负相关但与渴求水平无关，而意识状态下的注意偏向却与其渴求水平有关但与依赖水平无关，这一结果表明注意偏向与

---

〔1〕　Kim C. Y. , Blake R. , "Psychophysical magic: Rendering the visible 'invisible'", *Trends in Cognitive Sciences*, 2005, 9（8）, pp. 381～388.

渴求度之间的相关关系受到了意识调节的影响。所以个体注意到物质相关线索，并对其进行思考进入意识范围后，便有可能引发个体对相关物质的渴求。再如，在以后的研究中，还可以考虑考察相关刺激所引起的被试的情绪效价，进一步探讨个体对相关刺激的注意偏向与所引起的被试情绪效价之间的关系，探究物质依赖个体对相关刺激赋予诱因或动机属性的原因。最后，未来的研究还应该从多角度深入理解注意偏向的形成和发生机制，如提供其认知神经科学方面的证据。

第七章

强制隔离戒毒人员的心理康复

第一节 强制隔离戒毒人员的分类戒治体系初探

一、强制隔离戒毒人员分类戒治模型的初步构建

（一）理论基础

1. 问题的提出。分类就是按照某种科学标准或规范将事物区分为不同类别的过程。强制隔离戒毒人员的分类就是采用科学的方法，按照一定的标准将强戒人员划分为不同类别的过程。强戒人员的科学分类是一种认识强戒人员的主要方式，通过分类，对强戒人员的身心特征和行为特点进行确认，这种认识不仅具有重要的理论价值，还具有重大的实践意义。强戒人员的个人背景、生活经历等各不相同，但是从一些科学的维度对其进行分类，找出该学员最具有特征性的和最需要改变的地方，是切实可行的。首先，可以为干警提供一种快速的识别强戒人员需要哪些帮助的方法。不少干警和强戒人员都会产生这样的疑惑，虽然是强制隔离戒毒，但是在强制隔离戒毒所里真正有助于戒毒的措施并不多。我们认为关键在于过去的戒毒模式没有帮助学员找出他们的问题所在，即哪些地方出了问题？这些问题严重到了什么程度？通过分类的方法，可以帮助戒毒治疗的双方从总体上系统地发现问题，而不仅仅把目光局限于戒毒这个表层的问题上。其次，发现问题的目的是为了更好地解决问

题，分类可以为制订更具有针对性的康复计划提供依据，体现出戒毒治疗的个性化特点。再次，分类可以提高管理教育效率，促进戒毒场所的稳定。最后，分类在一定程度上为戒毒效果评估提供了依据。因此，有必要尝试寻找一些有效的心理和行为维度对强戒人员进行分类。

2. 分类的基本方法。创立一种分类或分类体系有许多方法，根据分类方法的严谨程度大致可概括为传统的定性的方法和现代的定量的方法。

（1）传统的定性方法。早期对犯罪人的分类大多是研究人员和调查人员凭直觉对罪犯作区分和归类，主要出于人们的一种主观的"模式确认"。主观的分类一般是基于经验和观察作出的描述性分类。这种分类对罪犯的观察和相关资料的收集存在量少、质差的问题，极少有系统性的材料。各种分类方法或过程，混杂了许多分类标准和原则，也混杂了许多不具有内在一致性的分类因素和变量，所以，分类的科学价值有限，实用性很低。

（2）定量方法的发展。20 世纪 50 年代以后，分类方法在定量分析方法的引入下，在分类理论方面有了突破。尤其是 20 世纪 70 年代以来，定量方法发展迅速。在 20 世纪 70 年代以前，大多定量分类方法是采用传统的、简单的二元交叉分类；20 世纪 70 年代以后，倾向于使用综合性的方法进行分类。

定量分类方法有一定的优势，如采用定量方法做出的分类决定准确性较高、可信度高、客观真实，但在适用中也暴露出一些问题。要提高分类的可靠性和适用性，应该严格按照科学程序进行。定量分类程序，大致可分为三个步骤：第一步，选择分类变量的范围；第二步，建构分类；第三步，分类体系的实用性检测。

（3）定性与定量相结合的方法。为了尽量减少分类误差，更有效地对强戒人员进行分类，研究采用了定性与定量相结合的方法。首先，通过文献分析，采用与强戒人员的心理特征和吸毒行为最为相关的量表对他们进行测试，据此数据进行聚类分析，大致划分为三种不同类型的强戒人员。其次，根据对强戒人员及管教干警的访谈和档案分析对三类强戒人员的身心特征进行分析。最后，对强戒人员作进一步的行为观察，把观察所得资料与前两种资料进行综合分析，最终对三类强戒人员的主要特征进行描述。

3. 分类维度。尽管目前认为，对于戒毒应当采取生物—心理—社会的综合治疗模式，但是，真正对此进行论证和实践的却很少。因此，我们提出以下与吸毒有关的五个维度：

（1）人格特质维度：代表了吸毒者较稳定的心理结构。主要有EPQ人格类型、感觉寻求特质、自我效能感等。

（2）行为方式维度：代表了吸毒者常用的行为模式和行为倾向，主要有自我控制、应对方式等。

（3）家庭社会维度：代表吸毒者与他人和社会的联系，主要是社会支持度。

（4）吸毒维度：主要有对毒品的渴求度、为戒毒而改变的动机、对毒品的非理性信念。

（5）人口学维度：主要有年龄、婚姻状况、文化程度、工作状况。

前期调研的结果显示，在以上五个维度中，与吸毒直接相关的维度是最能体现强戒人员心理和行为特征的维度；同时，在强制隔离戒毒这一相对较长的期间内，降低强戒人员对毒品的渴求度，矫正其非理性信念，增强戒毒动机和信心也是开展心理康复治疗的靶维度。因此，研究尝试选择吸毒维度作为分类的切入口，在吸毒维度的分类基础上选择适合的强戒人员进入下一步的分类戒治程序。

（二）研究对象与方法

1. 研究对象。研究对象为完成戒毒动机、非理性信念和渴求度测量的409名男性强戒人员。

2. 研究方法。对409名强戒人员的戒毒动机量表总分、非理性信念量表总分和渴求度量表总分的Z分数（标准分）使用K-MEANS快速个体聚类分析。用这种聚类方法可以将具有接近分数的个体聚合分类。分类数分别为3、4、5类。

（三）结果与讨论

1. 三种不同分类结果。经过快速个体聚类分析，分别以 3、4、5 类为分类数，结果见表 7-1。

表 7-1　强戒人员聚类结果比较

		渴求度 （Z score）	戒毒动机 （Z score）	非理性信念 （Z score）	人数	％
分 3 类	1	-0.36（中）	-1.33（低）	0.09（中）	79	19.3
	2	0.68（高）	0.31（中）	0.70（高）	186	45.5
	3	-0.72（低）	0.43（高）	-0.92（低）	144	35.2
分 4 类	1	0.31（偏高）	-0.66（偏低）	0.44（偏高）	96	23.5
	2	0.71（高）	0.58（高）	0.75（高）	136	33.3
	3	-0.70（偏低）	0.45（偏高）	-0.92（低）	143	35.0
	4	-0.98（低）	-1.89（低）	-0.22（偏低）	34	8.3
分 5 类	1	-1.11（低）	-1.96（低）	-0.13（偏低）	29	7.1
	2	1.27（高）	0.32（中）	1.16（高）	72	17.6
	3	-0.89（偏低）	0.41（偏高）	-1.12（低）	107	26.2
	4	0.08（中）	0.59（高）	0.24（偏高）	118	28.9
	5	0.25（偏高）	-0.77（偏低）	0.20（中）	83	20.3

以上三种分类方法聚类结果经方差分析检验，各组间均存在显著差异。从上表可以看出，以戒毒动机量表总分、非理性信念总分和渴求度总分三维度为指标对个体进行聚类，分为 3 类较分为 4 类和 5 类更简洁明了，易于理解，并且另外两类中，有的类别人数较少，如分 4 类时第 4 类仅占 8.3%，分 5 类时第 1 类仅占 7.1%。因此选择将强戒人员分为 3 类。

2. 分类与预后。为了避免期望效应和对分类的不当理解，避免对强戒人员贴标签，我们对三种不同类别的强戒人员不命名，仅以一类、二类、三类命名。强戒人员在不同维度的量表得分情况如表

7 –2 所示。

表 7 – 2　三类强戒人员在不同维度的量表得分情况

类别	维度	个数	最小值	最大值	平均值	标准差
1	渴求度	79	1.00	4.27	2.76	0.61
	戒毒动机	79	6.33	25.33	21.13	3.42
	非理性信念	79	48.00	102.00	70.03	11.45
2	渴求度	186	2.22	5.00	3.55	0.53
	戒毒动机	186	19.00	37.67	27.76	2.49
	非理性信念	186	50.00	113.00	80.09	10.92
3	渴求度	144	1.00	4.08	2.48	0.61
	戒毒动机	144	22.33	31.67	28.27	2.00
	非理性信念	144	29.00	80.00	53.31	11.44

按各心理维度平均得分的情况，对三类强戒人员的特点描述如下：

第一类，该类强戒人员对毒品渴求的程度中等，非理性信念中等，戒毒动机最低。也就是说，他们有中等程度对毒品的需要和对使用毒品的错误看法，并且他们希望改变自己戒除毒瘾的要求并不强烈。这类人占被调查总体的两成左右。对他们的主要治疗措施是降低伤害，其次才是增强戒毒动机、辅以减少非理性信念，降低对毒品的渴求程度的戒治方法。对这类强戒人员的戒治预后最差，是戒治工作的难点对象。

第二类，该类强戒人员对毒品渴求的程度和非理性信念最高，戒毒动机中等。可以说他们对毒品有强烈的需要，并对毒品使用形成了牢固的错误看法，也正由于受毒品伤害最大，因此也具有一定的戒毒动机。这类人占被调查总体的一半左右（45.5%）。对他们的主要治疗措施是降低对毒品的渴求程度、减少非理性信念，同时维持并促进他们的戒毒动机。对这类强戒人员的戒治预后也不乐观。

第三类，该类强戒人员对毒品渴求程度和非理性信念最低，戒毒动机最高。这类人占被调查总体的三成左右（35.2%）。对他们的主要治疗措施是降低对毒品的渴求程度、减少非理性信念、促进他们的戒毒动机三者并举。他们是最有希望获得较好治疗效果的一类，也是我们戒治的重点对象。

（四）小结

1. 根据强戒人员毒品渴求、非理性信念和戒毒动机的得分情况，可将强戒人员分为三类：

第一类：具有中等程度的毒品渴求和非理性信念以及较低的戒毒动机；

第二类：具有强烈的毒品渴求和非理性信念以及中等程度的戒毒动机；

第三类：具有强烈的戒毒动机及较低水平的毒品渴求和非理性信念。

2. 根据不同的类别特征制定不同的强制隔离戒毒目标，给予针对性的戒治提高强戒效果。

3. 在后期的研究中，应为各类别强戒人员制定具有针对性的心理康复方案，进行心理康复治疗，并追踪和评估其心理康复效果，进一步验证分类的有效性。

二、"双 I"戒毒模式的界定、框架和内容

（一）整体性与个别化的界定

"双 I"即是英文 individuation 和 integration 的缩写，中文含义是个别化与整体性，具体的界定如下：

整体性取向，即基于 BPS 模型，整合各种治疗方法的强制隔离戒毒治疗包裹，通过动机激励、认知行为疗法、家庭治疗、就业咨询等多种渠道来达到最佳的治疗效果。

个别化原则，即治疗要针对成瘾者的个别需求。在选择治疗策略时，要充分了解其基本情况和身心特征。

（二）戒毒模式的基本框架和内容

1. 分类戒治的基本框架。根据聚类分析的结果，强戒人员可以

分为三类：第一类强戒人员属于复吸高风险组，戒治以降低危害为主；第三类强戒人员属于复吸低风险组，是最有希望戒断成功的学员，也是我们在团体心理戒治阶段的戒治对象，将通过整体性的团体辅导方案和个别化的治疗计划对他们实施多元化的戒治；而针对第二类强戒人员，则需要把降低危害和戒断治疗结合起来，在戒治过程中调整治疗方案。

按照循证戒治 RNR 原则的要求，复吸高风险组应该是戒治的主要对象，应采取高强度的戒治方案，但复吸高风险组戒治难度大，并且戒治效果堪忧。需要注意的是，戒毒人群遵循医学模式，与犯罪人群有着很大的不同。再犯风险低的罪犯在服刑期间通过教育改造，大部分可以做到改过自新，不再重新犯罪，所以他们需要低强度的心理矫正甚至不需要做任何心理干预；而复吸风险低的强戒人员经过强制隔离戒毒却不一定能够做到完全戒断，不再复吸，但却是最有希望达到戒断效果的人群。因此，作为在强制隔离戒毒系统中心理康复戒毒模式的初步探索，研究选取了低复吸风险组的强戒人员作为戒治对象。

2. 基于 BPS 模型的治疗内容。在我们的戒毒模式中，会自始至终贯彻生物—心理—社会模型的综合戒治策略，研究以心理康复为主要戒治内容，但生理指标的测量及药物治疗的辅助，社会技能的训练、社会支持和社会帮教的参与都将予以全面的考量。

第二节 整体性与个别化相结合的心理戒治方案

一、问题背景

通过对国内外现行的戒毒心理治疗模型的综述，我们发现：首先，对于吸毒者的心理治疗，多从某一心理治疗理论出发，缺乏一种整合的思想去指导心理治疗的具体实施；其次，对于吸毒者的心理治疗，多采用单一形式的治疗方法，或是家庭治疗，或是社区治疗，缺乏利用多种形式达到优势互补的效果；再次，国外所倡导的吸毒者心理治疗模型均用于自愿戒毒者身上，对于这些模型我们并不能照搬到强制隔离戒毒体系中；最后，我国现有的针对一些吸毒人员的戒毒模式偏向于生理脱毒，而在心理脱毒和回归社会这两个环节上，形式大于内容，缺乏系统化的操作理念和支撑性的技术。因此，发挥国内外已有的戒毒心理治疗模型的优势，结合我国强制隔离戒毒模式的特点以及强戒人员的生理心理特征，是构建强制隔离戒毒心理戒治方案的关键。

二、文献探讨

傅金芝等对 71 例药物依赖者进行智力调查，研究表明药物滥用对个体的智力有明显的负面影响，应采用相应的教育、管理措施以促进个体的认知能力提高，才有可能在一定程度上帮助戒毒者保持操守[1]；王登峰和崔红用自编的中国人人格量表（QZPS）对 285 例吸毒者与相同数量的对照组的人格特点进行了全面的调查分析，结果表明吸毒者的人格特点主要表现为"急躁、冲动、活跃"与"安于现状、不思进取"两个相互矛盾的方面，以及男女性别角色与传统性别角色的偏离，最后还提出了采用"代币强化程序"进行干预的建议[2]。宋志一等调查分析了 192 名吸毒人员的人格特征以及类型，根据吸毒人员内部的人格差异进行分类，获得四种类型：社交型、懒散型、独立型和顺从型，并针对每个类型的人格特征提出了相对应的心理救助策略[3]。舒霞、耿文秀对上海某劳教戒毒所的部分强制隔离戒毒人员（包括刚进所、劳教中和刚出所）进行了问卷调查。结果表明：影响戒毒人员心瘾的主要变量是与吸毒史有关的变量，如吸毒年数、初吸年龄、戒毒次数；而影响抵抗情绪的变量主要是与收治时间有关的变量，如在所的月数；刚进所的吸毒者无论是对毒品的心理渴求程度还是对戒毒的抵抗情绪都是最强烈

〔1〕 傅金芝等："71 例戒毒者的智力状况调查与分析"，载《中国药物依赖性杂志》2002 年第 1 期，第 53～56 页。

〔2〕 王登峰、崔红："吸毒者的人格特点分析"，载《中国药物依赖性杂志》2003 年第 3 期，第 215～218 页。

〔3〕 宋志一等："192 名吸毒人员的人格特征及其类型研究"，载《中国临床心理学杂志》2002 年第 3 期，第 224～226 页。

的，在经过一段时期的劳动教改后，心瘾程度和抵抗情绪都有显著的改善，但要注意的是在即将出所前，有些吸毒人员对戒毒的抵抗情绪又会有反弹。[1]陈君等对已进入康复期的100例海洛因依赖者进行问卷调查，调查内容包括对毒品相关危害的认知，躯体脱毒后的心理状况，是否采取行动进一步转变等。结果表明强制戒毒的海洛因依赖者缺乏改变的动机，自我效能感低下，在制定治疗康复计划时对其应予以重视。[2]冯怡等对118例海洛因依赖者进行了社会支持情况的调查，并与60例正常人作比较。结果提示加强戒毒者的社会支持力度，培养他们对社会支持的主观体验及积极寻求社会支持，有利于海洛因依赖者的戒毒康复和保持操守。[3]杨波对北京市160名强制隔离戒毒者的测量结果表明，强制隔离戒毒者表现出低的自我价值感。[4]殷素梅等基于理论构想，以105名海洛因戒除者为被试，通过验证性因素分析技术获得了海洛因戒除者依赖性人格概念的二维模型：海洛因渴求度和海洛因戒除效能感。结果表明戒除效能感更能有效地预测戒除者的心理健康水平，提示在临床心理治疗实践中，增进海洛因戒除者的戒除效能感是改善其整体心理健康的重要内容。[5]孙步青等对615例海洛因依赖者脱毒后复吸的情况进行调查。结果表明：难以抗拒的对药物的心理渴求是复吸的主要心理因素（占86.99%）；身体不适、失眠等稽延性戒断症状是复吸的主要生理因素（占76.75%）；毒友引诱是复吸的主要社会因素（占75.94%）。其结论称：给予必要的对症治疗和坚持不懈的行为

---

〔1〕 舒霞："劳教戒毒人员心瘾程度和抵抗情绪的对数回归分析"，载《中国药物滥用防治杂志》2001年第4期，第21~27页。

〔2〕 陈君、姜晓明、黄建平："强制戒毒的海洛因依赖者康复期转变动机的调查"，载《中国药物依赖性杂志》2004年第2期，第127~129页。

〔3〕 冯怡、胡惠萍、杨金娣："海洛因依赖者戒毒中社会支持量表的测评分析"，载《中国药物滥用防治杂志》2002年第1期，第16~18页。

〔4〕 杨波："劳教戒毒者自我价值感特点的初步研究"，载《心理科学》2004年第4期，第859~862页。

〔5〕 殷素梅等："海洛因依赖性人格概念的建构及其与心理健康的关系"，载《中国药物依赖性杂志》2005年第2期，第112~116页。

矫正，以及持之以恒的家庭关心、监督，社会帮教、扶持，政府部门监控、管制严惩毒贩，清除毒源等综合治理，是降低复吸率的有效办法。[1]邬志美等对 35 名戒毒后操守 12 个月以上和 36 名屡戒不成的海洛因依赖者的测量结果表明，维持操守的主要原因是正确认知，而失败的原因是未脱离吸毒环境。其结论建议是，应加强对药物滥用者的认知行为治疗和家庭治疗。[2]李晓东等对 997 例在所强制隔离戒毒人员进行调查的结果提示，单纯戒毒不能降低复吸率，应该把心理辅导、社会和家庭支持有机纳入整个戒毒过程中才能延长操守，降低复吸率。[3]

综上所述，强制隔离戒毒人员心理康复方案的设计除了需要了解其智力、年龄、吸毒年限、戒毒次数等基本情况，还要考量其人格、认知、社会支持、自我效能感、自我价值感、戒毒动机等方面的特点，从而使得方案更具针对性和有效性。

三、研究方法

（一）研究假设

药物滥用会给吸毒人员的生理、心理以及社会三方面造成不同程度的损害，而生理、心理以及社会方面的不完全康复成为经历完脱毒治疗的戒毒人员再次吸毒的原因。所以，有针对性地找准吸毒人员各个层面的问题，然后结合各种戒毒模式和多种心理治疗理论，对症下药，是提高戒毒效果、降低复吸率的关键。

（二）被试的选取

随机选取复吸风险组的 24 名强戒人员，男女各 12 人，根据性别分成两组，对他们进行结构式访谈，访谈涉及吸毒的原因、复吸的原因、吸毒前后的自我评价、吸毒对自身的影响等方面的内容，

〔1〕 孙步青、叶遇高、秦领军："615 例海洛因依赖者复吸原因调查与分析"，载《中国药物依赖性杂志》2001 年第 3 期，第 214～216 页。
〔2〕 邬志美、杨德森、郭田生："海洛因依赖者操守成败相关因素的调查分析"，载《中国药物滥用防治杂志》2003 年第 5 期，第 9～11 页。
〔3〕 李晓东等："戒毒人员的戒毒与操守"，载《中国药物依赖性杂志》2005 年第 3 期，第 226～228 页。

以了解强戒人员的具体身心状况。随后，结合访谈内容所涵盖的问题，在文献探讨的基础上，有针对性地选择五个维度上的 6 份问卷，包括：①人格维度：使用《艾森克人格问卷》进行人格类型测量；②行为方式维度：使用《自我控制量表》、《应对方式量表测量》进行测量；③认知维度：使用《非理性信念量表》进行测量；④家庭社会维度：使用《社会支持度量表》进行测量；⑤戒毒维度：使用《药物渴求度量表》进行测量。问卷调查的结果与上述相关研究中的结论基本一致，揭示了物质依赖对吸毒人员在身心的不同层面上造成的不良影响。包括：①在人格方面，更偏向于神经质和精神质；②在认知层面，存在大量的非理性信念以及错误的归因方式；③在行为方式上，控制力弱，应对方式不良，习惯于用不被社会接纳的方式处理问题；④社会支持方面，力量薄弱，与父母、他人的相处不愉快；⑤在戒毒方面，戒毒动机不强且动机类型复杂，对毒品渴求仍很强烈，复吸原因多与心理依赖有关。

四、心理康复方案

问卷调查的结果反映出强戒人员自身心理问题的多样性（即各个心理层面都受到了损害）和复杂性（即每个强戒人员在各个心理层面上的受损程度和导致原因是有个体差异的）。因此，怎样结合强戒人员自身的特点，利用访谈和问卷调查的结果，融合国内外优秀的戒毒模式的优点，制定心理戒治计划以帮助强戒人员从生物、心理以及社会三个层面依次摆脱吸毒行为模式，同时逐步建立新的替代性行为模式，最终达到生活方式的改变获得新生，是构建有特色的强制隔离戒毒心理戒治方案所要解决的问题。为了达到这一目的，研究拟从理念、基本原则、操作流程以及最终目标四个方面，初步构建强制隔离戒毒心理戒治方案。

（一）理念和原则

以整合为导向是强制隔离戒毒心理戒治方案的理念。它包括：

1. 从心理戒治方案的影响范围上来讲，不应局限于针对处于心理康复期的强戒人员。提倡将心理戒治方案整合到整个强制隔离戒毒过程中。对于强戒人员来说，生理脱毒是一个漫长且痛苦的过程，除了身体健康以外，更需要心理力量和意志力的支撑。强制隔离戒毒心理戒治模式倡导对刚进所，即对即将进入或正在经历生理脱毒期的强戒人员，进行关于吸毒危害性以及心理健康知识的普及，有助于其缓解生理上的痛苦，并在生理脱毒治疗方案的帮助下，通过主动地运用相关知识完成生理脱毒，从而增强戒毒动机、提高自我效能感。对于处于社会适应期的强戒人员，除了提供职业技能训练，还应结合相关的心理治疗理论（如家庭治疗），在条件允许的前提下，引入第三方的支持（如父母、爱人、子女或是另一个情况相似的海洛因成瘾患者），发展强制隔离戒毒所外的帮教系统，从而为即将释放的强戒人员提供良好的社会应激资源和社会支持系统。

2. 从心理戒治辅导方案制定的指导思想来讲，应采用一种整合的姿态。这不仅包括在操作过程中结合多种心理治疗趋向，借助多种心理治疗的策略与技巧，从不同的心理层面切入，融会贯通、各个击破，以达到强戒人员心理上的康复，这也顺应了目前心理咨询中的一种折中趋势。同时，还须制定一套整体性的治疗包裹，以解决毒品依赖所导致的心理各个层面的损坏。

3. 从强制隔离戒毒心理戒治辅导方案的具体方法上来讲，采用两种心理治疗方法，即团体心理治疗和个别心理治疗相结合以达到对强戒人员进行心理康复的目的。鉴于现阶段强制隔离戒毒所的人力、财力、物力的情况，针对每个强戒人员单独进行个性化戒治是难以实现的。因此，通过问卷调查的结果，将在各个心理层面上大致情况相似的强戒人员组成一个团体，并对其共同的心理问题进行团体心理治疗，对个人具体的心理问题进行个别化心理治疗，从而实现两种心理治疗方式的结合（具体结合方式以及方案将在后面进行介绍）。

以人为本、以理达人、以情动人、以行导人、持之以恒、全面塑人是心理戒治方案的基本原则。

以人为本，即以强戒人员自身身心情况为本，基于强戒人员的人的身份而非吸毒者的身份为本。这要求强制隔离戒毒所以及干警对强戒人员进行人性化的管理，以平等而非管制的态度，以帮助而非指挥的方式，以制定个人化的戒治方案而非统一化的强制隔离戒毒方案来对待强戒人员。为了达到这一目的，首先要对管教干警进行相关的心理培训，使他们改变对强戒人员的刻板印象，树立关于强戒人员的正确观念。另外，应提高干警的综合素质，特别是心理健康和心理治疗方面的知识和操作技巧，为进行强戒人员个人化戒治提供人力支持。

以理达人，即对强戒人员进行相关知识普及，这包括关于吸毒危害的相关知识介绍、心理健康和心理治疗知识的介绍，通过有针对性的心理教育而非思想教育，心理理论的治疗而非教条模式的灌输，改变强戒人员歪曲的信念、错误的归因方式，从而从认知上改变强戒人员对吸毒的态度，增强戒毒的动机。

以情动人，即在戒毒过程中，使强戒人员与干警之间建立一种治疗性的人际关系。这种关系除了通过干警与强戒人员的日常交流以外，更多地体现在强制隔离戒毒所所提供的心理戒治方案的治疗风格上。强制隔离戒毒心理戒治方案将遵循以人为中心的心理治疗理论所倡导的风格，以强戒人员为本，治疗时不对其进行任何指导和暗示，只鼓励学员表达自己的真实情感，帮助成员建立互相尊重、信任的良好关系，使其体会他人对自己的关心和尊重，以及加强责任感，改变不适应的行为，促进个人成长。

以行导人，即在戒毒过程中，矫正不良行为。这要求在对强戒人员进行心理戒治的过程中，以认知—行为疗法、行为矫正理论为指导，提高强戒人员的应对技巧和问题解决的能力，通过一整套行为形成的原理指导吸毒行为的消退以及替代性行为的建立。这是戒治工作的中心，也是戒治过程中的难点。

持之以恒。这既是对强戒人员的要求，也是对干警的要求。戒除毒瘾是一个长期的过程，而且中间会由于难以克制的毒品渴求出现复吸行为，强戒人员需要做好打持久战的准备，不要因为一时的困难放弃戒毒；另外，干警也要对戒毒过程有一个理性的认识，戒毒不是短时间内就可以轻松完成的，自始至终都要对强戒人员抱有信心。

全面塑人，即帮助强戒人员建立一种新的生活方式。这不仅要求对强戒人员各个层面的心理问题进行解决和治疗，以达到心理康复的目的，还需要在心理戒治的过程中，了解强戒人员出所后的具体困难（如再就业、婚姻、经济等问题），为制定社会适应期的具体方案提供材料和依据。同时，应建立出所后强戒人员的跟踪联系系统，提供实质性的帮助，以稳固心理戒治的效果，为新行为的保持提供一定的保障。

（二）操作流程

整个强制隔离戒毒心理戒治方案的操作流程分为三部分：心理戒治方案的前期工作、心理戒治方案的具体实施过程以及心理戒治方案的后期工作。心理戒治方案的前期工作包括对干警相关心理知识和心理治疗技能的培训和对处于生理脱毒期强戒人员的知识普及（包括吸毒的危害以及心理健康的相关知识）。心理戒治方案的具体实施过程是指为强戒人员制定具有针对性的心理康复方案，它包括团体心理治疗和个别化治疗两部分，并以团体心理治疗为主、个别化心理治疗为辅（具体方案将在后面进行介绍）。首先对每个强戒人员进行结构化访谈和系列问卷的测量，根据其基本资料和系列问卷上的得分，将其划分到与他情况大致相同的团体中，进行团体心理治疗，根据需要对个别学员进行个别心理治疗。值得注意的是，团体心理治疗方案和个别化心理治疗方案两部分不是独立进行的，而是以一种套餐的方式，绑定进行的。心理戒治方案的后期工作是指针对进入社会适应期的强戒人员，继续提供其保持心理健康和新行为模式的技术支撑，结合社会适应期的具体工作，灵活运用相关心理治疗的理论和策略，完善即将释放的强戒人员的帮教系统，为保持操守做出最后一搏。

在整个强制隔离戒毒心理戒治方案中，心理戒治的实施过程即团体心理辅导和个别心理治疗是整个方案的重心和难点，它的成败与否直接影响到整个戒治方案的效果以及复吸率的高低。下面探讨一下团体心理治疗方案的优势，以及具体的实施计划。

（三）强制隔离戒毒团体心理治疗方案

团体心理治疗是指将情况类似的成瘾患者集合在一起进行的心理治疗，是最常用的治疗成瘾行为的方法。团体治疗有许多不同的类型，从理论假设到具体实施方案都不尽相同。在 20 世纪 40 年代和 50 年代，团体咨询作为一种更为有效的对待成瘾者的方式广泛运用于各种戒治机构。对于吸毒者来说，参与治疗性团体和团体辅导将对其产生更大的影响。[1] 常见的团体心理治疗的模式有 "匿名戒毒会"（Narcotics Anonymous，NA），短期的心理教育和认知—行为模式，还有长期的心理动力学治疗。这些治疗方法的共同之处在于个体不是孤立的，一个人与他人的联系——社会纽带具有治疗的作用。个体可以在团体中找到归属，释放内心的紧张，重新建立起一种无冲突的状态，就像回到了母亲的怀抱。自助组织和治疗机构运用共同宣言、社会支持和社会压力，直到个体通过道德内化形成新的社会认同，帮助他摆脱羞耻感和无助感，为重返社会做好准备。将团体心理治疗的方式与强制隔离戒毒中心理康复期相结合，既能发挥团体心理治疗的优势，又能结合强制隔离戒毒模式的特点，达到优势互补的效果。下面则是强制隔离戒毒心理戒治的团体心理治疗方案。

1. 团体名称："背后的曙光"。

2. 团体性质：结构式、封闭式、同质性的互助康复小组。

3. 团体规模：男性组和女性组，各由 12 名强戒人员组成。

4. 参加对象。小组成员为北京市某强制隔离戒毒所强戒人员。选取的标准为：①根据前期问卷所区分的维度，在各分维度上处于中等水平以上的强戒人员中进行随机选取；②在 20～29 岁年龄段的强戒人员中进行随机选取；③能保证半年以上的强戒康复时间；④复吸风险组。通过以上四条标准选择小组成员，以保证该小组的同质性以及成员参与小组活动的完整性。

---

〔1〕　Carlo C. DiClemente, *Addiction and Change-How Addictions Develop and Addicted People Recover*, The Guilford Press, 2003, p. 158.

5. 团体活动时间。时间：共 8 次活动，每周 1 次，每次 1.5～2 小时。

6. 团体领导者。大鱼担任组长，助手由小安、小冷担任。

7. 团体目标。团体旨在帮助强戒人员改变错误的认知，塑造良好的应对方式，激发求助的意愿，寻找社会支持，提升自我价值感，以达到挖掘、丰富和接纳自我的目的。对于身处边缘群体的强戒人员，其在心理上更渴望被接纳和认同。通过为强戒人员营造一个真诚、尊重和温暖的小组气氛，引导他们回顾过去的经历，帮助其重新或是深入地了解自己在认知、应对方式等方面的问题；使其在组长和成员的感染下，思考自己的优缺点、人生目标以及价值观等内容；使其在与小组成员的沟通互动中，认识自己、了解自己、肯定自己、接纳自己；并且，希望组员在团体中培养一份归属感和责任感，以期在出所后，能保持相互监督、互相鼓励的戒毒态度，增强对毒品的抵御能力。

最终目标：增进强戒人员的自我觉察与自我接纳；提升强戒人员的自我价值感；激发强戒人员的求助意愿，寻找身边的社会支持资源；协助强戒人员完成其"未完成的事宜"，让其活在当下。

8. 理论依据。结合国内研究者对国内吸毒人员身心特征的相关研究，在对强戒人员进行结构性访谈和问卷调查所反映的问题的基础上，强制隔离戒毒心理戒治的团体治疗方案有针对性地结合前面所提到的多种心理咨询理论和策略，根据团体发展不同时期的不同需要、团体辅导的不同主题内容选取相应的咨询理论和策略作为指导。

（1）迁移理论模型（Transtheoretical model，TTM）。迁移理论模型是由心理学家 Carlo C. DiClemente 创立的，此理论是关于如何摆脱成瘾行为的一种相较于传统理论更全面、细致以及步骤化的理论，是治疗物质成瘾的一种团体治疗模型（DiClemente，1984），包括改变的过程、团体的规则、团体的结构、促进改变的原则、技术和策略等几方面因素。欧美的一些成瘾治疗机构已广泛运用此模型，并取得了一定的效果。此理论中最有影响力的内容就是提出一个有关改变如何发生的模式——改变轮。

它包括一连串人们在试图改变的过程中所经历的阶段，不论是自动自发还是由治疗师协助所作的改变，这些阶段似乎都能使用。[1]这一连串的改变过程分为五个阶段：懵懂期、沉思期、决定期、行动期、保持期。卡尔·狄克礼门提针对每个阶段成瘾者的不同心理特征制定了不同的任务，并使用相对应的策略以帮助成瘾者完成每一步的目的，直到新行为模式的保持。前三个阶段，只要使成瘾者在知觉、态度以及体验上发生改变。而后两个阶段，则要求成瘾者利用具体的行为计划摆脱吸毒行为模式，坚定对行动的承诺，保持行为计划的灵活性和随机性以解决具体问题和突发状况，竭尽全力克服行动期和保持期的停顿和倒退现象。在这两个阶段中，对抗性条件作用、刺激控制法、自我强化管理法被反复使用。自我效能感、应对能力以及社会支持资源都是建立并维持新行为的重要影响因素。

该理论所倡导的规则是：非评判性接受他人；愿意暴露自我；所有成员都参与；尊重隐私；认识小组的重要性；寻求小组支持；尊重他人。

动机晤谈法又称为激励性面谈，是迁移理论模型中最重要的环节。它是指咨询者通过与来访者的互动交流以鼓励行为模式改变的一种戒治方法，是由 Miller 和 Rollnick（1991）提出的。此方法旨在帮助来访者建立改变的动机并使其做出承诺与行动。到目前为止，动机晤谈法已经被众多国外学者运用到各种成瘾行为的戒治中，收获颇丰。动机晤谈法的基本特征是避免对质，通过提开放性的问题、倾听、回应、鼓励来激发来访者的改变动机，帮助来访者通过正反利弊分析来表述和解决问题。当来访者拥有改变动机的时候，应及时要求来访者对改变做出承诺，并在治疗师的帮助下制定具体

---

〔1〕〔美〕William R. Miller、〔英〕Stephen Rollnick 著，杨筱华译：《动机式晤谈法——如何克服成瘾行为戒除前的心理冲突》，台湾心理出版社 1995 年版，第 19~23 页。

的改变计划。此方法提供了激发动机的八种策略，如给予建议、移走障碍、提供选择、降低渴求等，此外，通过不同方式的回应、列出损益表、创造不一致、提升自我效能感等策略均能使来访者的动机得到不同程度的提升。

目前为止，我国只有少数学者利用动机晤谈法对戒毒人员的戒毒动机进行了干预[1]，并没有学者借鉴迁移理论模型指导我国的具体戒毒工作。鉴于迁移理论模型的优点以及我国强制隔离戒毒模式的特点，可以将迁移模型的部分理论和策略运用到我国的强制隔离戒毒体系中，以提高强戒的效果，减少复吸率。从目的上讲，迁移理论模型和强制隔离戒毒模型都是为了帮助成瘾者戒除成瘾行为，建立新的行为模式以适应社会，不同的是迁移理论模型是在开放的社会环境中进行，而强制隔离戒毒模型则在封闭的环境中进行；从行为改变的过程上来讲，迁移理论模型建构了一个五阶段的改变轮，并提出了每个阶段的具体干预内容、目标和方法。对于我国强制隔离戒毒模型，这是最值得借鉴的部分。对于强戒人员来说，他们至少有一次戒毒的经历，所以，绝大多数人停滞于改变轮中的沉思期，利用动机式晤谈法，对症下药，激发并提高强戒人员的戒毒动机，这对于强戒人员在整个强戒过程的参与度以及释放后的操守保持，具有长足影响。将北京市原有戒毒模式与改变轮中的具体阶段进行对照得出，强戒人员在强制隔离戒毒所可以经历沉思期—决定期—行动期的转变，而保持期则主要考察释放半年后的行为表现情况。因此，可以将强制隔离戒毒模式与迁移理论模型中的改变轮相结合，借鉴改变轮中每个阶段的具体心理理论和干预策略，充实强制隔离戒毒心理戒治方案，在经过心理戒治方案促成行为改变发生的同时，必须在社会适应期加入社区治疗方案，完善强戒人员的帮教系统，才能真正完成保持期的任务，并离开改变轮。值得一提的是，由于迁移理论模型是在吸毒人员现存生活方式的社会环境中

---

〔1〕　陈君、姜晓明、黄建平："强制戒毒的海洛因依赖者康复期转变动机的调查"，载《中国药物依赖性杂志》2004年第2期，第127~129页。

实施的，它制定的计划贴近生活，并随时随生活方式的变化而改变；相反，强制隔离戒毒模式使强戒人员脱离现有行为模式的环境，在封闭的新环境中进行戒毒，并将在封闭环境中习得的行为在回归社会后执行，这就面临了更大的挑战。因此，在借鉴迁移理论模型的优点的基础上，强制隔离戒毒心理戒治方案需要更多的心理治疗理论，帮助强戒人员建立更强大的自我（包括自我监督机制、自我调节机制、自我控制能力、自我效能感、自我价值感），运用更多的行为矫正技巧去提高应对能力和问题解决的能力，从而保证他们在释放后保持操守，远离毒品。因此，在提升强戒人员戒毒动机，转动他们的改变轮之前，我们必须借助更多的心理治疗理论去解决各个心理层面的问题，为改变扫除障碍。

（2）叙事疗法。强制隔离戒毒心理戒治辅导方案的治疗风格遵循以人为中心的原则，以强戒人员为本。在对其进行心理治疗的过程中，还会运用到叙事疗法中所倡导的精神和策略，关于叙事疗法在第三章已作了详细阐述。通过吸毒问题的外化，使强戒人员看清吸毒问题与自身的关系，激发个人的动机和力量以成为吸毒问题的操纵者，启发强戒人员丰富人生故事，寻找自己独特的价值，形成全新的自我认同，赋予生命新的意义，重写人生故事。此理论的治疗策略及技巧包括解构式问话、外化式问话、回响团体、签署反对性文件等。

（3）格式塔咨询理论。此理论认为每个人都在寻求一种整合的、高效率的生活，努力把各个不同的部分协调、整合成一个健康的有机整体。健康的人是整体各部分配合良好的人，而心理不健康的人大多被未完成的事宜牵绊，无法用一种整合的态度接纳自己、肯定自我。运用此理论对强戒人员进行剖析，不难发现强戒人员是不健康的人，其不健康并非因为采用药物滥用的行为方式，而是在这种行为方式背后揭示出未完成的事宜所导致心理各部分之间的不协调关系，以及自我整合能力的缺乏。咨询的目的主要是帮助来访者完成未完成的事宜，体验自己的情绪和行为，对其"当前"状态得到一个充分而全面的认识，进而使其变得更为整合，促进其心理成长。此理论的一些操作性较强的技术被广泛应用于团体辅导中，如心理剧、对持、空椅技术、角色扮演等。[1]

（4）认知行为疗法。该理论认为药物依赖是一种习得行为，通过药物的欣快效应而得到强化。认知—行为团体治疗的形式之一是心理教育模式，一般在治疗初期进行。其主要内容是教育启发和团体讨论，使病人看清依赖行为怎样扰乱了正常的生活，为进一步的治疗做好心理准备。McAuliffe等人（1986）创立的认知—行为治疗是一种更深层次的团体治疗。在这种治疗中，病人通过系统地学习结构性和启发性更强的课程，了解药物依赖相关的认知和行为因素，重新建立新的生活方式，学会处理康复过程中遇到的阻碍和日常生活问题。[2]

合理情绪行为治疗理论，是认知行为疗法的典型代表，由Ellis创立，他认为情绪反应、行为不是由某一诱发事件本身所引起的，而是由经历这一事件的个体对事件的解释和评价所引起的。合理的认知、信念会引起人们对事物的适当的或适度的情绪反应和行为反应，而不合理的心理会导致不适当的情绪和行为反应，若长期处于不良情绪状态之中就会导致情绪障碍。要改变人的情绪和心理困扰，就必须学习并掌握一种新的理性思维方式。[3]访谈内容以及《非理性信念量表》的结果均显示，强戒人员存在大量的非理性信念，而这种绝对化、过分概括化、片面化和糟糕至极的非理性信念，很容易使吸毒者对所处的情境做出错误的判断和归因，而由此产生了消极的情绪并以不良的应对方式做出反应。咨询的目的正是通过向来访者指出其思维方式、信念的不合理性，并与这些不合理信念进行辩论，帮助来访者放弃不合理的信念或思维方式而代之以合理信念或思维方式。

〔1〕 钱铭怡：《心理咨询与心理治疗》，北京大学出版社1994年版，第167~275页。于鲁文编著：《心理咨询导论》，清华大学出版社2000年版，第55~134页。

〔2〕 转引自杨波：《人格与成瘾》，新华出版社2005年版，第201页。

〔3〕 施江玉："团体心理辅导在女性戒毒康复中的应用研究"，云南师范大学2002年硕士学位论文。

（5）家庭疗法。Virginia Satir 是家庭治疗流派的创始人之一，主张以整个家庭系统为治疗对象，由内而外帮助治疗主体提高自我价值感、改善沟通方式；[1]并且提出冰山理论，她将自我比作一座漂浮在水面上的冰山，外显的行为或应对方式只是露在水面上的很小一部分，而藏在水面之下更大的山体，则是长期压抑并被我们忽略的"内在"。Satir 认为最佳的沟通方式是兼顾自我、他人和情境的"表里一致"型沟通，不良沟通可以概括为：讨好型（缺少"自我"）、指责型（缺少"他人"）、超理智型（缺少"自我"和"他人"）和打岔型（缺少"自我"、"他人"和"情境"）。Satir 家庭治疗尤其要注意治疗师在治疗过程中的关键作用以及治疗过程中的混乱阶段，常用到的治疗方法和技术有个性部分舞会、雕塑、自我的曼陀罗、成分干预技术、冥想、隐喻等。[2]通过对强戒人员进行家庭治疗，识别自身的成长环境、与父母和重要他人的关系，有助于抚平童年创伤，完成其未完成的事，以成熟的眼光重新看待自己与家人的关系；从外显行为和情绪入手，挖掘其真正的问题所在。

结合上述心理治疗理论的优缺点，根据前期结构化访谈的内容和问卷调查反映出的问题，强制隔离戒毒心理戒治的团体治疗方案制定了八个方面的主题，包括团体形成、自我价值、圣诞愿望、童年经验、应付方式、外部社会支持、内部社会支持、告别与展望。每个主题将在一种或几种心理治疗理论和策略的指导下进行。"团体形成"旨在建立关系，带领者和学员之间以及学员和学员之间形成良好的团体氛围，并且在迁移理论的指导下，让学员意识到自己在改变轮中所处的位置，提升改变动机，从而为进一步的团体活动奠定基础；"自我价值"旨在增进自我觉察和自我接纳，融入动机晤谈的技术，提升自我价值感；"圣诞愿望"旨在唤起学员对家人、

---

〔1〕　陈芳："萨提亚家庭治疗模式评述"，载《社会心理科学》2013 年第 2 期，第 113～115 页。

〔2〕　陈芳："萨提亚家庭治疗模式评述"，载《社会心理科学》2013 年第 2 期，第 113～115 页。

朋友和自己的情感；"原生家庭"旨在帮助团体成员识别自己的成长过程以及与家人之间的关系，抚平幼年创伤，解决家庭内部矛盾，以获得更多的社会支持和应对来源；"应付方式"旨在Satir"冰山理论"的指导下，寻找问题产生的真正原因，外显的情绪和行为问题只是表面现象，实际是"自我"的问题；"外部社会支持"旨在认知行为疗法的指导下，从认知上激发学员的求助意愿，帮助其确定可以寻求的社会支持的来源，学会如何向他人求助；"内部社会支持"旨在让学员分享学习自助和互助的方法；"告别与展望"旨在处理分离焦虑，坚定学员保持操守的决心并对释放后的生活进行全新的规划。

9. 团体方案。值得注意的是，每个主题单元中都要布置相关的家庭作业，其目的在于督促成员在日常生活中运用所学知识和技能，改变过去错误的认知，学习新的行为，重塑新的自我。此外，团体方案并非固定不变，组长会根据团体动力发展的需要，具体做出安排上的调整，以顺应团体的健康发展。

表 7-3　团体活动方案

单元	单元目标	活动流程及内容
（一）团体形成	建立团体信任及规范。	1. 滚雪球（每个人给自己起一个新名字，并制作名片，然后团体成员相互认识）。 2. "你是我的眼睛"（团体成员初步建立信任，共同制定团体规章）。
（二）自我价值	增进自我觉察和自我接纳。	3. 动机晤谈，认知干预：从吸毒标签跳出来，将吸毒和个人评价分开，吸毒是学员的行为，并不代表学员本人是不好的。 4. 我是谁：请学员选出最能描述和代表自己的 8 张卡片，并按照能够代表自己的顺序进行排序；然后询问学员如果去掉一个的话，其余的卡片还能不能代表自己。

单元	单元目标	活动流程及内容
（三）圣诞愿望	1. 去标签化。	5. 即使是吸毒人员，他们也同普通人一样拥有享受节日气氛的权利。
	2. 唤起对家人、朋友和自己的情感。	6. "愿望树"：由学员用画笔合作完成愿望树，在卡片上写下自己的圣诞愿望，可以是对父母、孩子、亲人、朋友的祝福，也可以是对自己的希望。
（四）原生家庭	抚平童年的创伤，学会用成熟的眼光看待自己和家人。	7. "当我小的时候"（回顾童年的经验，探讨当前问题的童年原因。促进自我了解与彼此了解，增强自我的选择力）。
（五）应付方式	1. 了解认识压力。	8. 产生压力的情境（体验压力，压力产生的真实原因，学习应对压力的相关知识）：Satir的冰山理论。
	2. 提升应对压力的技巧。	9. 角色扮演：怎样应对压力情境（学会缓解压力，学习积极地应对方式）。
	3. 如何作抉择。	10. 学习做抉择（学习做选择的技巧）。
	4. 问题解决的能力。	11. 怎样说"不"（学习拒绝的技能）。
（六）外部社会支持	认知上激发求助的意愿；帮助其确定可以寻求的社会支持的来源；学会如何向他人求助。	12. 填写寻求社会支持的表格。
（七）内部社会支持	自己如何帮助自己；如何互助；对活动的建议。	13. 学员分享。

单元	单元目标	活动流程及内容
（八）告别与展望	1. 总结。	14. 请学员用画画的形式描绘参与团体的感受（波形图）。
	2. 展望未来。	15. "我的梦想"（增强自信，坚定保持操守的决心）。
	3. 告别与祝福；活动结束，坚定保持操守的决心并对释放后的生活进行全新的规划。	16. "祝福—道别"互赠卡片等（全程活动回顾总结，圆满结束团体）。

10. 团体评估方法。

（1）在团体辅导前对团体成员施测《社会支持量表》、《应对方式量表》、《自我控制量表》、《艾森克人格问卷》、《非理性信念量表》、《药物渴求度量表》等问卷作为基本心理特征情况的调查。

（2）团体辅导结束后，根据团体成员每一单元的家庭作业、组长的观察记录以及干警的观察记录，采用质性评估的方式对团体治疗效果进行评估。

（四）强制隔离戒毒个别治疗方案

为了确保团体治疗方案能够健康有效地进行，满足团体成员的个别需要，根据个人结构化访谈内容、问卷调查结果以及团体治疗过程中的行为表现三方面所反映出来的问题，对个别团体成员进行个性化的个别治疗。下面，将简要介绍一下个别心理治疗的类型和个别心理治疗方案的组成部分，并以其中一个类型为例，介绍一下个别心理治疗的详细内容和操作过程。

根据个人结构化访谈内容、问卷调查结果以及经验推测团体治疗过程中可能的行为表现三方面所反映的问题，将强戒人员分成六种类型：社会支持薄弱型、应对方式不良型、自我控制缺乏型、药物渴求度强烈型、非理性信念支撑型以及动机水平不高型。每种类型的个别心理治疗方案由三部分组成，即诊断的标准和行为界定、相应的心理治疗理论和策略以及设定短期目标和长期目标。

以社会支持薄弱型强戒人员个别心理治疗方案为例：

1. 诊断标准和行为界定。对这一类型的强戒人员的诊断标准有六个，包括《社会支持评定量表》得分、婚姻状况、居住状况、人际关系状况、职业状况以及经济状况。其行为界定可能表现在以下七个方面：

（1）应用成瘾行为来排解与家庭冲突或是人际冲突相关的愤怒、疏远和抑郁情绪；

（2）某种形式的家庭冲突导致功能障碍的相互关系；

（3）反复发生的家庭暴力、口角以及解决不了的争执；

（4）家庭成员或是最亲密的人际关系有成瘾行为；

（5）殴打或辱骂家庭成员或朋友；

（6）家庭成员之间的冲突长期得不到解决，导致了家庭成员间的不信任和疏离；

（7）不能够相信别人、与他人分享感受或者公开讨论自己。

2. 心理治疗理论与策略。针对社会支持薄弱型强戒人员的行为以及行为背后的心理原因，采用家庭治疗理论和具体的行为策略提供具体的干预措施：

（1）帮助强戒人员认识到应用成瘾行为来应对家庭冲突和人际关系冲突时产生的无能为力和不可控制的感觉。

（2）探究强戒人员的成长历史，找出当前家庭冲突的本质和原因；探究强戒人员的人际交往模式，找出人际关系和成瘾行为之间的关系。

（3）帮助强戒人员认识到利用成瘾行为来应对家庭冲突时产生的恶性循环；增强强戒人员与现在的人际关系断绝来往的意向。

（4）帮助强戒人员完成一封写给每个家庭成员的信，表达他对以前问题承担责任，说出自己的感受，并写出在自己的释放后，期望他们能给予怎样的支持；对于现在的人际关系网络做一个明确的区分，要维持哪些关系、断绝哪些关系、建立哪些新关系，并列出原因和面临的困难。

（5）应用角色扮演、示范和行为演练的方法，使强戒人员学会倾听、共情、尊重、理解等人际交往的技巧，学习表达需求、拒绝从事成瘾行为、怎样说不可以以及怎样加以选择，从而提高人际交往的能力；分别教给强戒人员在面临家庭冲突时该怎么做的技巧（如给某人打电话，表达需求，使用我字句，对自己的行为负责等），以及在面临高危人际环境时怎么做的技巧。

（6）在强制隔离戒毒允许的前提下，使家庭成员加入到个别心理治疗方案中。帮助家庭成员理解家庭冲突是怎样增加成瘾行为发生概率的，以及成瘾行为又是怎样增加家庭冲突发生概率的；与家庭成员讨论现在的人际关系的消极性以及与成瘾行为之间的联系。

（7）让家庭成员了解自己能给予强戒人员的具体帮助。

3. 短期目标和长期目标。由于个别心理治疗是以辅助的形式出现，其主要的功能是配合团体心理治疗的顺利开展和良性循环。因此，对于每种类型的个别心理治疗方案都给出了短期目标和长期目标。

社会支持薄弱型强戒人员个别心理治疗方案的短期目标是协助完成个人在团体心理治疗方案中，原生家庭以及我的人际关系两个单元的具体任务，以保证个人继续有效地融入团体心理治疗方案的体系中。社会支持薄弱型强戒人员个别心理治疗方案的长期目标是：

（1）在心理康复期，学习健康的交流方式和冲突解决技巧，在社会适应期加以保持，在释放后，运用到具体的情境中，以恢复家庭的和谐融洽；同时，释放后，仍然维持心理康复期的承诺，远离成瘾因素和家庭冲突。

（2）在心理康复期，学习人际交往的技巧，提高人际交往的能力。制订一份戒友计划，并通过角色扮演、示范、自我管理等策略加以巩固，以期在释放后，发展一个远离成瘾行为以及支持戒除行为的新的人际关系网络。

总之，对于社会支持系统弱的强戒人员，应单独地给予家庭治疗和具体行为矫正的干预，以培养和形成对其有利的社会支持系统。对于其他五种强戒人员个别心理治疗的类型，也有其各自的诊断标准和行为界定，应结合对应的心理治疗理论和策略以及实现的长短期目标。

五、效果评估

团体辅导中带领者与学员之间的互动主要依据叙事疗法的思路和风格，每次团体活动后对于学员完成的作业，带领者和副带领者都会对学员的分享做出书面反馈。所以对团体辅导效果的评估可以通过学员分享和带领者反馈来实现。现将部分学员的反馈以及带领者的回复整理如下（A1、A2、A3 代表学员的姓名，L_1、L_2 代表两名带领者）：

（一）学员团体活动作业及带领者反馈

1. 戒治对象 A1。

（1）第一次团体活动后的感受：第一次团体活动，老师和我们 12 位学员坐成一圈，老师先做了自我介绍，然后给我们每个人发了一个学习袋，有彩笔胶带，各种颜色的纸，让我们各自做一张属于自己的名片，并说出它对自己的含义。

我画了一个向日葵和一轮太阳，希望我的人生和向日葵一样"永远跟着阳光看"转变思想，做一个乐观的人，向日葵就代表一个崭新的我，向日葵代表了我，但我还是希望老师和同学们叫我在家的名字 A1，家人、朋友都是这样叫我的，之所以希望大家这样称呼我，是因为我真心地希望能够融入由我们 12 名学员与老师组成的小组中去。

在和老师的交谈过程中，我发现自己有很多缺点，还有些语无伦次，自己缺乏自信心，还不能真正地打开心扉和老师沟通。发现别的学员通过在和老师的交谈中，都清楚地认识到自身存在的问题，对家庭、朋友、亲人造成的伤害。他们每一个人都有一段个人的经历，都在认真地听老师讲话，希望从中体会多一些，对自己的戒毒生涯有所帮助。

（2）L_1 的反馈：在小组里说话那么少的你，写起东西却是如此富有"自我批判"力。你说"发现自己有很多缺点，还有些语无伦次，自己缺乏自信心，还不能真正地打开心扉和老师沟通"，这让我看到了你的渴望和期待。我在想，在未来的小组过程中，你会盼望自己有什么样的不同呢？而在这种变化中，你又会通过什么方式来保证自己不受到伤害呢？

虽然你在小组中的话语并不多，但最重要的是透过倾听别人的分享，能在内心多一份对自己的觉察和省思，只有这样，才能真正找到内心深处隐而不显的力量，去伴随你走未来的道路。

2. 戒治对象 A2。

（1）第二次团体活动后的感受：今天上课，我的情绪一般。老师先让我们画一幅代表我们自己的画。我画了一个人有两张面孔，人前的一张是笑脸，嘴画得很大，人后的一张是流泪的面孔，我觉得这是自己的一种真实状态。在人前我给人的感觉是乐观、开朗的，并且很外向很爱说话，所以我突出画了一张大嘴，但在人后我也感觉很无助，有许多伤心事，但这些都是在我孤独时才会表现出来，在别人面前我愿意表现得很活泼开朗，不愿让别人看到我脆弱的另一面。我觉得自己是有双重性格的，这与我小时候的经历是有一定关系的。小时候，我爸爸越打我，我就越不哭气他，出门我也不和别人说，同学们都以为我很开心很幸福，我自己也总是愿意把自己最好的状态呈现在别人面前，给别人带来欢乐，自己不好的状态不太爱示人，怕别人看不起或嘲笑我。其实我的内心有自卑感，而为了弥补这种自卑，我会表现得很无所谓，很不屑一顾。然后我们又写了 11 个可以用来表述自己的特征，老师让我们挑出最重要的 8 个表述自己的特征，这 8 个方面只能留 1 个，逐一放弃其他的。我第一个放弃的是容貌，因为我本身也不是一个容貌出众的人，所以我很轻易就放弃了；然后是营养、感官、灵性，这几个我也没有犹豫，因为这些我也没觉得很重要，特别是灵性，我本身不太了解，所以也就放弃了；最后，让我最难以做出选择的是情绪和人际关系，因为我觉得放弃我的情绪那就不是真实的我了，但想了许久，我还是选择了人际交往，因为在生活中我也是个爱与人交往的人，没有朋友我会很孤独，我害怕那种无人理睬的感觉，那种失落感。在这节课之前，我一直以为自己是对什么都无所谓的，因为感觉已经没有什么可再失去的，我已经一无所有，但通过今天对自己的分析和整理，我发觉自己还是有很在乎的东西的，这对我也是希望，一种支持我的动力，真心地希望在今后的课上能真正找回我的希望，这对我很重要，对我的人生很重要。

（2）L_2 的反馈：很高兴能有机会走进那个"双重性格"的你。我想在跟你分享我眼中的你之前先跟你说声谢谢，因为对于任何人来说，把原本不太爱示人的不好状态用图画、语言和文字表达出来，都是很不容易的，那真的需要好大的勇气，所以，谢谢你对我们还有其他小伙伴们的信任。

你画了"人前笑脸人后流泪的两张面孔"，因为你觉得"这是自己的一种真实的状态"，读到这儿，我脑海里出现了这样的你，她面对人而站，表情丰富，快速地动着嘴巴，眉飞色舞，大家的眼光都无法从她身上挪开，好一个活泼开朗的爱说话的外向的人，与人相悖的是你的另一张脸，沉默不语，心事重重，让人难以接近，显得孤独而无助。这幅画面让我突然想起了一句歌词，不知道你听过没有"把我的悲伤留给自己，我的快乐让你带走"，不晓得"不愿让别人看到我脆弱一面"的你在害怕什么？表现出"脆弱的一面"会给你带来怎样的伤害？好像"脆弱"的一面，"不好的状态"是你不喜欢的，不应该有的，更不应该表现出来的。不晓得"不好的状态"跟"内心的自卑感"有什么关系？那份"怕别人看不起或嘲笑我"的担心是从什么时候来到你身边的？你是怎么知道那些"不好的状态"会被"别人看不起"或者"嘲笑"的呢？

就像你所说的那样，"小时候，我爸爸越打我，我就越不哭气他"，似乎爸爸越是希望通过打你的方式，让你通过泪水来承认错误，然而你就是用不流眼泪的方式来表示自己不服输的态度，并通过这种方式来挫败爸爸，这种越让你怎么做，你就越不怎么做的拧劲儿似乎伴随了你一路的成长。所以，越是"有很多伤心的事"，就越表现得"活泼开朗"，越是"内心有自卑感"，就"越表现得很无所谓"，这种拧劲儿已经成了你的一种"弥补"方式，当在人前说说笑笑的时候，也许可以让你暂时忘记人后的孤独无助，当大家都关注你，并以为你"很开心很幸福"的时候，也许能给"内心的自卑"带去一份慰藉。所以，在自我特征的选择中，你觉得情绪和人际关系都很重要，但最终还是选择了人际关系，因为你"害怕那种无人理睬的感觉，那种失落感"，我想这也是你在已经戒掉毒品的朋友向你伸手要毒品时，你拒绝她的原因吧。那我好奇，在你的人际关系里，你最重视跟谁的关系呢，是父母、兄弟姐妹、爱人、儿女还是朋友呢？

在这节课中，你找到了对自己最重要的东西，不晓得在你"已经一无所有"的生活里，失而复得地找到了什么呢？怎么讲"对自己最重要的东西"是你的"希望"和"动力"？也很好奇你"真心地希望在今后的课上能真正找回我的希望"中的"希望"是指什么？是指不再孤独不再失落吗？那这些希望和毒品有什么关系呢？你说你要找回希望，看来那是一个你曾经拥有过或者实现过的希望哦。

3. 戒治对象 A3。

（1）团体辅导中期，第六次团体活动后的感受：今天的话题是关于"帮助"，我不知道其他学员怎样理解这个话题的意义，但我还是说出了自己心中的想法，帮助对于每个人来说都是需要的，（最起码对于我来说是需要的，只是心里的那种挣扎，有些时候是不能自控的）。在我心里，自己觉得对家人、朋友伤得太深，自己已经无颜再向他们索取帮助，怕自己向他们求助的时候遭到拒绝，那样心里更难受，还不如不寻求帮助的好，也许对于别人来说"你没有做，怎么会知道家里人会不会帮助你呢"。我想说，正因为如此，我才不敢下此赌注，本身自己吸毒，心里已经很过意不去了，又在此时求助家里人，我不知该怎样形容那种心理感受。但我此时愿意试着寻求帮助，因为我知道戒毒对于我一个人来说力量是不够的，我需要家人、朋友的关心、帮助，同时也需要物资的帮助。有了亲人和朋友的关爱，我的戒毒信心会更足。

（2）L_2 的反馈：我发现真的很难让某种东西说服的你，对"寻求帮助"这个主题比其他伙伴更容易接受哈，所以，是什么原因让你更能接受这个主题，并在"此时"愿意试着来寻求帮助呢？"此时"指的是什么时候？我也很好奇"此时"和以前那个因对家人有愧疚也因害怕"遭到拒绝"而不敢寻求帮助的时候有什么不同呢？那个时候的你想要从家人那里得到什么样的帮助呢？这个帮助跟"此时"为戒毒而寻求的帮助有什么区别呢？

（二）对团体效果的评价

通过对戒治对象反馈内容进行分析提炼和归纳总结，我们发现戒治对象的改变主要表现在对毒品的错误认知、自我价值感、求助意愿、戒毒动机这四个方面，具体情况如下所述。

1. 对毒品的错误认知有所改变。参加团体前，戒治对象中相信吸毒功效的学员偏多，多数存在侥幸心理，不能客观估计自己对毒品的控制力，并且认为吸毒是我自己的事情，只要不危害他人即可。团体结束后，戒治对象能够意识到吸毒对自己以及家人、朋友的危害，认识到只靠自己的力量是很难完成戒毒的，并且学会主动地与不合理信念进行辩论。

2. 自我价值感提升。参与团体前，有些学员认为自己不够好，不值得帮助，自我价值感较低，尤其是那些多次戒毒失败的学员，由于总是让家人失望，所以内心愧疚，觉得自己已经不再值得被人关心。在与小组成员的沟通互动中，学员逐渐认识到每个人都是独特的我，学会从吸毒标签中跳出来，将吸毒和个人评价分开，吸毒是学员的行为，并不代表学员本人是不好的，从而逐渐肯定自己、接纳自己。

3. 求助意愿增强。入所后由于误解、不合等原因，有些学员与家人关系不太融洽，沟通次数较少；而与家人经常联系的学员在寻求家人的帮助方面并不积极，一方面是出于愧疚，另一方面认为他们自己确实需要帮助，但是只有他们自己才可以帮助自己。参加戒治团体后，学员体会到亲人的关心与爱，对家人的处境和困难有了更多理解，并且求助意愿增强，开始主动寻找身边的社会支持系统。

4. 戒毒动机提升。学员在参加团体前戒毒动机不足，比较被动，没有明确的戒毒目标，感到迷茫。参加团体后，学员的错误认知、自我价值感、求助意愿等得到改善，使他们增强了戒毒的信心，对未来充满希望，对出所后的生活产生了期待，目前戒毒也更加有动力，表现更加积极。

六、小结与展望

（一）小结

"强制隔离戒毒模式的构建与实施"项目针对原有强制隔离戒毒方法的缺陷，通过对吸毒的原因以及戒毒模式等相关理论的充分探讨，总结前人工作的经验教训，在对北京市教育矫治局下属强制隔离戒毒所进行随机性的结构性访谈以及大规模的问卷调查后，初步构建了强制隔离戒毒心理戒治辅导方案。该方案倡导整合理念为向导，采取团体治疗与个别治疗相结合，团体心理治疗为主、个别心理治疗为辅的形式为强戒人员制定心理康复方案，进行心理戒治。在心理戒治的整个过程中，秉承以人为本、以理达人、以情动人、以行导人、持之以恒、全面塑人的基本原则。通过完整的三个部分的心理戒治方案的实施，以实现帮助强戒人员解决多种心理问题来恢复心理健康；提升戒毒动机和自我效能感以建立和维持新的行为模式；重新挖掘自我、接纳自我，认同自我价值感，用全新的生活方式活出崭新自我的最终目标。对参与团体治疗的强戒人员进行了详尽而严密的结构性访谈，为进一步丰富和充实团体治疗方案和个别治疗方案做好了充分的准备，同时，在实施团体治疗方案和个别治疗方案的过程中，保持开放灵活的态度，根据团体成员的具体需要以及团体动力的发展，改变或者添加具体内容，以最大限度地提高强制隔离戒毒心理戒治辅导方案的效果，帮助强戒人员改变吸毒行为模式，远离毒品，并在释放后保持操守。

（二）反思及建议

对团体戒治方案的设计和实施过程进行反思，对未来强制隔离戒毒团体辅导方案的完善提出建议：

1. 方案的结构问题。研究中方案的设计强调以人为本，方案的主题会根据团体活动中学员的反应和表现加以调整，具体实施过程中并未按照原本的框架来进行，总体来讲结构较为松散，但从效果来看这些调整的结果并不尽如人意，调整后的主题可能贴合部分学员的需求，但却忽略了团体中所有学员的共性问题，打乱了整个方案设计的逻辑和思路。所以，在以后的研究中应尝试结构化的戒治方案。

2. 戒治目标的反思。本项目是在我国倡导循证戒治之前开展的，所以在对贯彻循证戒治的理念和原则上，尤其是在遵循 RNR 原则以及随机对照组实验设计的要求等方面都存在一些问题。在澄清吸毒人员的复吸风险因子方面也不够严谨，戒治活动比较松散，缺乏结构性，最终导致难以用一些客观的量化指标加以评估。以后的研究应聚焦复吸风险因子，通过档案筛查、问卷测量、访谈、行为学实验以及神经生理和心理学实验来考察强戒人员的静态和动态复吸风险因子，从而做到有的放矢，设计相应的心理戒治方案。

3. 戒治理念的转变。戒治方案的理念应有所转变，团体辅导的重点目标不在于指导学员如何去戒毒，而在于引导他们积极面对世界的方式，在应激状态下如何有效解决问题而不是采用吸毒的方式。此外，需贯彻"去标签化"的理念和做法，如第一次团体活动中，带领者请所有人给自己起一个新名字，包括带领者，带领者给自己起的名字是"大鱼"，希望这样可以拉近与学员之间的距离。因为带领者和学员第一次接触，在学员看来，带领者是专家，甚至会认为带领者是和干警一样来监督管理他们的，通过起名字这样的细节可以弱化双方之间可能存在的对立关系，也体现对学员的尊重。

4. 戒治理论和疗法的整合。根据国外循证戒治的研究实践，动机晤谈法和认知行为疗法在吸毒人群治疗领域的有效性已经得到了验证。但其他疗法，如叙事疗法、心智化疗法，是否能够有效戒毒，仍有待探索。项目实施过程中，男女两组学员均出现依恋关系的问题，所以依恋关系应作为以后团体辅导方案设计的一个关键单元。心智化疗法可以通过改善心智化能力来解决由依恋问题导致的物质滥用问题，期望在以后的研究中可以加以尝试。

第八章

强制隔离戒毒项目实践的价值、局限与展望

项目经实践探索，获取了一些有价值的结果与经验，同时也发现了不少的问题与局限，这些研究成果给今后的研究指明了方向。

一、项目的价值

1. 初步构建了一套整体性与个别化相结合的强制隔离戒毒模式。这套模式在评估工具开发、戒治方案设计、戒治项目探索等方面取得了一定的进展。在循证戒治体制创新方面，北京市教育矫治局做了许多有益的尝试。这些工作和经验可以提供给其他强制隔离戒毒单位借鉴学习。

2. 对强制隔离戒毒人员进行了客观全面的评估，所使用的工具包括自评量表、他评量表、结构式访谈、行为学评估、神经心理学证据等内容，均具有良好的信效度，客观评估结果可以为强戒人员的分类、预测、戒治等工作提供科学依据。

3. 探索了强戒人员在认知功能方面的特点，发现了这类人群在抑制控制功能方面的缺陷以及对毒品相关线索注意偏向的特点。这为设计强戒人员的戒治项目提供了高级别的科学证据，也有助于深入了解这类人群的心理和行为特征，便于监管机构对他们进行更为科学的循证管理。

4. 研究作为在强制隔离戒毒系统中心理康复戒毒模式的初步探索，戒治对象在戒治方案实施后发生了一定的改变，但戒治方案也

暴露出一些问题，这些问题为我们今后心理康复方案的设计与完善指明了方向。

二、现存的局限

1. 团体戒治的样本量偏小，需要在其他强制隔离戒毒机构扩大。与咨询及团体辅导的专家讨论后达成共识，团体戒治的对象不宜过多，否则会导致学员的分享和讨论时间不够，影响团体戒治的质量；但也不能太少，否则会丧失统计学意义。因此，项目在团体戒治方案实施时，只分别选取了 12 人作为戒治对象，被试量偏少。

2. 戒治时数和戒治项目偏少，需要继续拓展。由于戒治时数偏少，戒治方案也还需拓展完善，因此这样的效果可能是短期而不稳定；戒治方案也应该由数个多元模块组成，并根据强戒人员的个性化需求和反应性进行动态调整。

3. 戒治效果的评估需要定量与定性相结合。研究没有严格按照随机对照组实验设计的要求完成，后测虽有一些定性的效果评估，但没有做相关量表的后测，缺乏前后测的显著性检验，这不符合目前循证戒治的实施规范，也是本项目较大的缺陷。

三、未来的发展方向

1. 戒治项目的拓展及戒治模块的整合。依据上述的局限，以后的研究还需要对戒治对象做动态评估，明确他们已经改善的心理与行为问题，并查明他们新出现或者仍然存在的复吸需求，并根据这些问题，继续设计聚焦这些问题的戒治项目，以拓展整个戒治方案的内容。此外，除了设计并实施解决强戒人员复吸需求的团体心理戒治方案，为了降低复吸率并把他们改变为出所以后自食其力的守法公民，还需要开发一些聚焦保护因子的戒治项目和模块，如社会技能培训、文化知识培训等。

2. 戒治对象的跟踪与随访。以后的研究还应关注参与团体心理治疗的学员出所后的情况，对他们进行动态的评估、跟踪与随访，在强戒所中考察其方方面面的表现，出所时给他们做复吸风险评估，并与社区衔接，跟踪评估他们出所 3 年后甚至更长时间后的复吸情况，还可通过循证社区戒治，对学员继续进行有针对性的戒治项目。

3. 强戒人员基本数据库的建设。基本数据库是指对强戒人员基础情况的登记，包括人口统计学方面的信息和吸毒基本情况，还包括强戒人员的生理和心理状况评估等。这对预测复吸、风险评估、政策制定和科学研究等方面都十分有利。基本数据库的建设旨在建立一个全国性的、信息尽量详尽的数据系统。

4. 循证戒治理论和实践研究的加强。我国的循证戒治正处于起步阶段，理论体系还不完善，实践探索也未见成果。首先，在全国的强制隔离戒毒系统内，应普及循证戒治的理念和原则，开展相应的培训；其次，为了更好地开展循证戒治的基础理论与实践研究，应加强与国内外一流专家的合作交流与学习，对国内外的戒治项目做元分析，评估其有效性，肯定有效项目，否定无效项目，为建立戒治项目数据库做好准备，从而推动我国的循证戒治研究与实践更进一步。

参考文献

一、汉文部分（以出版时间为序排列）

1. ［美］William R. Miller、［英］Stephen Rollnick 著，杨筱华译：《动机式晤谈法——如何克服成瘾行为戒除前的心理冲突》，台湾心理出版社 1991 年版。
2. 钱铭怡编著：《心理咨询与心理治疗》，北京大学出版社 1994 年版。
3. 张培琰、吉中孚编著：《精神病诊断治疗学》，中国医药科技出版社 1998 年版。
4. 陈佳鼐编：《英汉药物滥用与艾滋病词汇》，北京医科大学、中国协和医科大学联合出版社 1999 年版。
5. 于鲁文编著：《心理咨询导论》，清华大学出版社 2000 年版。
6. 王济川、郭志刚：《Logistic 回归模型：方法与应用》，高等教育出版社 2001 年版。
7. 何颂跃等：《大脑的白色杀手》，科学出版社 2003 年版。
8. ［美］Lawrence. A. Pervin、Oliver P. John 主编，黄希庭主译：《人格手册：理论与研究》，华东师范大学出版社 2003 年版。
9. ［美］Aaron T. Beck 等著，翟书涛等译：《人格障碍的认知治疗》，中国轻工业出版社 2004 年版。
10. 侯杰泰、温忠麟、成子娟：《结构方程模型及其应用：Structural

Equation Model and Its Applications》，教育科学出版社 2004 年版。

11. 师建国：《成瘾：21 世纪的流行病》，科学出版社 2004 年版。

12. ［美］劳伦·B. 阿洛伊、约翰·H. 雷斯金德、玛格丽特·J. 马诺斯著，汤震宇、邱鹤飞、杨茜译：《变态心理学》，上海社会科学院出版社 2005 年版。

13. 杨波：《人格与成瘾》，新华出版社 2005 年版。

14. ［美］David H. Barlow、V. Mark Durand 著，杨霞等译：《异常心理学》，中国轻工业出版社 2006 年版。

15. 许燕：《心理咨询与治疗》，安徽人民出版社 2007 年版。

16. ［美］袁弘、王蕾编著：《辩证行为疗法与情绪调整》，重庆出版社 2007 年版。

17. ［德］博尔温·班德洛著，麦湛雄译：《隐疾：名人与人格障碍》，生活·读书·新知三联书店 2008 年版。

18. 霍欣彤编著：《完全图解心理疗法：100 种风行世界的实用心理疗法》，南海出版公司 2008 年版。

19. ［美］Richard K. James、Burl E. Gilliland 著，高申春等译：《危机干预策略》，高等教育出版社 2009 年版。

二、西文部分（以英文字母为序排列）

1. American Psychiatric Association, *Diagnostic and Statistical Manual of Mental Disorders*, Washington DC: American Psychiatric Association, 1994.

2. Bandura A. , *Social Foundations of Thought and Action*, Englewood Cliffs, NJ Prentice Hall, 1986.

3. Bateman A. , Fonagy P. , *Handbook of Mentalizing in Mental Health Practice*, American Psychiatric Pub, 2012.

4. Cappell H. , Greeley J. , *Psychological Theories of Drinking and Alcoholism*, New York: Guilford Press, 1987.

5. Carlo C. DiClemente, *Addiction and Change-How Addictions Develop and Addicted People Recover*, The Guilford Press, 2003.

6. Cherny R. , Masters C. , Treatment of neurological conditions, Google Patents, 2004.

7. Clark L. , Watson D. , *Handbook of Personality*, Guilford Press, 1999.

8. Cohen F. , Lazarus R. S. , *Coping With the Stresses of Illness*, Health psychology: A handbook, 1979.

9. Connors G. J. , Tarbox A. R. , "Macroenvironmental factors as determinants of substance use and abuse", *Determinants of Substance Abuse*, Springer, 1985.

10. Donohew L. , et al. , "Sensation seeking, marijuana use, and responses to prevention messages", *Drug and Alcohol Abuse Prevention*, Springer, 1990.

11. Donovan D. M. , Marlatt G. , *Assessment of Addictive Behaviors*, Guilford Press, 1988.

12. Dustin E. R. , George R. L. , *Action Counseling for Behavior Change*, Intext Educational Publishers, 1973.

13. Fabiani F. , Gratton G. , Federmeier K. D. , "Event-related brain potentials: methods, theory, and applications", in Cacioppo J. T. , Tassinary L. G. , Berntson G. G. , eds. , *Handbook of Psychophysiology*, Cambridge: Cambridge University Press, 2007.

14. Gerrig R. , Zimbardo P. , *Psychology and Life*, Boston, MA: Allyn & Bacon, 2002.

15. Gottfredson M. R. , Hirschi T. , *A General Theory of Crime*, Stanford University Press, 1990.

16. Hatcher H. A. , *Correctional Casework and Counseling*, Prentice-Hall, 1978.

17. Hesselbrock M. N. , Hesselbrock V. M. , Epstein E. E. , *Theories of Etiology of Alcohol and Other Drug Use Disorders*, Addictions: A comprehensive guidebook, 1999.

18. Jessor R. , Jessor S. , "A social-psychological framework for studying drug use", *NIDA Research Monograph*, 1980.

19. Khantzian E. J. , "An ego/self theory of substance dependence: A contemporary psychoanalytic perspective", *NIDA Research Monograph*, 1980.

20. Kratcoski P. C. , *Correctional Counseling and Treatment*, Duxbury Press, 1981.

21. Linehan M. , Tutek D. , Heard H. , *Interpersonal and social treatment outcomes for borderline personality disorder//Poster presented at the annual meeting of the Association for the Advancement of Behavior Therapy*, Boston, MA, 1992.

22. Miller S. D. , Duncan B. L. , Hubble M. A. , *Escape from Babel: Toward a Unifying Language for Psychotherapy Practice*, WW Norton & Co, 1997.

23. Miller W. , Rollnick S. , *Motivational Interviewing: Preparing to Change Addictive Behavior*, New York: Guildford Press, 1991.

24. Orford J. , *Excessive appetites: A Psychological View of Addictions*, Wiley: New York, 1985.

25. Rebec G. V. , *Addiction Encyclo Pedia of Cognitive Science*, Nature Publishing Group, 2003.

26. Reid J. , Macchetto P. , Foster S. , *No safe haven: Children of substance-abusing parents*, New York: CASA Publications, 1999.

27. Shaffer H. , Burglass M. E. , *Classic Contributions in the Addictions*, Brunner/Mazel Publisher, 1981.

28. Shapiro F. , Solomon R. M. , *Eye Movement Desensitization and Reprocessing*, Wiley Online Library, 1995.

29. Solomon R. , *An Opponent-process Theory of Motivation: Iv. The affective dynamics of drug addiction*, *Psychopathology: Laboratory models*, San Francisco: WH Freeman, 1977.

30. Steffenhagen R. , "Self-esteem theory of drug abuse", *NIDA Research Monograph*, 1980, p. 30.

31. Thoints P. A. , "Dimension of life events that influence psychological

distress, an evaluation and synthesis of the literature", Kaplan H, et al. , *Psychological Stress*, New York: Academic Press, 1983.

32. Twerski A. J. , *Addictive Thinking: Understanding Self-deception*, Hazelden Publishing, 2013.

33. Vaillant G. E. , *The Natural History of Alcoholism Revisited*, Harvard University Press, 2009.

34. Watson D. , Clark L. A. , *Behavioral Disinhibition Versus Constraint: A Dispositional Perspective*, 1993.

35. White H. R. , Labouvie E. W. , Bates M. E. , *The relationship between sensation seeking and delinquency: A longitudinal analysis. Psychological Explanations of Crime*, The International Library of Criminology, Criminal Justice and Penology Dartmouth, Brookfield, VT, 1994.

36. Wills T. A. , Shiffman S. , *Coping and Substance Use*, Academic Press, 1985.

37. Wise R. , "Definitions and terms", *Stevens' Handbook of Experimental Psychology*, 2003.

38. Wonderlich S. A. , "Personality and eating Disorders", *Eating disorders and Obesity: A Comprehensive Handbook*, 1995.

图书在版编目（ＣＩＰ）数据

毒品成瘾与心理康复 / 杨波等著.—北京：中国政法大学出版社，2015.4
ISBN 978-7-5620-6009-3

Ⅰ.①毒… Ⅱ.①杨… Ⅲ.①戒毒－工作－研究－中国 Ⅳ.①D669.8

中国版本图书馆CIP数据核字(2015)第077133号

- -

出 版 者	中国政法大学出版社
地　　址	北京市海淀区西土城路25号
邮　　箱	fadapress@163.com
网　　址	http://www.cuplpress.com（网络实名：中国政法大学出版社）
电　　话	010-58908435(第一编辑部) 58908334(邮购部)
承　　印	固安华明印业有限公司
开　　本	880mm×1230mm 1/32
印　　张	10.5
字　　数	292千字
版　　次	2015年4月第1版
印　　次	2017年1月第2次印刷
印　　数	1201～3200册
定　　价	39.00元